キャンパス・アジア共通教科書

これからの日中韓経済学

田口雅弘／金美徳 編著

えにし書房

まえがき

　本書は、東アジアの社会・経済に関心のある学生・院生、東アジアを中心にビジネスに携わる企業人、日中韓交流に携わる幅広い社会人を念頭に、日本、中国、韓国経済の発展史、現在3ヵ国が抱える経済・社会的課題を、3ヵ国の研究者が協力してまとめた教科書である。授業、講習会、勉強会で討論しやすいように、各章の末尾には［演習］を追加した。［演習］の問いを手掛かりに、各章の論点と課題を確認するとともに、日中韓が今後どのような競争・協力関係を構築していくべきかを議論しやすいように工夫している。また、東アジア全般の問題や協力関係を論じる一方、各国の経済発展の歴史と構造変化、現状と課題についてそれぞれ別個に取り上げ、各国に固有の発展経路や課題も浮き彫りにした。

　日中韓3ヵ国は、世界経済の中で重要な位置を占めながら、相互の経済の制度的連携や将来の東アジアのあるべき姿について十分に議論してこなかった。この教科書は、東アジア経済の現状を相互に認識し、その上に立っていかなる相互関係を構築していく必要があるのかを考えるための素材を提供する目的で執筆された。出発点は、2011年に開始された文部科学省の世界展開力強化事業「キャンパス・アジア」プログラムである。岡山大学（日本）、吉林大学（中国）、成均館大学校（韓国）は、東アジア型グローバル教養教育を構築することを目的とし、教科書編纂委員会を立ち上げた。伝統・思想、歴史、経済、漢字文化圏の4分野で小委員会を組織し、3ヵ国の研究者を集めたシンポジウム、研究会を開催して教科書の内容について集中的に討議したほか、3ヵ国の学生を集めたサマースクールなどで試作版を元に講義、ゼミを行い、そこで検出された試作版の問題点を研究会にフィードバックして教科書の内容を更新した。この一連のプログラムが目指すところは、東アジアの知識人としての教養を身につけ、東アジアの視野に立って思考し行動できるグローバル人材を育成することである。

　アジア地域においては、日中韓経済がアジアの事実上の中心になっている。しかしながら、それぞれの国の経済は必ずしも順調ではなく、不安定要因を数多く抱えている。また、相互の政治・経済関係も良好とはいえない。他

方、ASEAN 諸国は、10ヵ国合わせて日本の GDP の 3 分の 1 程度にすぎないものの、域内人口では EU をも凌駕しており、高い経済成長率を維持している。また 2015 年には、これまでの様々な体制の諸国を包含したしなやかな地域統合を発展させ、FTA を深化させた ASEAN 経済共同体を発足させた。インドも積極的な経済改革を通じて、成長の足場を築きつつある。こうしたアジア地域における急速な動きの中で、日中韓はどのような競争と協力の関係を構築すべきか真剣に議論する必要がある。この教科書を手掛かりに、これからの東アジア経済のあり方を大いに議論していただきたい。

　本書の発行にあたっては、文部科学省の世界展開力強化事業「キャンパス・アジア」を構想し、事業を支えてくれた多くの方々に感謝の意を表したい。また、岡山大学、吉林大学、成均館大学校を中心に、共通教科書を作成するため長年にわたって熱い議論を積み重ねてきた研究者の皆さん、研究会、キャンパス・アジア講義、教科書作成に積極的に参加してくれた多摩大学の研究者の皆さん、草稿を元にサマースクールやゼミで活発な討論を行い教科書のブラッシュアップに貢献してくれた 3ヵ国の学生、院生の皆さんに、改めて感謝したい。そして最後に、補助金事業として始まったこの企画に深い理解を示し、それを引き継ぐ形で力強く支援してくれたえにし書房の塚田敬幸社長に、執筆者、スタッフを代表して心からお礼申し上げたい。塚田敬幸社長のご支援がなければ、この企画の継続は困難だったであろう。

　この教科書が、東アジア経済への理解を深める一助となり、また東アジアという視野を持って活躍する人々の裾野を広げる役割を果たせれば幸いである。

田口雅弘

これからの日中韓経済学　目　次

まえがき　田口雅弘 …………………………………………………………… 3

第1章　日中韓経済の成長と摩擦　田口雅弘 ………………… 11

　　はじめに……11
　Ⅰ　グローバリゼーションの潮流……12
　Ⅱ　グローバリゼーションと日中韓の経済構造変化……13
　　　1　日中韓経済の規模と相互依存……13
　　　2　東アジアの地政学と各国の戦略……19
　　　3　日中韓の経済構造改革と摩擦……23
　　おわりに……28
　　［演習］……29

第2章　東アジアの経済連携
　　　　——アジアと日本の知恵を生かす——　金美徳 …………… 31

　　はじめに……31
　Ⅰ　アジア・ユーラシアダイナミズムといかに向き合うか……31
　　　1　「アジアの知恵」と「日本の知恵」とは……35
　　　2　「アジア・パラドックス」を産業的に解消する……38
　　　3　平和に敏感なビジネスセンスを磨く……40
　Ⅱ　北東アジア経済圏の地政学的優位性……42
　　　1　ネットワーク型経済発展の原動力……43
　　　2　日中韓経済の知恵を生かす……50
　　　3　エネルギー資源のフロンティア……56
　　　4　ユーラシア大陸を繋ぐ国際物流拠点……59
　Ⅲ　北東アジア経済圏の域外経済連携……61
　　　1　韓国を拠点に北東アジアを攻めるインド……62
　　　2　上海協力機構とともに拡大する北東アジア経済……63
　　おわりに……65
　　［演習］……66

第3章　アジアユーラシアの経済連携──「一帯一路」構想とAIIB、
　　　そして中国の辺境経済圏──　　巴特尓／バートル……………… 69

　はじめに……69
　Ⅰ　「一帯一路」戦略構想とAIIB……71
　　　1　「一帯一路」構想とその意義……71
　　　2　アジアインフラ投資銀行（AIIB）をめぐる動向と中国の戦略……74
　Ⅱ　アジアインフラ投資銀行（AIIB）と加速するユーラシアビジネス……78
　　　1　AIIBに対する日米のスタンス……78
　　　2　AIIBの課題……79
　　　3　既存の国際金融機関の問題点……81
　　　4　英国の思惑……82
　　　5　韓国の思惑……84
　Ⅲ　中国の辺境経済圏の諸相……86
　　　1　新疆ウイグル自治区と中央アジア諸国──「新シルクロード経済圏」──……87
　　　2　雲南省・広西チワン族自治区とインドシナ半島──「グレーターメコン経済圏」──……96
　　　3　内モンゴル東部・東北三省とロシア極東、モンゴル国──「東北アジア経済圏」──……102
　　　4　チベットとインド・ネパール──「ヒマラヤ経済圏」──……106
　おわりに……110
　［演習］……111

第4章　日本経済の発展と構造変化　釣雅雄 ……………………………… 113

　はじめに……113
　Ⅰ　戦前日本経済の繁栄と後退……114
　Ⅱ　戦後復興から高度成長期へ……117
　　　1　戦後の混乱からの回復：ハイパーインフレと経済政策……117
　　　2　高度成長期……121
　Ⅲ　石油ショックからバブル経済……124
　　　1　石油ショック……124
　　　2　円高とバブル経済……127
　Ⅳ　長期不況と構造問題……130
　おわりに……133
　［演習］……135

第5章　日本経済が直面する様々な課題について　下井直毅……… 137

はじめに ……137
I 人口減少と今後の経済成長 ……138
II 貿易の自由化の動き ……141
 1 自由貿易圏の拡大の動き ……141
 2 日本のFTA・EPAの動き ……142
 3 RTAのメリットとデメリット ……144
 4 今後、日本が目指すべき道について ……145
III 為替レートの動き ……145
 1 円ドルレートの推移 ……145
 2 重要なのは実質為替レートの動き ……148
 3 円高や円安のメリットとデメリット ……150
 4 円高が長期的に日本経済に及ぼす影響 ……150
 5 円高時代あるいは円安時代にやるべきこと ……151
IV 社会保障と財政再建への道 ……152
 1 日本の財政赤字と社会保障費の拡大 ……152
 2 財政赤字の問題点 ……155
 3 財政赤字の維持可能性 ……156
 4 なぜ消費税増税なのか ……157
おわりに ……158
［演習］……160

第6章　現代中国の経済発展と構造変化　藤田賀久……………… 161

はじめに ……161
I 社会主義への壮大な挑戦 ……161
 1 「新中国」建国期の内外情勢 ……162
 2 ソ連の経済・技術協力 ……163
 3 計画経済の導入と集団化——社会主義経済体制の確立 ……164
 4 大躍進と文化大革命の混乱 ……165
 5 アメリカと日本との関係改善 ……166
II 改革開放路線という挑戦 ……167
 1 市場経済の導入——国営企業改革 ……167
 2 鄧小平のリアリズム——西側先進国からの技術導入 ……168
 3 経済特区と先富論 ……169

4　深圳の成功 ……170
        5　「世界の工場」モデルの臨界点に達した中国 ……171
    Ⅲ　東アジアにおける中国 ……172
        1　中韓関係のパラダイム・シフト ……172
        2　台湾——対立と提携 ……174
        3　日中貿易の進展と日本の技術協力 ……177
    おわりに ……180
    ［演習］……181

第7章　中国経済の現状と課題　巴特尓／バートル ……183

    はじめに ……183
    Ⅰ　中国経済の現状 ……184
        1　経済規模 ……184
        2　対外貿易 ……185
        3　対内外投資 ……185
        4　世界最大の自動車市場 ……186
    Ⅱ　習近平第2期体制の課題 ……187
        1　経済構造の転換 ……187
        2　「国進民退」の克服 ……189
        3　格差是正 ……190
        4　人口対策と生産性の向上 ……194
        5　エネルギー需給問題と環境対策 ……198
        6　地方経済と地方債務問題 ……202
        7　金融改革 ……205
    おわりに ……206
    ［演習］……208

第8章　韓国経済の発展と構造変化　具正謨 ……211

    はじめに ……211
    Ⅰ　韓国経済の黎明期と経済開発政策の推進 ……213
        1　韓国経済の黎明 ……213
        2　経済開発政策の推進 ……214

Ⅱ　韓国経済の発展過程の特性 ……217
　　　1　重化学工業の育成と大企業集団の形成 ……217
　　　2　IT産業への集中 ……218
　　　3　経済の開放化 ……218
　Ⅲ　韓国経済の産業と産業構造の変化 ……219
　　　1　韓国の主な産業 ……221
　　　2　韓国の産業構造の変化 ……226
　おわりに ……226
　［演習］……229

第9章　韓国経済の現状と課題　金美徳 …… 231

　はじめに ……231
　Ⅰ　韓国経済の現状と課題 ……231
　Ⅱ　険悪な日韓関係と密接な日韓経済 ……235
　　　1　険悪な日韓関係 ……235
　　　2　密接な日韓経済 ……237
　Ⅲ　韓国企業と日本企業の経営比較 ……242
　　　1　日韓企業の強み ……246
　　　2　韓国企業のグローバル戦略 ……255
　　　3　韓国企業の弱み ……262
　Ⅳ　経営革新の課題 ……271
　おわりに ……273
　［演習］……274

第10章　東アジア政治関係と経済協力の課題
　　　　──日中韓経済協力を中心に──　沈海涛 …… 277

　はじめに ……277
　Ⅰ　日中韓関係と経済協力へのアプローチ ……278
　　　1　東アジア国際関係および地域協力の問題点 ……278
　　　2　東アジア地域協力の変容と日中韓経済関係は？ ……279
　　　3　「政冷経熱」または「政冷経涼」と言われた日中関係 ……280
　Ⅱ　東アジア地域における日中関係と経済協力 ……283

1　2000年以降の日中貿易関係の推移 283
         2　日中韓協力枠組みにおける日中環境協力 286
         3　「戦略的互恵」を求める日中経済関係――エネルギー協力の例として 292
　　Ⅲ　日中韓協力枠組みにおける中韓関係の緊密化 297
　　Ⅳ　日中韓関係および地域経済協力の課題 301
         1　「チャイナ・プラス・ワン」と日中経済関係の競合 301
         2　「四点原則共通認識」後の中日関係の行方 303
         3　日中韓協力の再出発 304
　　おわりに 305
　　［演習］......306

おわりに　金 美徳 307

第1章　日中韓経済の成長と摩擦

田口雅弘（岡山大学大学院社会文化科学研究科教授）

はじめに

　1980年代以降、グローバリゼーションの急速な進行により、世界のほとんどの地域は成長軌道に乗った。同時に1970年代以降、国際主義と民主化も大きな潮流となり、愛国心や国益といったナショナル・アイデンティティより、トランスナショナルな価値、たとえば人権、環境権、エスニシティなどに人々の関心が集まるようになった。こうした傾向は、1990年代の冷戦構造崩壊によりさらに加速化された。しかし、21世紀に入ると、イデオロギーや価値の多極化、グローバル・パワーの分散化によってこうした動きは停滞ないしは後退しはじめた。世界各地で地域紛争やテロ事件が多発し、これに伴う人権侵害、難民の発生など深刻な問題が表面化した。また、再び国家主義が頭をもたげ、ブレグジット（イギリスのEU離脱）やトランプ大統領のアメリカ・ファースト発言に象徴される保護主義的な潮流が強まった。

　こうした世界の流れの中で、東アジアもここ数十年の間に大きく変貌した。東アジアのほとんどの国・地域が成長軌道に乗り、東アジア経済の中心である日中韓の経済規模は、米国、EUに肩を並べるまでに成長した。世界における価値の多極化、グローバル・パワーの分散化は、この日中韓の経済成長とも密接に結びついている。

　しかし、日中韓の世界経済における役割はますます大きくなってきているものの、3国間の政治的、経済的摩擦は以前に増して深刻化しており、この地域での制度的経済協力は十分に進展していない。EUが数々の困難を乗り越えてアキ・コミュノテール（EUの法規範・価値体系）をベースに制度的地域統合を推進してきたのとは大きく異なる。

　まず第1章では、世界のグローバリゼーションの進行とその諸課題を整理し、つぎに日中韓の経済規模、相互の連関と摩擦の構造を考える。

I　グローバリゼーションの潮流

　グローバリゼーションは、1990年代に加速化された。1989年、当時社会主義国だったポーランドに非共産党政権が誕生すると、その動きはドミノ現象となって周辺の東欧諸国に伝播していく。そしてそれは、ベルリンの壁崩壊（1989年）、東西冷戦の終結を宣言したマルタ会談（1989年）、ソ連邦の崩壊（1991年）へと波及していく。一方アジアでは、1980年代から韓国経済の自由化と民主化が促進された。韓国ではまた、1997年のアジア経済危機を経て、2000年代に入ると急速に貿易の拡大と海外直接投資、企業の海外進出が進んだ。中国では、1978年から改革開放が進行した。1992年の鄧小平の南巡講話以降、改革はさらに加速され、経済自由化と対外開放化を基礎とした社会主義市場経済の構築が進んだ。グローバリゼーションの下で新興市場と呼ばれる国・地域が成長し、西側先進国経済と次第に融合していくだけではなく、新興国が世界経済の牽引力になっていく。

　グローバリゼーションは、全体として世界の人々の生活を底上げし、より広い地域を成長軌道に乗せた。この20年で1日1ドル以下で生活する最貧層が大幅に減少したが、とりわけ東アジアで大きく減少した。開発途上国は、世界市場に組み込まれていく過程で成長力を高めている。世界人口約73億人のうち、10億人がまだ貧困状態におかれているものの（Bottom Billion）、60億人以上は成長軌道に乗ることができた。これはグローバリゼーションの大きな成果である。

　しかしながら、グローバリゼーションを進めればすべての企業が繁栄し、人々が豊かになるわけではない。熾烈な闘いで淘汰されていく企業や、競争についていけず負け組となる人たちもいる。その結果所得格差は拡大し、現在ではわずか1%の人々が世界の50%の富を所有する状況になっている。また、市場の論理は、いつも生活者に優しいとは限らない。グローバリゼーションは、特に脆弱な開発途上国にとっては厳しいものである。国内の弱小企業が駆逐されて多国籍企業の支配が強まる。また金融面では、国内の金融制度を強化しないまま安易に開放化すると、投機目的の資金が大量に流れ込み、経済が混乱したり不安定化する。

　グローバリゼーションは自由市場経済化をベースとして進行しているが、市場の拡大とともに、市場の力では解決できない問題群もグローバル化している。

地球温暖化問題、世界を巻き込んだ資源・エネルギーの争奪戦、世界的な食糧自給問題、先進国・途上国間の経済格差および先進・途上国すべてに共通する国内経済格差の拡大などがそうである。したがって、これらの対策、コントロール、統治もグローバルな枠組みが要求される。しかしながら、グローバリゼーションが「市場の失敗」を克服できないまま膨張していることが大きな課題である。いうまでもなく、東アジアにおいてもこれらは共通の課題である。

このように、グローバリゼーションは経済を活性化、効率化する一方、厳しい競争を市場に持ち込む。グローバリゼーションは、総体としては経済を成長させることに寄与するが、地域内・国内では大きな経済格差、とりわけ所得格差を生み出す。こうした現状に対し、次第に多くの人々が、このような格差は世界の50%の富を所有している1%のエリートによって作られた公正でないメカニズムによって生み出されたと感じるようになっている。そして、これらのエリートがリードする「民主主義」は機能不全になっていると感じた人々が、エリート政治に不信感を持ち、極端なポピュリズニを支持するようになった。また、世界各地で起こっているテロ活動の根底にも、こうしたグローバリゼーションが生み出す格差に対する反発があるといえる。

Ⅱ　グローバリゼーションと日中韓の経済構造変化

1　日中韓経済の規模と相互依存

こうしたグローバル化の流れの中で、東アジアはここ数十年の間に大きく変貌した。東アジアのほとんどの国・地域が成長軌道に乗り、絶対的貧困（1日1.25ドル未満で生活する人々）の割合は大幅に減少した。世界全体のGDP総額に占める日中韓の割合は23%で、米国、EUに肩を並べるまでに成長した（図1-1参照）。

東アジアと並んで、東南アジアも新興諸国・地域として大きく発展した。もっとも、東南アジアが急速に成長しているとはいっても、規模で見ると、日中韓とASEAN諸国を合わせたGDP総額に占めるASEAN諸国の割合は10%に過ぎない。アジアにおいて、日中韓の経済が規模的に圧倒的に大きいことがわかる（図1-2参照）。その中でも、中国の経済成長が目覚ましく、2010年に日本のGDPを超えてから、一気に米国GDPのキャッチアップを視野に入れ

図1-1 世界のGDPに占める各国・地域の比率（2015年）

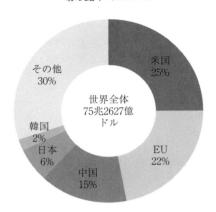

出所：World Bank [2017] を基礎に筆者作成。

図1-2 日中韓とASEAN諸国のGDP規模（2015年）

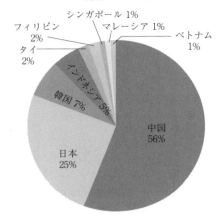

出所：IMF [2017] を基礎に筆者作成。

図1-3 日中韓および米国のGDPの推移（単位：10億USドル時価）

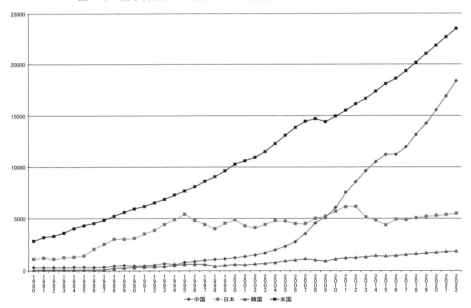

出所：IMF [2017] を基礎に筆者作成。

図1-4 日中韓および米国の1人当たりGDPの推移(単位：USドル時価)

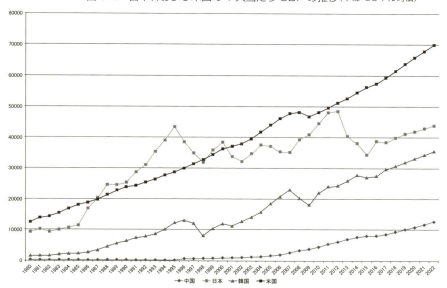

出所：IMF [2017] を基礎に筆者作成。

表1-1 GDPの世界順位（予測）
(PPPベース、USドル2014年固定価格ベース)

ランキング	2016	2050
1	中国	中国
2	米国	インド
3	インド	米国
4	日本	インドネシア
5	ドイツ	ブラジル
6	ロシア	ロシア
7	ブラジル	メキシコ
8	インドネシア	日本
9	イギリス	ドイツ
10	フランス	イギリス

　G7（先進7ヵ国）　　E7（新興7ヵ国）

出所：PricewaterhouseCoopers (PwC) [2017], p.4

てきている（図1-3参照）。このことは、東アジアにおいて日中が相互に牽制し合う立場から、中国がこの地域で圧倒的な経済的影響力を誇る立場になったことを意味する。一方で、1人当たりのGDPを見ると、日本、韓国が中国の3倍程度となっている（図1-4参照）。中国ではまだ1人当たりのGDPが低いものの、中間層が拡大してきており、このグループが消費を牽引すると同時に経済社会を支える社会層として育ちつつある。

　ところで、GDPの世界順位予測（PPPベース、2014年基準の固定米ドルベース）では、2016年のランキングが上位から中国、米国、インド、日本、ドイツの順になっているが、2050年には中国、インド、米国、インドネシア、ブ

表 1-2 日中韓の主要な貿易相手国・地域

	中国 (2015年)		日本 (2015年)		韓国 (2014年)	
	輸出	輸入	輸出	輸入	輸出	輸入
1	米国	韓国	米国	中国	中国	中国
2	香港	米国	中国	米国	米国	日本
3	日本	日本	韓国	オーストラリア	日本	米国
4	韓国	ドイツ	香港	韓国	香港	カタール
5	ドイツ	オーストラリア	タイ	アラブ首長国連邦	シンガポール	ドイツ
6	ベトナム	マレーシア	シンガポール	マレーシア	ベトナム	オーストラリア
7	イギリス	ブラジル	ドイツ	タイ	インド	クウェート
8	オランダ	スイス	オーストラリア	ドイツ	インドネシア	アラブ首長国連邦
9	インド	タイ	ベトナム	インドネシア	メキシコ	ロシア
10	シンガポール	ロシア	マレーシア	カタール	オーストラリア	インドネシア

出所：Trilateral Coopertion Secretariat [2016], p.49.

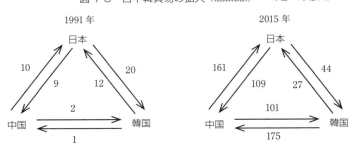

図 1-5　日中韓貿易の拡大（輸出総額）　　単位：10億ドル

注：日中貿易について、図では日本の貿易統計をもとに算出している。これによれば、日本が対中貿易で貿易赤字を計上している。一方、中国の統計によると、中国から日本への輸出は 1,360 億ドル、日本から中国への輸出は 1,430 億ドルで、中国が貿易赤字を計上している。これは、日本の貿易統計では輸入は香港も含めて中国全体（原産地）からの輸入として計上するが、輸出は香港を分けて計上しているため。香港は最終需要地ではなく中継貿易の経由地であり、香港からの輸出はその約9割が再輸出（輸入した製品をほぼそのまま輸出）である。なお、中国の貿易統計では、香港も含めて輸出入を算定しているため、日本から中国への輸出が比較的多めに算定される。

出所：Trilateral Coopertion Secretariat [2016], pp.46-48 をもとに作成。

ラジルに変化すると予測される（表 1-1 参照）。また、ベトナム、フィリピンも高い成長力が予想される。つまり、中長期的には、日中韓を中心としながらも、周辺のインドや ASEAN が急速に成長してくることが予想される。したがって、東アジアを軸としながら、周辺諸国とどのような経済関係を形成していくかが日中韓の課題となってくる。

貿易は、日中韓の成長にとって重要な役割を果たしている。特に、アジア域内での相互依存率が高まっていることが大きな特徴である。アジア全体でみると、1980 年代に 30％ 台であった域内貿易依存率は、2013 年には約 50％ になっている。「米国がくしゃみをするとアジアが風邪をひく」といわれた時代からはかなり構造が変化しているといえる。日本のアジア域内貿易依存率は、1983 年の 24％ から、1998 年の 30％、2013 年の 45％ と急速に高まった。中国を中心に東アジアにおける工程間分業による相互の結びつきも高まっており（表 1-2、図 1-5）、日中韓の中間財（部品）域内貿易依存度は、1980 年の 7.2％ から 2014 年には 24.0％ に増加している。ただし、中国の域内貿易依存率自体は低下している。日中韓は、さらに ASEAN 諸国との連携を深め、グローバル・バリュー・チェーン（GVC）と呼ばれる国境を越えた生産工程間分業を急速に発展させ、世界貿易を牽引している。

1980 年代以降は、世界貿易の伸び率に対して海外直接投資が大きく伸びてきた。グローバル化が進展する中で、多国籍企業の活動が活発化した。先進国への海外直接投資が相対的に減少する一方、アジアを中心とした新興国への海外直接投資が拡大している。中国の対外開放政策も、海外直接投資の拡大に大きく貢献した。世界の日中韓に対する海外直接投資は、世界金融危機を挟んで一時落ち込んだが、世界金融危機以降はとりわけ中国に対する直接投資がいち早く回復している。2015 年には対中海外直接投資は 1,263 億ドルである。一方、対韓海外直接投資は 190 億ドル、対日海外直接投資は 131 億ドルであった。また、世界の対中海外直接投資は、長い間工業が中心であったが、近年はサービス部門が 5 割を超えている。韓国への海外直接投資もサービス部門が中心であるが、日本は工業が依然中心を占めている。

対日、対中、対韓海外直接投資の主要国・主要地域は表 1-3 に示した。日本、韓国の対中投資は減少気味で、国・地域別では第 4、5 位である。近年は、金融部門での投資が拡大している。日中韓から海外への直接投資は表 1-4 に示した。この表からも明らかなように、3 国間の直接投資は、貿易相互依存度と比較すると、必ずしも大きくない。

表 1-3 対日中韓海外直接投資主要国・地域
(2015年)

中国

順位	地域	FDI
1	香港	86,387
2	ヴァージン諸島	7,388
3	シンガポール	6,904
4	韓国	4,034
5	日本	3,195
6	米国	2,089
7	西サモア	1,991
8	ドイツ	1,556
9	台湾	1,537
10	ケイマン諸島	1,444
	合計	126,267

日本

順位	地域	FDI
1	米国	5,194
2	シンガポール	1,937
3	オランダ	1,699
4	香港	1,273
5	フランス	1,192
6	韓国	823
7	台湾	606
8	中国	554
9	タイ	336
10	イタリア	277
	合計	13,891

韓国

順位	地域	FDI
1	米国	3,609
2	日本	2,488
3	オランダ	2,380
4	ルクセンブルク	1,920
5	シンガポール	1,673
6	中国	1,189
7	香港	1,061
8	カナダ	572
9	アイルランド	448
10	イギリス	432
	合計	19,003

出所：Trilateral Coopertion Secretariat [2016], p.48-51 をもとに作成

表 1-4 日中韓の対外直接投資主要国・地域
(2015年)

(単位：100万米ドル)

中国

順位	地域	FDI
1	香港	70,867
2	米国	7,596
3	ルクセンブルク	4,578
4	ヴァージン諸島	4,570
5	オーストラリア	4,049
	合計	91,660
23	韓国	549
29	日本	394

日本

順位	地域	FDI
1	米国	44,893
2	イギリス	15,205
3	中国	8,867
4	オランダ	8,305
5	オーストラリア	6,690
	合計	83,960
15	韓国	1,633

韓国

順位	地域	FDI
1	米国	10,422
2	中国	4,300
3	ケイマン諸島	4,292
4	香港	3,491
5	ベトナム	2,875
	合計	25,380
7	日本	1,810

出所：Trilateral Coopertion Secretariat [2016], p.53-56 をもとに作成。

金融面では、1997年のアジア金融危機以降、アジア諸国間で様々な協力関係が構築されている。日本の宮沢首相が提唱したアジア通貨基金（AMF）構想は実現しなかったものの、チェンマイ・イニシアティブ（CMI）が合意され（2000年）、2国間の通貨スワップ協定が参加国間で結ばれるなど、アジア域内における通貨安定化のための協力が進展した。また、東アジア・オセアニア中央銀行役員会議（EMEAP）、APEC財務大臣会議（APEC-FMM）、ASEAN＋日中韓財務大臣会議（10+3財務大臣会議）などの協力・調整メカニズムが多角的に構築された。

東アジアの将来的な金融面での協力関係を展望した場合、問題は少々複雑である。まず、各国の為替制度、金融の開放度がバラバラであり、統一的なメカニズムを構築することが難しい。また、このことに加え、発展のステージが違うため、各国の為替が米ドルに対して異なった動きをする。結果的に、相互の為替差損が増幅されることもある。また、米国や国際金融システムに対する距離感の違いも、相互の歩調を合わせにくい要因となっている。

2　東アジアの地政学と各国の戦略

東アジアのさらなる経済発展を展望した場合、自由貿易協定の締結は重要なステップとなる。3国の産業連携が高まってきている中、日中韓FTA（自由貿易協定）の締結は域内生産コストを削減し国際競争力を強化する上で大きな弾みとなり、東アジア全体のものづくり拠点としての魅力をさらに向上させる。具体的には、日中韓で域内関税が撤廃されると、日本製の部品を韓国で組み立て最終製品に仕上げて中国や米国に輸出する、また、日中韓の部品を活用してASEAN諸国で最終製品に仕上げて、インド、ヨーロッパに輸出するといったグローバル・バリュー・チェーン（GVC）が構築でき、生産コストの削減を図れる。結果的に、東アジアの生産・輸出拠点としての国際競争力が強化され、さらなる成長が期待できる。

しかしながら、2015年に中韓のFTAが発効したものの、その後の両国間の政治的摩擦もあって相互貿易は伸びていない。日中、日韓のFTA交渉は足踏み状態である。輸出を成長の源泉としている韓国は、2011年にEUとFTAの暫定適用を開始し、翌2012年には米国とFTAを発効させたが、日本とのFTA交渉は遅々として進展していない。日本は環太平洋戦略的経済連携協定（TPP）を軸にアジアの多角的経済連携を構想していたが、米国

図 1-6　各国の FTA カバー率比較

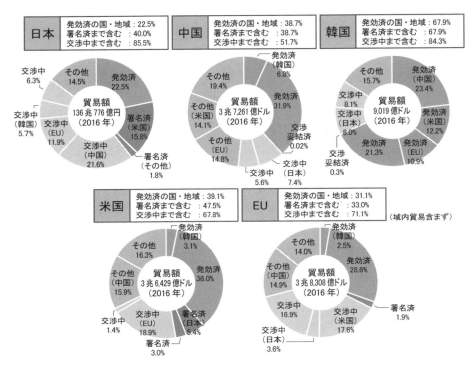

注：発効・署名・交渉状況は 2017 年 3 月末時点。「交渉中まで含む」の数字には、交渉妥結済の数字も含まれる。
出所：通商産業省 [2017],p.283。

図 1-7　メガ FTA

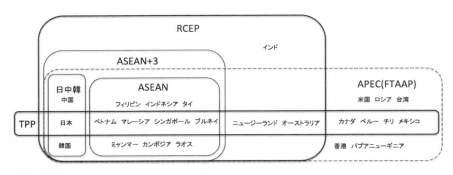

出所：筆者作成。

トランプ政権のTPP離脱宣言によって、この構想は一時的に頓挫した。米国は対アジア貿易赤字を膨らませており、そのことに対するトランプ大統領の非難は厳しい。他方でASEANは、中国が提唱する「東アジア自由貿易圏（EAFTA; ASEAN+3）」と、日本が提唱する「東アジア包括的経済連携（CEPEA; ASEAN+6）」を束ねた東アジア地域包括的経済連携（Regional Comprehensive Economic Partnership：RCEP）構想を主導している。この構想は、アジアにさらに巨大な市場を作り出す可能性を秘めており、中国がこの構想に積極的である。RCEPが実現すれば、世界の人口の約50%、世界のGDPの約30%、世界の貿易総額の約30%をカバーする最大規模の自由貿易圏が誕生することになる。

日本は現在、米国を除く11ヵ国でTPPを早期に発足させることに腐心している。しかしながら、米国の抜けたTPPは魅力に乏しく、関係諸国に以前のような熱気は見られない。その一方で、日本は2017年末にEUとのEPA（経済連携協定）で妥結しており、こちらでは進展が見られる。EUは、総人口約5.1億人、世界のGDPの約22%を占める巨大な市場であり、また世界の貿易・投資のルールを整備していく上でも重要なパートナーである。発効すれば、世界の人口の8.6%、世界のGDPの28%をカバーする広域自由経済圏が実現する。

東アジアにおける自由貿易の枠組みが、誰のイニシアティブで、どこまでの国・地域を包括し、どのような内容で形成されていくかは、将来の東アジア経済協力関係を構築する上で、極めて重要であるといえる。主要国のFTAカバー率は図1-6に示した。

どのような経済圏に軸足を置くかは、それぞれの国の国家戦略とも大きく関わってきている。東アジア経済圏をめぐる競合と協力の構造は、自由貿易協定や地域経済圏構想と表裏一体である。日中韓を含むメガFTAは図1-7に示した。中国は、ASEAN+3を軸とした東アジアトライアングルの枠組みでは圧倒的な規模と影響力を行使できる。これに太平洋トライアングルで対抗しようとするのがTPPの枠組みである。RCEPは2000年代に入ってASEANが周辺諸国と個別に締結してきた貿易協定をひとつにまとめるもので、ASEANの将来性を軸としてアジア経済圏を包括し発展させる枠組みである。TPPが、もともと米国の経済力をベースとしたものであるのに対し、RCEPは中国とASEANの成長力をベースとしている。

図1-8は、中国が提唱する「一帯一路」構想である。もともと、アジアとヨーロッパをつなぐ構想には、ロシアのシベリア鉄道を架け橋としてアジアと

図 1-8 「一帯一路」(新シルクロード)構想(中国)

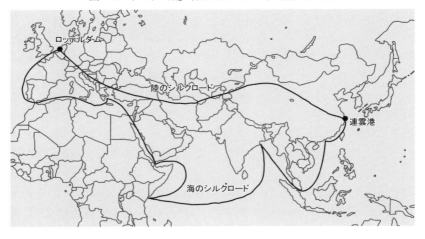

出所：筆者作成。

ヨーロッパをつなぐという計画があった。その構想を巡って、韓国の朴槿恵政権はそれを韓国の釜山まで延長する「ユーラシア・イニシアチブ」を提唱していた。一方、プーチン大統領は 2016 年、ウラジオストクまでつながっているシベリア鉄道を、サハリン島を経て北海道までつなぐ計画を日本に提案してきた。しかしながら、この構想が資金難や困難な政治的懸案事項を前に足踏みする一方、中国は「一帯一路」構想を着々と実現してきている。これは、中国はユーラシア大陸を横断する「陸のシルクロード（一帯）」と、中国から南シナ海、インド洋、アラビア海、地中海を経てヨーロッパに繋がる「海のシルクロード（一路）」を構築する壮大な計画である。韓国が政治情勢の混乱で、安定した対外戦略を構築できずにいる中、日本の安倍政権は 2016 年、「自由で開かれたインド太平洋戦略」を発表した（図 1-9 参照）。日本は 2006 年、第 1 次安倍内閣の麻生外務大臣が提唱した「自由と繁栄の弧」を発表した。これは、「普遍的価値」（自由主義、民主主義、基本的人権、法の支配、市場経済）を共有するヨーロッパ、中央アジア・コーカサス、中東、インド亜大陸、東南アジア、北東アジアを「弧」でつなぐ外交戦略であったが、同時に中国を包囲する外交戦略でもあった。「自由で開かれたインド太平洋戦略」では、アジアとアフリカの 2 つの大陸をつなぐことによってダイナミズムを生み出すとして、中国への対抗意識を微妙に変化させてきている。さらに 2018 年に入ると、日本政府は

図1-9　自由で開かれたインド太平洋戦略（日本）

出所：外務省 [2017]。

アジアインフラ投資銀行（AIIB）への参加は見送りながらも、「一帯一路」への協力を明確に打ち出してきている。

3　日中韓の経済構造改革と摩擦

　日中韓の世界経済、アジア経済におけるプレゼンスは大きく、相互の経済は密接に関連しているが、制度的経済協力は未だ十分に進展していない。それは、それぞれのグローバル社会における立ち位置、発展のステージ、国内経済政策や対外経済政策相違点が大きく、共通のベクトルを見つけていくのが難しいからである。また、各国は現在の経済状態を改善するためにそれぞれ根本的な経済構造改革を迫られており、そのことが相互の経済摩擦も生み出している。

　中国は、2007年の世界金融危機以降、それまでの輸出主導型発展から内需主導型発展に政策の重点を転換した。世界金融危機以降は、先進国への輸出依存型の発展から地方政府主導のインフラ整備と不動産投資をテコとした発展に舵を切った。その結果、世界でもいち早く成長を回復させたが、その後その副産物であるバブル経済の収束、地方政府債務の増大に苦しんでいる。危機脱却のためには、中国経済の「三頭馬車」と言われる輸出、投資、消費を抜本的に見直す必要がある。世界金融危機までは輸出主導で、金融危機以降は国内イン

フラ投資主導で経済を牽引してきたが、今後は消費を原動力とした発展パターンに移行するする必要がある。そのためには、これまでの第2次産業の発展をモーターとした高度成長モデルから、第3次産業を中心とした低い成長率でも安定した成長モデルに緩やかに移行する必要がある。しかし現在は、国内の不動産・公共投資というエンジンにブレーキをかけたものの、消費というモーターがまだ十分に動いていない状態といえよう。

また一方では、中国は「中所得国の罠」に陥ったとの議論もある。「中所得国の罠」とは、新興国において1人当たりGDPが中程度の水準に達したところで成長率が長期にわたって停滞する現象で、多くの開発途上国に見られる。中所得国の罠の原因は、一般的には、従来の労働集約的な成長パターンがある程度限界に達し、他方、さらなる成長のエンジンとなる要素がタイムリーに生まれてこない状況だと考えられている。具体的には、安い労働力による非耐久消費財生産や外資導入をテコとした初期的な成長要因が尽き、一方でイノベーション主導的な生産要因が十分に育っていないことが背景にある。もう一段の成長を達成し先進国並みの水準に達するには、

(1) 内包的な成長要素（技術開発力、品質の向上）の開発、
(2) 投資の効率化
(3) 高度人材の育成
(4) 産業・輸出構造の高度化・多様化

図 1-10　経済の発展段階

出所：Schwab, WEF [2014], p.97.

表 1-5　発展段階

発展段階		1人当たりの年間所得 (US$)				
		<2,000	2,000-2,999	3,000-8,999	9,000-17,000	>17,000
	第1段階	生産要因				
	第2段階		移行1→2	効率化		
	第3段階				移行2→3	イノベーション

出所：Schwab, WEF [2014], p.97.

(5) ブランド力の向上

をいかに達成するかが鍵である（図1-10、表1-5）。この壁を乗り越えるには、日中韓の経済・技術協力は不可欠である。

これから中国で予想される急激な少子高齢化も、経済に与える影響は深刻である。中国の発展の基盤であった人口ボーナス（大量の若くて安い労働力）が、人口オーナス（少子高齢化による非生産労働人口の増大と賃金の上昇、社会保障・年金等支出の拡大）に変わりつつある。

中国は、こうした局面を打開するために、安定成長に移行するための新しい方針「新常態」（ニューノーマル）を打ち出している。また、アジアインフラ投資銀行（AIIB）構想をテコに、地方でのインフラ投資から国外でのインフラ投資に主軸を変えつつある。これは、中国と欧州を結ぶ「一帯一路」（新シルクロード）構想とも連動している。

韓国の最大の経済構造問題は、貿易依存型発展パターンの変革と、財閥依存型経済構造の改革である。

韓国の輸出依存度（輸出の対GDP比）は64.83%（2016年）で、この数字は韓国の輸出競争力の強さを示している反面、国民経済が世界経済の動向に左右されやすく、また国内需要が弱いことも示している。特に、中国への輸出は輸出総額の約4分の1であり、中国の景気がストレートに韓国経済の景気に影響する構造になっている。

また、韓国経済の屋台骨を支えているのは財閥である。4大財閥（サムスン、現代、LG、SK）の売上高はGDPの約50%に相当する。また、サムスン電子1社だけで韓国のGDPの約20%を生み出している。すなわち、財閥の浮き沈みが直接韓国経済の動向を決定づける要因となっている。財閥の経営が悪化する中で、財閥が韓国経済の雇用を支えるのは限界があり、それは雇用環境の悪化、所得格差として国内に跳ね返ってきている。現在、非正規雇用は30%を超えており、社会保障が適用されない雇用のケースも含めると50%近くに達するという統計もある。

財閥と国内中小企業との格差がますます拡大する中で、財閥就職を目指した受験競争は激化し、教育費の増大が少子高齢化にも拍車をかけている。国内消費が伸び悩む一方で、住宅ローン、教育ローン、早期退職者向け事業ローン（韓国では独立指向が強く早期退職後に起業するケースが多い）などの負担が増大している。

日本経済の主要な構造的問題は、少子化による潜在成長率（とくに経済成長

に対する労働投入の寄与の低下）の低下、高齢化による社会保障費・年金負担の増大、平均賃金の低下と所得格差の拡大、産業の国際競争力の低下、個人消費の伸び悩み、などである。

　少子高齢化は深刻である。生産年齢人口は、1995年をピークに減少傾向に転じている。若い労働力の不足は、全般的な潜在成長率の低下につながる。しかし、日本は積極的な移民受入政策を行っていないし、抜本的な少子化対策対策も財政的な制約から行えていない。こうした中で対外的競争力を確保しようとすれば、経済構造全体を高付加価値生産の方向に誘導していくか、または企業の海外移転と国内の賃金切り下げで生き残りを図るしかない。一方で、老人医療・福祉費は大きく膨れ上がっている。現在は、グローバルな競争に生き残るため、後者の国内の賃金切り下げで対応しているのが現状である。高齢者1人を支えるのに必要な生産年齢人口は、2010年の2.8人で1人から2060年の1.3人で1人（予想）と、急激に低下する。他方、高付加価値生産（ナノテク、素材産業、人工知能・ロボット、バイオテクなど）は、まだ日本経済を力強く牽引するまでには育っていない。社会保障制度、年金制度などの制度面で不安が大きい日本において少子化、低賃金化が進行すれば、国民は将来の生活に不安をもち消費を控える。また、近隣諸国との競争を、高付加価値生産の育成ではなく、低賃金化、非正規雇用拡大で乗り切ろうとすれば、若者が将来に期待をもって学ぼうとする意欲が衰える。

　日本政府は、長い間こうした問題に対し長期戦略をもてずにいた。非自民の細川政権が発足した1993年から民主党政権が終わる2012年までの19年間に首相は13人が交代しており、安定した中長期戦略の策定は不可能であった。ようやく安倍首相のもとで長期不況、デフレから脱却するためのアベノミクスが策定された。アベノミクスとは、デフレを脱却し、富の拡大を図るための経済戦略で、3本の矢（「大胆な金融政策」、「機動的な財政政策」、「民間投資を喚起する成長戦略」）を通じて推進される（図1-11参照）。具体的には、2％のインフレを目標として資金供給量（マネタリーベース）を2年間で2倍に拡大するという「異次元の金融緩和」政策、大規模な公共投資を通じた「国土強靱化」計画、法人税引き下げや投資の促進・規制緩和を軸とした成長政策の推進を実施している。しかしながら、大胆な資金供給にも拘わらず目標とするインフレ率には達しておらず、また成長戦略も目立った成果が見えていないのが現状である。

　2017年には、新しい成長戦略「未来投資戦略2017」が発表された。この基

図1-11 アベノミクスの3本の矢

出所：首相官邸HP

図1-12 主要諸国・地域の長期GDPの推移

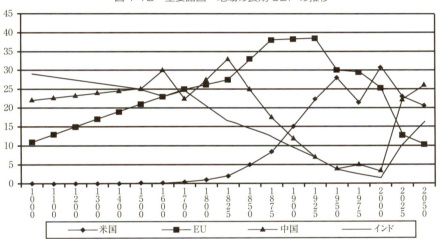

出所：Solomon [2009].

本戦略は、日本経済の長期にわたる生産性の伸び悩み、新たな需要創出の欠如に起因する「長期停滞」を脱却するため、第4次産業革命（IoT、ビッグデータ、人工知能（AI）、ロボット、シェアリングエコノミー等）のイノベーションをあらゆる産業や社会生活に取り入れ、勝ち筋となり得る「戦略分野」への選択と集中を行うべきであるというものである。具体的には、
(1) 生涯現役社会実現に向けた「健康寿命の延伸」
(2) AI・データとハードウェアのすり合わせを行い物流の人手不足を緩和する「移動革命の実現」
(3) 豊富な生産と流通データをベースに個々の顧客・消費者のニーズに即した「サプライチェーンの次世代化」

(4) 競争力のある建設機械とデータの融合による「快適なインフラ・まちづくり」
(5) 企業の資金調達力や生産性・収益力の抜本的向上につながる「FinTech」の活用

である。

このように、3国はそれぞれ経済構造改革という岐路に立たされているものの、それぞれが抱えている課題や解決の方向性は異なる。こうした移行期には社会が不安定になりやすく、その結果、政策が迷走したり逆に対策が強硬になったりすることがしばしばある。また、内政を優先することにより、対外的には協調路線が崩れ、近隣諸国と摩擦を生み出すことがある。

もう1つの大きな問題は、バランス・オブ・パワー、またはヘゲモニーの問題である。最近の20年で、日中韓の経済力バランスは大きく変化した。さらにいえば、図1-12が示すように、現在は世界の経済勢力が大きな転換期にある。こうした移行期には、国家関係が最も不安定化する。この均衡の変化により、誰が東アジアのグローバル化を牽引するのか、またどの方向に向かって発展させるのかという問題をめぐって、大きな摩擦が生じている。

おわりに

この章で見てきたように、日中韓経済は大きな成長を遂げてきた。相互依存関係の深化は、お互いに大きなメリットをもたらしている。しかし、日中韓においては、19の閣僚級会議を含む50以上の政府間協議メカニズムが存在しながら、全体的にソフトパワーが脆弱である。すなわち、現存する地域経済圏としてはグローバル社会において大きな影響力を持つまでに育っているが、制度的な経済連携・協力システムは十分に構築されていない。世界が21世紀の新しい秩序を模索する中で、東アジアはまだ冷戦構造から完全に脱却できずにいる。そして、各国の構造改革のベクトルが違い、相互の摩擦を生み出していることが地域全体の潜在力を引き出せない原因となっている。急速な変化の中にある東アジアにおいて、どのような経済協力関係を打ち立てていくかは、この地域の安定と発展にとって極めて重要である。日中韓が、バランス・オブ・パワーの変化を見据え、歴史認識の違い、イデオロギーの相違を乗り越えて、いかに共通の仕組みを構築し、世界に対しても相応の責任と義務をしっかりと負っていくかが課題である。

たとえば、日中がヘゲモニーをめぐって競い合う構造が生じた場合、ASEANをつなぎ役とし対立を緩和したり、お互いの利害が直接衝突しない東アジア周辺の問題で協力関係を形成することも可能だろう。また、東アジアでヘゲモニーを握った国がすべての問題でイニシアティブを取らなければならないわけではない。それぞれの得意分野ごとに指導力を発揮する国が入れ替わっても良いし、逆にそのことによって安定的で多角的な協力スキームを構築することもできるだろう。また、各国の経済構造改革が、相互の経済的摩擦を拡大するだけではないことを認識する必要がある。少子高齢化で市場が縮小する日本、韓国にとって、中国の経済改革が成功し、中間層が拡大して消費市場が成長・成熟することは大きな魅力である。また、中国が「中所得国の罠」を脱却するためには、日本との技術協力、韓国とのマーケティング分野における協力は重要である。中国がAIIBを通じてアジアの旺盛なインフラ需要に応えることは、長期的にはアジア経済の成長を促し、東アジアと欧州の物流インフラ強化にも資する。日中韓において、競争と協力の枠組みをどのように組み立てれば相乗効果を生み出せるか、偏狭な国益にとらわれず広い視野で考える必要がある。

[演習]

1. グローバリゼーションの進展は、日中韓の経済にどのような変化をもたらしたかまとめよ。
2. 日中韓の経済協力関係はどのような制度的枠組み（FTA、ADB、AIIBなど）を利用して発展させるのが効果的か議論しまとめよ。
3. 日中韓にどのような共通の利益が存在するのか、またその利益を最適化するにはどのような協力関係が望まれるかを、議論しまとめよ。

【参考文献】
〔1〕伊集院敦・日本経済研究センター編 [2017].『変わる北東アジアの経済地図　新秩序への連携と競争』文眞堂.
〔2〕外務省 [2017].『外交青書2017』.
〔3〕進藤榮一・朽木昭文・松下和夫編 [2017].『東アジア連携の道をひらく　脱炭素社会・エネルギー・食料』花伝社.

〔4〕通商産業省 [2017].『通商白書』。
〔5〕IMF [2017]. *World Economic Outlook Databases.*
〔6〕Pricewaterhouse Coopers (PwC) [2017]. *The Worldin 2050. The long view: how will the global economic order change by 2050?* https://www.pwc.com/gx/en/world-2050/assets/pwc-the-world-in-2050-full-report-feb-2017.pdf
〔7〕Solomon Ibrahim Cohen [2009]. *Economic Systems Analysis and Policies: Explaining Global Differences, Transitions and Developments.* Houndmills: PalgraveMacmillan.
〔8〕Trilateral Cooperation Secretariat [2016]. *2016 Trilateral Statistics.* Seoul: Trilateral Cooperation Secretariat (TCS), August 2016.
〔9〕Trilateral Cooperation Secretariat [2016]. *2016 Trilatera lEconomic Report.* Seoul: Trilateral Cooperation Secretariat (TCS), December 2016.
〔10〕World Bank [2017]. *World Development Indicators.*

第2章　東アジアの経済連携
―― アジアと日本の知恵を生かす ――

金　美徳（多摩大学経営情報学部教授）

はじめに

　経営学とは、何か。その解答には、多くの学説や考え方がある半面、未解明な点も数多く残されている。寺島実郎多摩大学学長は、「経営とは、時代認識だ」と指摘している。確かに成功した多くの経営者は、「時代が良かった」「時代が味方した」「時代が追い風となった」などと「時代認識」を成功要因として挙げている。やはり「新しい時代を創る志」を持つことや、「時代と向き合い」「時代と戦う」ことが、経営者やリーダーにとって大切である。

　本章では、世界経済を牽引するアジア・ユーラシアダイナミズムといかに向き合うか、さらにはアジア・ユーラシアダイナミズム時代を創造する志とは何かを考察する。これこそがアジア・グローバルリーダーに必要な資質と考える。具体的には、

① 東アジアにおける経済連携が拡大する反面、国際関係が緊張するという政経矛盾、いわゆる「アジア・パラドックス」をいかに産業的に解消するか

② アジア平和に対する敏感さで信頼関係を築き、いかに日中韓が企業益や国益など共通利益を実現させるか、またアジア益を目指して共存共栄を図れるか

③ 北東アジア経済圏の地政学的優位性を分析し、いかに地政学的知恵を絞り、グローバル戦略を展開するか

を考える。

I　アジア・ユーラシアダイナミズムといかに向き合うか

　ハーバード大学のエズラ・ヴォーゲル名誉教授が1979年に出版した『ジャ

パン・アズ・ナンバーワン』は、当時70万部を超えるベストセラーとなり、一世を風靡した。この著書の特徴は、戦後日本の高度経済成長の要因を分析し、日本的経営を高く評価したことである。単に日本人の特性を美化するにとどまらず、何を学ぶべきで、何を学ぶべきでないかを明確に示唆した。この著書に啓発された米国企業は、日本企業からしっかりと学び、1980年代に衰退していた米国経済を見事に復活させた。米国は、1945年から1952年の7年間日本を占領し、ある意味先進国が途上国に政治・経済システムを教える立場であったにも拘わらず、その立場を逆転させてまで日本的経営から学ぶに至るには相当な屈辱感と大きな葛藤があったに違いない。しかし、そこは大人になって謙虚に学び、米国の懐の深さを見せた。

日本経済は、安定成長期終焉後である1991年から約20年以上にわたり低迷した期間を指す「失われた20年」から抜け出せずにおり、構造改革が思うように進んでない。また、そこに追い打ちをかけた2011年の東日本大震災による約20兆円ともいわれる経済的損失により、大きな試練に立ち向かっている。日本企業はというと経営改革の遅れから中小零細企業420万社のうち7割の300万社が赤字経営に陥っており、大手企業も相次いで大規模なリストラを断行している。また、安倍晋三首相が2013年1月の所信表明演説で「危機」という言葉を14回繰り返しており、経済再生が最大かつ喫緊の課題であると強調している。

また、国際社会も日本経済や日本企業に対して悲観的な見方をしている。例えば世界の主要シンクタンクが、日本の1人当たりGDPが将来的に韓国に抜かれると予想している。『英国エコノミスト』は韓国の1人当たりGDPが2030年に日本を抜き2050には日本の2倍になる、『経団連・21世紀政策研究所』は2050年に日本は韓国（世界14位）に抜かれて世界18位になる、米国シティーバンクは2050年に韓国が日本を抜いて世界4位になると予測している。また、マレーシアのマハティール元首相は、「日本経済の過ちから教訓を得て、韓国経済により多くを学ぶべきだ」（朝日新聞2013年1月15日付）と述べている。さらに、『米国ワシントンポスト』（2012年10月28日付）は、日本衰退論の特集を組んでおり、「衰退する日本はかつての希望に満ちたチャンピオンの座に戻れない」という刺激的な見出しであった。この日本衰退論の根拠としては、日本の人口が1億2,700万人から2100年には4,700万人に激減することや、2050年の平均年齢が52歳と高齢人口が圧倒的に多くなることで、2010年に世界3位に転落した日本経済の衰退スピードが加速するなどとして

いる。また、この特集記事にはエズラ・ヴォーゲル名誉教授のコメント「毎年首相が変わるような政治的混迷によってデフレに陥ったことで、若者が未来に希望を持てなくなってしまった」も掲載されていた。

　そこで安倍政権は、経済危機対策として第2次安倍内閣（2012年12月～2014年9月）の発足を機に「大胆な金融政策」「機動的な財政政策」「民間投資を喚起する成長戦略」など「3本の矢」を政策運営の柱とする「アベノミクス」を導入した。また、第3次安倍内閣（2014年12月～2017年11月）を経て、第4次安倍内閣（2017年11月1日）の発足以降、「アベノミクス」を加速させている。とりわけ2015年～2018年の3年間を「アベノミクスの第2ステージ」と位置づけ、「一億総活躍社会」「地方創生のための大胆な投資」「外国人観光客4,000万人時代を見据えた観光立国」、「農林水産物の輸出拡大など農政新時代の創造」などの新たな経済政策を打ち出している。

　2017年は、「ブレグジット・ショック」（英国のEU離脱：BREXIT＝BRITAINとEXITの造語）、「トランプ・ショック」（外交・経済政策の転換）、失速する新興国経済など世界経済の大きなリスクに直面している中で、「アジア経済圏を取り込む」方針も示している。その一環がTPP（Trans Pacific Partnership：環太平洋戦略的経済連携協定）であり、その先にあるRCEP（アールセップ、東アジア地域包括的経済連携：Regional Comprehensive Economic Partnership）やFTAAP（エフタープ、アジア太平洋自由貿易圏：Free Trade Areaof the Asia Pacific）も睨んでいる。

　日本は現在、政府や企業がアジアのヒト・モノ・カネ・情報の取り込みに躍起になっており、もはや韓国企業や中国企業などアジア企業から学ばざるを得なくなっている。果たして1980年代に米国企業が日本企業から学んだように、2010年代に日本企業はアジア企業からしっかりと学ぶことができるであろうか。これは、決して簡単なことでない。なぜならアジア企業でさえ、欧米企業からは学べるが、アジア企業から素直に学べないからである。アジア企業から何が学べるのであろうか。経営理論やビジネススキルといわれてもなかなか腑に落ちない。そこで考えられるのは、「アジアの知恵」「地政学的戦略」「新興国ビジネスモデル」である。このような視点であれば、アジア企業から少しは学ぶ気になるのではなかろうか。

　そこで、アジア企業から「アジアの知恵」「地政学的戦略」「新興国ビジネスモデル」をいかに学び、日本経済の再生や日本企業の革新にいかに活かせるかを考える。

2012年9月に開催された第86回日本経営学会は、統一論題を「新しい資本主義と企業経営」としながらも、サブテーマとしては「アジア企業の経営から学ぶ」「アジア内需の時代の企業経営」とされていた。報告テーマでも「中国の企業経営から学ぶ」「韓国の企業経営から学ぶ」「日本アジア間連携的経営」「岐路に立つアジア経営」などが目を引いた。この学会に関しては、2012年9月18日付の日本経済新聞に「経営学のお手本、米国からアジアへ」という見出しで掲載された。これまで日本で「経営のお手本」といえば米国企業であったが、近年その傾向に変化がみられ、アジア企業がお手本になりつつある。今や日本企業は、アジア市場に進出するか、アジアのヒト・モノ・カネ・情報を取り込まずにして、生き残れないことはいうまでもない。極言すれば「ビジネス＝アジア」「人生＝アジア」という価値観の大転換を余儀なくされている。もうすでに日本の製造業やサービス業のみならず、地方自治体も、アジア市場での販売・生産拠点の開拓や、アジア観光客（インバウンド）やアジア企業の日本への誘致を本格化している。アジアの日本へのインパクトが最も大きいものは、インバウンド（訪日外国人）である。インバウンドビジネスは、日本政府観光局（JNTO）によると2016年2,404万人訪日・3.7兆円消費と市場規模が急拡大している。その要因は、ビザ発給要件の緩和、円安、LCC路線やクルーズ船の増加などがある。2016年国別訪日外国人数の順位は、1位中国人637万人（全体構成比26.5%）、2位韓国人509万人（同21.2%）、3位台湾人417万（同17.3%）、4位香港人184万（同7.7%）となっており、東アジアの4つの国・地域で全体の72.7%を占めている。2016年1人当たり消費額は、前年比11.9%減の15.5万円であるが、中国人に限っては1.5倍の23.1万円である。インバウンドは、2013年に初めて1,000万人を突破してから僅か2年で、2倍の約2,000万人に急拡大した。その経済的波及効果（生産波及効果、付加価値効果、雇用効果）は、計り知れず、今や日本の経済と景気を牽引しているといっても過言でない。資生堂は、いわゆる「爆買い」対応で化粧品を増産するため、400億円を投じて大阪に新工場を建てるほどである。したがって日本企業は、アジアに進出するか否かを躊躇している間にアジアのインパクトが、インバウンドという形で日本国内に押し寄せてきているのである。これは、観光業やサービス業だけでなく、製造業や農業分野に至るまですべての業種に関わってきている。

　今後は、安倍首相を議長とする「明日の日本を支える観光ビジョン構想会議」（2016年3月開催）が、2020年に訪日外国人旅行者数4,000万人、訪日外

国人旅行消費額8兆円、2030年に同6,000万人、同15兆円という新たな目標値を示している。その具体策としては、「観光先進国への3つの視点と10の改革」を打ち出している。視点1は、「観光資源の魅力を極め、地方創生の礎にする」で改革は①公的施設、②文化財、③国立公園、④景観。視点2は、「観光産業を革新し、国際競争力を高め、基幹産業にする」で同⑤観光産業、⑥市場開拓、⑦観光地経営。視点3は、「すべての旅行者が、ストレスなく快適に観光を満喫できる環境にする」で同⑧滞在環境、⑨地方交流、⑩休暇である。そこでアジアのインパクトを取りに行くにせよ、取り込むにせよ大切なことは、アジアダイナミズムと真正面から向き合うことである。

1 「アジアの知恵」と「日本の知恵」とは

　日本企業やビジネスパーソンが、アジアビジネスで成功するには、どのような素養や能力が必要であろうか。まずは、アジア企業情報の収集・分析・発信力、アジア消費者ニーズの把握、アジア戦略やアジアビジネスモデルの策定力、アジア政治・経済・文化の理解力、アジア近現代史など歴史観である。次にこれらの情報・知識・スキル・観点を繋ぎ合せて体系化し、「アジア・マインド」や「アジア・センス」を磨くべきである。そして最後は、アジアの企業やビジネスパーソンがもっている「アジアの知恵」を引き出し、これを日本の企業やビジネスパーソンがもっている「日本の知恵」と結びつける、もしくは融合させる地政学的知恵が求められる。

　2012年ロンドンオリンピックで日本は、金7、銀14、銅17の38個に上る過去最高のメダルを獲得した。また、金メダル獲得ランキングでは11位（7個）であった。ただ、アジア勢の順位でいえば、2位中国（38個）、5位韓国（13個）に次ぐものである。

　日本が過去最高のメダルを獲得した秘訣は、何であったのであろうか。それは、「結束力」「女性力」「裾野の広さ」「絆」などの言葉に集約される。競泳は、北島康介選手を中心とした結束力で戦後最高の11メダルを獲得し、女子の卓球とアーチェリー、男子フェンシングは団体初のメダルとなった。メダル38個の内訳は、男子が21個で、女子は17個であったが、関わった選手の人数でみると延べ84人のうちサッカーやバレーボールでメダルを獲得した女子が53人と圧倒的であった。メダル獲得した競技種目数は、過去最多の13競技であったことから、競技種目の裾野が広がるとともにレベルの底上げが進んでい

るといえる。競技する日本選手と応援する国民との間に深まった「絆」は、可視化され、世界の人々からも喝采を浴びた。この「結束力」「女性力」「裾野の広さ」「絆」は、まさしく「日本の知恵」が最も詰まったものではなかろうか。

　ロンドンオリンピックで日本のお家芸である柔道は、日本男子が五輪史上初めて金メダルなしの惨敗に終わった。一方、韓国男子は2個、ロシア男子は3個の金メダルを獲得した。日本柔道の敗因については、日本のメディアなどで「日本柔道のガラパゴス化」だと書き叩かれ、「日本は日本の柔道にこだわり、世界のJUDOに遅れている」「日本の柔道監督に外国人を起用すべきだ」などと批評された。また、韓国の鄭勲（チョン・フン）・男子柔道監督も「日本選手の技術が高いことに変わりはない。ただ、国によって柔道のスタイルが違い、それに対応できていないのではないか」と同じようなコメントをしている。これは昨今、パナソニックやソニーなどの日本企業が、サムスンやLGなどの韓国企業に打ち負かされている敗因とも相通ずるところがある。日本企業は、モノ作りにこだわり、世界最高の技術をもって製品を製造しているのにも拘わらず、アジアや新興国市場で稼ぎ切れていない。その理由は、国によって違う市場の特性に合わせたマーケティングが展開できていないからである。

　また、女子柔道で中国が銀メダルと銅メダルを獲得し、日本選手を脅かしたことも気にかかる。中国の女子柔道選手は、柔道の技を磨く過程で隠し味として中国の太極拳を取り入れているとのことである。そこで柔道における「アジアの知恵」とは何かと考えるならば、日本の柔道、中国の太極拳、韓国のテコンドーをさまざまな組み合わせで織り交ぜるという発想転換ではなかろうか。当然、講道館柔道からすれば、邪道といわれるかもしれない。

　今後、スポーツ界では否応なく、アジアは「日本の知恵」を、日本は「アジアの知恵」を意識し始めるであろう。これは、産業界においても同じであり、アジア企業は「日本の知恵」をこれまで以上に取り入れるであろうし、日本企業も「アジアの知恵」を本腰入れて取り入れて行くであろう。そのためにも前述したアジアビジネスの素養や能力が不可欠である。しかし、これまでの日本の教育課程や企業研修などの場で学ぶ機会がほとんどなかったといえる。したがって今後は、強い問題意識をもって相当な学習やトレーニングが必要である。

　アジアビジネスには、至極当然であるが、アジアの理解が求められる。ただ、アジアと一言でいっても広義では48ヵ国もあり、それらすべてを理解することは不可能である。それでは、アジア理解の突破口、または入門編としてどの国から理解すればよいであろうか。企業やビジネスパーソンによってそれぞれ

得意・不得意があり、一概にはいえない。タイなど東南アジアで強みを持っている企業もあれば、中国や韓国に力を入れているビジネスパーソンもいるであろう。ただ、強みを持っているからといって現地で支持を得ていなければ、力を入れているからといってその国に魅力を感じていなければ、ビジネスはうまくいかない。決してあってはならないことは、東南アジア・中国・韓国などアジアを軽蔑していたり、嫌いなのにビジネスをやりたがることである。または、逆にアジアビジネスの時代といって、急にへりくだってアジア企業をおだてたり、媚を売ることである。これは、かえって相手側が違和感を感じるし、警戒感を強めるだけである。それではどのようにすればよいのかというと、やはりアジアをフラットに見る、アジア企業とフラットに付き合うことである。

アジアの国々はもはや、急速な経済発展を遂げ、自信に満ち溢れており、世界におけるプレゼンスがこれまでになく高まっている。したがって現在のアジアを理解するには、これまで以上に深い理解が求められおり、特に相手側からの信頼が不可欠となる。

今後、日本企業は、アジア戦略を企画・推進するグローバル人材の採用・育成・登用が急がれている。また、アジア・グローバル化に対応できる組織改革も必要である。これらのアジア戦略の策定、グローバル人材制度の整備、グローバル化に対応できる組織改革は、大企業だけの問題でなく、中小零細企業も同じである。むしろ日本の中小企業やベンチャー企業の方が、日本の大企業やアジア企業よりも機動力や柔軟性があり、迅速に対応かつ適応できる可能性を秘めているかもしれない。昨今、日本企業において社員向けに韓国・中国・東南アジア・インドなどアジア教養（アジア・リベラルアーツ）についての企業研修が増えている。例えば日本国内においてインバウンド向けマーケティング、いわゆる「アジア・マーケティング」である。また、アジアからの工場・施設・設備などの受注の増加に伴い、これらを現地に建設・設置するのに長期間、寝食をともにするとともにコミュニケーションが必要となる。この場合、相手の国をどのように理解し、どのような会話をしたらよいのか、逆にどのような会話をしたら駄目なのかという相談が増えている。

一方、外国人社員の採用が増えているが、その育成や登用の方法がわからない、グローバル人事制度が機能しない、組織のグローバル化が進まないなどの問題や悩みもよく耳にするようになった。この日本人社員向けのアジア教養研修と外国人社員の育成は、全く別の問題かもしれないが、研修・育成方法によっては同時に実現可能であり、かえって効果的な方法もある。具体的にいえ

ば、日本人社員と外国人社員を同時に研修・育成できる教養コンテンツと教育方法があればよいということである。例えば日中韓経済テキストを使って共通利益となる経済連携やビジネスの方法を考えさせる。または、日中韓問題の妥協点、落とし所、これ以上悪化させないように管理する方法を徹底して議論させる。まさしく本書は、日中韓のお互いの誤解、先入観、わだかまり、偏見を乗り越え、東アジア問題の解決策を模索し、未来を構想するための日中韓経済テキストを目指している。

2 「アジア・パラドックス」を産業的に解消する

　21世紀は、まさしくアジア・ユーラシアダイナミズムの時代である。アジアの地理概念は、ユーラシア大陸のヨーロッパ以外の地域であり、ユーラシア大陸の面積の約80％（4,457万km^2）をアジアが占め、人口は世界人口の約60％（40億人）がアジアに住んでいる。アジアの国数は、広義では48ヵ国で東アジア（6ヵ国）、東南アジア（11ヵ国）、南アジア（7ヵ国）、北アジア（1ヵ国）、中央アジア（5ヵ国）、西アジア（18ヵ国）に地域分類される。内訳は、東アジア（6ヵ国）が日本、モンゴル、中華人民共和国（中国：香港・マカオ含む）、朝鮮民主主義人民共和国（北朝鮮）、大韓民国（韓国）、台湾。東南アジア（11ヵ国）がインドネシア、カンボジア、シンガポール、タイ、フィリピン、ブルネイ、ベトナム、マレーシア、ミャンマー、ラオス、東ティモール。南アジア（7ヵ国）がインド、スリランカ、ネパール、パキスタン、バングラデシュ、ブータン、モルディブ。北アジア（1ヵ国）がロシア（シベリア連邦管区、極東連邦管区）。中央アジア（5ヵ国）がウズベキスタン、カザフスタン、キルギス、タジキスタン、トルクメニスタン。西アジア（18ヵ国）がアフガニスタン、イラン、イラク、トルコ、キプロス、シリア、レバノン、イスラエル、ヨルダン、サウジアラビア、クウェート、バーレーン、カタール、アラブ首長国連邦（UAE）、オマーン、イエメン、パレスチナ（一部）、エジプト（一部）である。狭義では、24ヵ国（東・東南・南アジア）である。アジアの中核をなすのは、日本・中国・韓国の3ヵ国であることから、この地域の呼称を東アジア、または北東アジアという。

　アジア経済は、巨大な市場規模や豊富な天然資源など潜在性が高いことから、世界経済を牽引することは間違いない。アジア開発銀行（ADB）によると、アジアGDPが世界に占める割合は、現在の27％から2050年には52％に

なると予測されている。早ければ2030年代にも50%を超えるとの見方もある。2010年アジアGDP17兆ドルが、2050年にはアジアGDPが174兆ドルに膨らむと試算している。とりわけ世界GDPに占める割合は中国が20%、インドが16%となり、米国の12%を上回るというのが特徴である。英国のトップシンクタンクの国際戦略研究所（IISS）も2012年版『戦略概観』において同じような予想をしている。経済危機を背景に欧米の軍事力が下がる一方、アジア経済の成長が続き、「アジアの世紀」到来を予感させる。中国やインドなどアジア諸国の伸長を強調し、世界に占めるアジアGDPの割合は30%に近づいており、2050年までに50%になると試算。その根拠としては、アジア域内の中間層が過去20年で3倍以上に増えたことを指摘している。

　また、アジア経済は、域内経済連携が拡大するのみならず、欧米諸国のアジアシフトによりアジアの域外経済連携も強まる。まさしく「アジア経済＝世界経済の時代」となる。

　しかしながらアジアには、安全保障（領土問題・歴史認識・ナショナリズム・テロ・人権）、経済発展（サスティナビリティ）、環境・エネルギー（地球温暖化・大気汚染・省エネ）、社会文化（貧困・感染症・保健・教育・アイデンティティ）などの多くの問題が横たわっている。

　このようにアジアは、経済関係の拡大と国際関係の緊張という大きな政経矛盾を抱えており、「アジア・パラドックス」に陥っている。この「アジア・パラドックス」を解消する理想的な方法としては、経済連携や文化・教育交流を拡大することにより、政治問題を相対的に小さくすることである。

　とりわけ北東アジア（日本・中国・韓国・ロシア極東シベリア・モンゴル・北朝鮮）で「アジア・パラドックス」が、顕著に表れている。北東アジア経済（日本・中国・韓国・ロシア極東シベリア・モンゴル・北朝鮮）は、EU（28ヵ国加盟）やNAFTA（北米自由貿易協定）と並ぶ世界の一大経済圏を形成しつつある。北東アジア経済圏の経済規模は、世界経済に占める割合が2割（GDP23%、貿易21%）に上る。直接投資は、世界経済に占める割合が対内と対外がそれぞれ約1割（対内直接投資9.2%、対外直接投資12.8%）である。市場規模を表す人口に至っては、2割強（24%）を占め、他の経済圏（アセアン8.5%、EU7%、NAFTA6.4%、メルコスール4.8%）を圧倒している。また、北東アジア経済圏の一部である環渤海経済圏だけでも世界経済に占める割合がGDP6.8%、貿易12.9%と、アセアン（GDP4.8%、貿易7.2%）を上回っている。北東アジア経済圏では、日中韓が中核となっており、GDP・貿易・投資・人

口はそれぞれ北東アジアの8割を占めている。このように北東アジアは、域内経済連携が拡大しており、特に日中韓3国間経済連携や中国・韓国・ロシア・モンゴル・北朝鮮の2国間の相互依存関係が深まっている。また、欧米諸国を中心にアジアシフトを強めていることから域外経済連携も活発化している。

一方、北東アジアの政治情勢は、冷戦（米日韓と中ロ朝の対立による地域冷戦）、北朝鮮問題（核・ミサイル・拉致）、領土問題（日中：尖閣諸島、日韓：竹島・独島、日ロ：北方領土、朝鮮半島：38度線・北方限界線）、歴史認識（中韓と日本：教科書・靖国神社、朝鮮半島と中国：高句麗）、環境・エネルギー問題、日中ヘゲモニーなど対峙の構図にあり、葛藤が深まっている。

今後、北東アジアは、RCEP（東アジア地域包括的経済連携、ASEAN+6：東南アジア諸国連合10ヵ国＋日中韓印豪NZ）、APEC（アジア太平洋経済協力：21ヵ国）、TPP（環太平洋戦略的経済連携協定：12ヵ国）、FTAAP（アジア太平洋自由貿易圏：21ヵ国）、上海協力機構（中国・ロシア・カザフスタン・キルギス・タジキスタン・ウズベキスタンの6ヵ国加盟＋準加盟国など28ヵ国＝34ヵ国）などを通じて「アジア・パラドックス」を解消する道を模索しながら、アジア・ユーラシアダイナミズムを牽引するであろう。

3　平和に敏感なビジネスセンスを磨く

アジア・ユーラシアダイナミズムといかに向き合うのか。この時代潮流は、脅威として捉え、対抗・牽制策だけを考えれば、かえって問題をこじらせ、対立や危機を拡大しかねない。しかし機会として捉えて、活用・協調策を考えることができれば、地政学的知（ゲオポリティカルな視点）となり、グローバル戦略力となり得る。

そこでアジア・ユーラシアダイナミズムを機会として捉えるには、その中心・構造にある「アジア・パラドックス」と真正面から向き合う必要がある。この「アジア・パラドックス」は、一般的に政治的側面だけが強調され、単なる国際問題と捉えられがちである。しかしその本質においてエネルギー資源やビジネス利権など経済問題があるからこそ、政治が蠢くという側面は否めない。したがって「アジア・パラドックス」は、経済に政治が絡んだ「グローバルビジネス・メガトレンド」と捉えるべきであろう。ただ、懸念されることは、政治が経済に向かえば向かうほど、平和が軽視されることである。やはり経済は、政治に振り回されることなく、平和の実現のためにその機能と役割を果たすも

のではなかろうか。これこそが本来の経済や企業の在り方と考える。繰り返すがビジネスパーソンは、「アジア・パラドックス」に対する理解を深めることによって「グローバルビジネス・メガトレンド」を捉え、平和に対して敏感になることが大切である。

　「アジア・パラドックス」に対する理解を深め、平和に対する敏感さを磨くために領土問題を考える。領土問題は、100年以上にわたって各国のリーダーや国民が、お互い我慢するとともに知恵を絞り、解決できなくても悪化はさせないようにそれなりにうまく管理してきた。しかしここへきて、各国のリーダーやメディアの見識不足なのか、解決どころか、事態を悪化させるケースが増えている。この原因は、どこにあるのか、また誰が悪いのか。この解答は、世界のどの歴史学や国際法の論文をもっても様々である。また、日本・中国・韓国・ロシア・北朝鮮の各国が、「自国の領有権だ」「被害者だ」「領土問題は存在しない」との一点張りの主張の繰り返しであり、解答は到底、出せるものでない。ただ、1ついえることは、これらの問題は1972年沖縄返還協定、1952年サンフランシスコ講和条約、1953年朝鮮戦争休戦協定が隘路（ネック）となっており、これらすべてに米国が深く関与しているということである。尖閣諸島は沖縄返還協定、竹島・独島と北方領土はサンフランシスコ講和条約、朝鮮半島の北方限界線は朝鮮戦争休戦協定においてどちらの領土としても解釈できるように曖昧な条文となっている。米国は、意識してか知らずか、このような領土問題の火種を残したことになる。これを米国は、認めないであろうし、また認めたとしても仲裁役に回るということは考え難い。したがって各国は、経緯はどうであれ、また米国の顔色を伺うことなく、主体的に真正面から向き合う必要がある。向き合うというのは、それぞれの立場を主張するだけでなく、解決することである。解決できないにしても解決に向けて一歩は、前進させるべきである。最低でも悪化させずに現状を維持するための外交センスが必要である。領土問題は、解決に向けた前進は簡単なことでない。リーダーには、グローバルセンスに長けたリーダーシップや多くの国民からの信頼や知恵を集められる人徳が求められる。果たしてこのような理想的なリーダーがこの時代、そして世界に存在するのであろうか。もしそれぞれの国に存在しないのであれば、「棚上げ」「先送り」を正当化したくはないが、次世代のより優秀で知恵のあるリーダーが誕生するのを待つしかない。待てないのであれば、国民の高い問題意識や志によってそのようなリーダーの育成を急ぐべきではなかろうか。因みに世界の領土問題は、85カ所あったが32カ所が解決されている。

その解決方法は、7つに集約できる。①「島を岩と認めて領土問題を存在させない」、②「分割して領有する」、③「中立地帯として解釈する」、④「領有権は認めないが統治権は認める」、⑤「譲渡する」、⑥「相手の領有権を認める」、⑦「国際司法裁判所の仲裁による解決（16ヵ所）」である。したがって領土問題の解決策は、誰もが分かっているのに、リーダーシップと信頼関係がないために解決できないといことになる。

　世界認識や歴史観は、ビジネスを行う上で大きな影響を及ぼすということはいうまでもない。これによりビジネスを始めるタイミングや地域戦略などが大きく左右される。また、アジアのビジネスパーソンとの信頼関係の構築や価値観の共有を行う上で大変、重要である。世界認識や歴史観は、各国間で対立しても駄目であるし、迎合しても駄目である。したがって「和して同ぜず」のスタンスをとりながらも、その姿勢に一目置かれるような見識と立ち振る舞いが求められる。領土問題もその試金石の1つとなる。領土問題に対する見識は、相手の歴史観やアジア観を見計らうものであり、究極的には平和に対する見識を見極めるためにも使われる。ビジネスパーソンは、自らの歴史観やアジア観に基づいて領土問題に対する見識をもち、平和に敏感であってこそ自国経済のみならず、アジア・世界経済により貢献できるグローバル・ビジネスセンスが磨かれる。この平和願望という人間の奥底に秘められた普遍的な価値観と価値観の触れ合いができてこそ、それが信頼関係となり、このような関係が「国境を越えた知恵」を生み出すのではなかろうか。

II　北東アジア経済圏の地政学的優位性

　北東アジア経済圏の地政学的優位性は、大きく4つにまとめることができる。1つは、市場化を進めるユーラシア経済圏の中核であり、北東アジアから中央アジア、アセアン、インドまでを結ぶネットワーク型経済発展の原動力であること。2つ目は、日中韓3ヵ国が北東アジア経済圏と世界経済をリードしていること。3つ目は、アジアに残された最後で最大のエネルギー資源のフロンティアであること。4つ目は、日本とユーラシア大陸を繋ぐ国際物流拠点であること。これらの地政学的優位性は、絵空事でなく、実際ダイナミックに開花し始めている。アジア企業は、このような地政学的立地のメリットとデメリットを見極め、グローバル戦略を展開している。それでは、地政学的立地をいか

図 2-1 環渤海経済圏に触発される環日本海経済圏

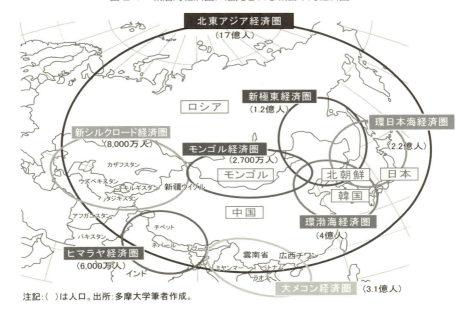

注記:( )は人口。出所:多摩大学筆者作成。

に分析し、どのように戦略を描いているかを解説する（図 2-1 参照）。

1　ネットワーク型経済発展の原動力

　北東アジア経済圏の地政学的優位性の1つ目は、市場化を進めるユーラシア経済圏の中核であり、北東アジアから中央アジア、アセアン、インドまでを結ぶネットワーク型経済発展の原動力である。

　北東アジア経済圏を牽引している環渤海経済圏は、九州・中国華北沿岸部・韓国南西沿岸部の自動車と半導体産業を中心に日中韓で国際分業をうまく行っており、相互補完関係を形成している。また、同地域の人口が4億人に上ることから、巨大な消費市場としても急成長している。環渤海経済圏の推進母体は、都市の自治体であり、企業である。この地域では、日中韓の約30都市が中心となり、「都市間ネットワーク」を形成し、ヒトやモノの交流を活発化させている。欧州では、すでにバルト海都市連合（150都市）や地中海アーチなどが「都市間ネットワーク」を通じて、国家を超えたビジネスネットワークを形成

し、共存共栄を図っている。環渤海経済圏は、このアジア版となるかが、今後注目される。

　環日本海経済圏は、日本海を取り囲む日本の日本海側、ロシア極東、モンゴル東部、中国東北部、北朝鮮北部、韓国東部などの地域から形成される人口2億2,000万人を有する経済圏構想である。これは、国連開発計画（UNDP）の主導で1990年頃から開発が進められているが、決してうまくは行っていない。しかしこの地域の地方自治体や企業は、常にこのような経済圏構想をもって行政やビジネスを行っており、それなりの成果を上げている。例えば北東アジアのエネルギーを見事に取り込んでいる鳥取県の事例を紹介する。鳥取県は、日本海を挟んだ対岸諸国と古くから交流があることから、この地政学的立地を最大限に生かし、「環日本海交流」を積極的に展開している。交流相手は、韓国江原道、中国吉林省や河北省、ロシア沿海地方、モンゴル中央県で、これらの自治体と「北東アジア地域国際交流・協力地方政府サミット」を1994年より持ち回りで開催している。この「環日本海交流」は目に見える成果を生み出しており、最近では、「北東アジアゲートウェイ構想」を打ち出し、その一環として環日本海定期貨客船航路を開通させた。鳥取県境港市 - 韓国東海市 - ロシア・ウラジオストクの定期便就航により年間約2万人の韓国人やロシア人の外国人観光客を誘致している。同定期貨客船航路は、中国・韓国・ロシア・モンゴルの4ヵ国が進めている「広域図們江開発計画（GTI）」の運輸部会のプログラムに盛り込まれており、鳥取県はGTIにオブザーバー参加している。GTIは、中露と北朝鮮の国境地帯から日本海に注ぐ図們江の沿岸地域などを対象にした開発計画であり、国連開発計画（UNDP）の支援を受け、運輸・観光・資源・環境の4部会から構成されている。鳥取県は今後、このルートを活かして、二十世紀梨、スイカ、メロンを輸出する一方、韓国からパプリカを輸入するなど物流の活性化も図る。また、空の便とのシナジーも狙っている。すでに韓国アシアナ航空の米子 - ソウル便が好調であり、2012年8月の搭乗率は63.6％に上る。

　2つ目は、韓国ドラマの「アイリス（虹の女神）」の第2弾の「アテナ（戦争の女神）」のロケ誘致に成功し、2011年日本での放映以降、韓国人のみならず、日本人の観光客が増加した。「アテナ」は、朝鮮半島と世界を脅かすテロ組織アテナと、これに対抗する韓国国家危機防止局の要員の活躍像を描いた諜報アクションドラマだ。有名男優のチョン・ウソン（代表作「私の頭の中の消しゴム」）が出演しており、2010年の初放送では「アイリス」を上回る視聴率

22.8％を記録した。ロケ誘致にあたっては、5～6カ所の地方自治体が名乗りを上げたが、平井伸治鳥取県知事のリーダーシップや韓国留学経験のある鳥取県職員たちの誠意が、韓国の制作会社社長に伝わったようである。実際、筆者も平井知事や鳥取県職員たちのアジア・マインドや人柄と接して、ロケ地が鳥取県になった理由が十分に理解できた。やはりここでの経験は、アジアビジネスにとって大切なことは韓国人やアジア人と「心と心の交流」を図ること。そして、自らが相手に先駆けてまず開くこと、すなわち日本が先にアジアに声をかけることである。

事例の3つ目としては、韓国江原道とLEDの共同開発などにも取り組んでいることである。

もはや、日本の企業のみならず、地方自治体もアジアのエネルギーを取り込まずして、生き残れない時代が到来したといえよう。アジアのエネルギーを取り込むということは、アジアのヒト・モノ・カネ・情報を日本に受け入れることであり、日本のヒト・モノ・カネ・情報をアジアに受け入れてもらうということである。

(1) 大メコン経済圏と新極東経済圏

大メコン経済圏（人口3.1億人）は、タイ、カンボジア、ラオス、ベトナム、ミャンマーの5ヵ国と中国雲南省、広西チワン族自治区の2省にまたがるメコン川流域を開発する経済圏構想である。構成国各国の経済や軍事面での思惑や利害がさまざまで決して一枚岩ではないが、中長期的には相互依存体制を確立すると見られており、アジア企業は挙って同地域戦略に着手している。

この経済圏構想は、アジア開発銀行（ADB）の主導により1992年からこれらの国で経済開発協力プログラム（GMSプログラム）として開始された。農業、エネルギー、環境、人材育成、投資、電話通信、観光、交通インフラ、運輸・貿易の9分野を中心に開発を行っており、南北・東西・南部の3つの経済回廊の開発がその大きな特徴的である。南北経済回廊は、中国雲南省の省都である昆明からラオスまたはミャンマーを経由し、タイのチェンライと首都バンコクまでを結ぶ約2,000kmの国際道路。東西経済回廊は、ベトナムのダナン港からラオスのサバナケット、タイのムクダハンを経由し、ミャンマーのモーラミャインまでを結ぶ約1,500kmの国際道路。南部経済回廊は、ベトナムのホーチミンからカンボジアのプノンペンを経由し、バンコクまでを結ぶ約1,000kmの道路であり、第2東西経済回廊とも呼ばれている。

どこまでもビジネス上の仮説であるが、新極東経済圏（ロシア極東・中国東北部、1.2億人）、ヒマラヤ経済圏（中国チベット自治区・ネパール・インド北部、6,000万人）、新シルクロード経済圏（中国新疆ウイグル自治区・中央アジア、8,000万人）、モンゴル経済圏（中国内モンゴル自治区・モンゴル、3,000万人）の姿がうっすらと浮かび始めている。まさしく「眠れる龍が目を覚ます」ようなものである。

新極東経済圏では、ロシアがアジアシフトを睨み極東開発を本格化する一方、中国が東北部開発をセカンドステージと位置づけ開発を加速させている。ロシアは、2012年ウラジオストクAPECの開催を機に、極東のアジアへのエネルギー輸出戦略と自動車産業の拠点化に弾みをつけた。エネルギー輸出戦略は、欧州経済の悪化により欧州市場で売れなくなった石油やガスを成長著しいアジア市場に売るという狙いがある。全長4,000kmに及ぶ原油のパイプラインが、2012年内にウラジオストクまでの全線が開通する。また、鉄道・パイプライン・送電などのロシア・韓国・北朝鮮3角協力を推進し、物流網の整備も急いでいる。自動車産業の拠点化は、2012年にマツダの自動車組み立て工場（年産5万台）が完成した。ロシアは、極東開発戦略の狙いをアジアシフト拠点とする一方、この地域での中国の影響力や日本との北方領土問題に対する牽制も意識している。中国の東北部開発（遼寧省・吉林省・黒竜江省・内モンゴル自治区東部）は、これまでの開発計画に一区切りを付け、2012年にセカンドステージというべき「東北振興第12次5ヵ年計画」を発表した。この地域は、中国経済の抱える課題が凝縮されており、中国経済の将来を展望する上で試金石になると位置付けられている。また、中国の東北部開発に北朝鮮を利用しようとしている。北朝鮮北西部の中国国境・鴨緑江河口の中州である黄金坪（ファンググムピョン）は、2011年に中国と北朝鮮が共同開発する工業団地の着工式を行った。黄金坪は、面積11.5平方kmで、情報、観光文化、農業、軽工業の4大産業を重点的に発展させ、知識集約型の新興経済区域とする計画である。北朝鮮北東部の中国国境・豆満江（中国の呼称：図們江）流域の開発計画である「長吉図（長春―吉林―図們）開放先導区」建設も進められている。これは、中国の長春―吉林―図們にかけて一大工業地帯を建設し、製品を中国の図們または琿春経由で、北朝鮮の羅津や清津などの港湾を通じて物流すればコストと時間を大幅に節減できるというものである。

(2) ヒマラヤ経済圏と新シルクロード経済圏

　ヒマラヤ経済圏（中国チベット自治区・ネパール・インド北部、6,000万人）は、インド・ネパール・ブータン・ミャンマー4ヵ国と国境を接するチベットが、2006年の青蔵鉄道（中国西部青海省西寧とチベット首府ラサを結ぶ高原鉄道）の開通に加え、中印間の陸上貿易ルートの要衝であるナトゥラ峠の44年ぶりの再開やチベットとネパールを結ぶ「中尼道路」の整備を機に、中国国内はもとより南アジアとの国境貿易と観光で脚光を浴びている。中国は、チベットの人権問題などを抱えつつも、経済面ではチベットを「西部大開発」国家プロジェクトに組み込み、大規模な投資やインフラ建設などの強化に注力している。国境を隣接するインドやネパールなど南アジアとの経済交流や貿易拡大を推進する上で、陸上貿易ルートの玄関口として期待を寄せている。

　新シルクロード経済圏（中国新疆ウイグル自治区・中央アジア、8,000万人）は、アジア・ユーラシアダイナミズムのストライクゾーンであり、東西文明が交差するシルクロードとして復活するが如く、経済マグマが蠢き始めている。筆者は、2012年に新疆ウイグルの自治区首府であるウルムチ市とシルクロードの要所であるトルファン市を現地視察したが、中国とは思えないエキゾチックな街並みや、目覚ましい経済発展ぶりに驚かされた。まさしく中国のエネルギーと中央アジアのエネルギーが激しくぶつかり合いながらも荒々しく組み合わさるユーラシアダイナミズムを体感したといわざるを得ない。また、世界最大かつ最も先進的といわれている新疆国際大バザール（建築面積10万平方メートル＝3万坪）などでは、中国新疆地域と中央アジア諸国の隣接する地域との間で活発な商取引が行われているが、これはただの生活や商売レベルではない。国家経済にも大きな影響を及ぼす規模となっている。もはや、地域経済の域を超えて、中国と中央アジアの国家間の経済連携、さらにはユーラシアダイナミズムの一翼を担うインパクトをもち始めている。中国の西北に位置する人口2,200万人の新疆ウイグル自治区は、日本の4.4倍の面積を有し、チベットに次いで中国で2番目に大きな行政区域である。経済は、豊富な地下資源を強みにGDPは年率15％を超える高成長を続けている。石炭は、中国全体の埋蔵量の40％、天然ガスは同33％、石油は同28％を占めている。また、シェールガス埋蔵は、新疆ウイグルに最も集中しており、エネルギー地政学的にもこの地域から中央アジアにかけての重要性が新たな意味を持ち始めている。ウルムチ市の人口は、約310万人で、ここ10年で2倍以上に増えている。1人当たりGDPは、5万元で、ハルビンや西安よりも高い水準となっている。ま

た、ウルムチ市では、漢民族が7割、残り3割をウイグルを含む少数民族が占めている。新疆ウイグルは、トルファンなどがシルクロードで有名な観光都市でもある。国内外からの観光客は、年間2,500万人（うち外国人132万人）に上り、日本の外国人観光客を上回っている。訪問した時もウイグル騒乱（死者800名）の3周年を迎えた時期で厳重な監視体制が取られていたものの、空港は観光客で大変、賑わっていた。中国は、インド・パキスタン・アフガニスタン・タジキスタン・キルギス・カザフスタン・ロシア・モンゴルの8ヵ国と国境（国境線5600km）を接する新疆ウイグルを、対中央アジア貿易・投資の「窓口」と位置づけ、西部大開発プロジェクトと連動させながら攻勢をかけている。また、上海協力機構やCAREC（中央アジア地域経済協力）などの多国間協力機関を通じて影響力の拡大を図っている。特に中央アジア諸国との関係強化は、同地域に拠点を置く「東トルキスタン・イスラム運動（ETIM）」を牽制する意味も持つ。ETIMとは、新疆ウイグル自治区を東トルキスタンと呼び、これを中国から分離独立させることを目指す独立運動組織である。一方、世界銀行（WB）やアジア開発銀行（ADB）などの国際機関は、世界全体の経済成長の観点から中央アジアを中心とした「新シルクロード」の構築へ向けて関係国・地域の協力のもとでインフラ整備を含む各種プロジェクトを推進している。アジア開発銀行は、自らが主導し、中国・モンゴル・カザフスタン・キルギス・タジキスタン・ウズベキスタン・アフガニスタン・アゼルバイジャンの8ヵ国がユーラシア大陸を横断する「新シルクロード」を構築する。これは、2018年までに中央アジア経由の東西回廊のほか、ロシアと南アジア、中東を結ぶ南北回廊など計8つの交通・輸送回廊を整備する計画である。これらの計画の進展により同地域に存在する「イスラム」という共通軸から考えた場合、経済的に将来は中国の新疆や寧夏回族自治区から中央アジア、さらにパキスタンなど南アジア地域を包括する広域ビジネスのネットワークが形成される可能性が大きいといえよう。

(3) モンゴル経済圏

　モンゴル経済圏（中国内モンゴル自治区・モンゴル、3,000万人）では、中国が内モンゴルの資源供給地としての重要性に加え、隣国のモンゴル、ロシア両国と長い国境線（4,200km）を隔てて接している地政学的重要性に鑑み、内モンゴルを対モンゴル、ロシア両国の経済貿易拡大の橋頭堡と位置づけている。内モンゴルは、近年豊富な石炭などエネルギー・鉱物資源を背景に経済が急成長

を遂げており、特に2002年以降は中国トップの高成長率を維持している。また、2007年に発表された「東北地区振興計画」により内モンゴルの東部（フルンボイル市・興安盟・通遼市・赤峰市・シリーンゴル盟）が、同計画の対象地域に編入された。これは、内モンゴル東部を東北地域に組み込むことによって経済発展への牽引役として期待されている証である。さらには、モンゴル経済圏を北東アジア経済圏にリンクさせたいという大きな地域発展戦略も見え隠れする。こうした中、内モンゴルは、隣接する国内の8省・自治区と協力・連携しつつ、北隣のモンゴル、ロシア両国への企業進出や経済交流の拡大を図る、いわゆる「南連北開」戦略を展開している。筆者の現地調査で感じたことは、内モンゴルが、モンゴルの天然資源をストローで吸い込むが如く、飲み込み始めているということである。モンゴルは、3,000カ所に及ぶ鉱山がある鉱物の宝庫である。経済発展のため鉱業を重視し、鉱産物の輸出拡大を目指し、投資環境整備の施策・鉱業法の整備、地質情報提供の整備などを行い、積極的に外資導入を進めている。主な鉱物資源は銅・モリブデン、非金属鉱物資源はホタル石、その他に金・錫・タングステンなどである。特に注目されるのが、南ゴビ地方の世界級のオユトルゴイ銅鉱床とタバントルゴイ炭田（埋蔵量50億トン）である。資源輸送は、中国がゴビ砂漠の南部と「チャイナランドブリッジ輸送回廊（中国を横断し連雲港に繋がる鉄道）」を道路で繋げ、トラックで石炭を運んでいる。しかしトラック輸送は、環境問題と輸送量の限界から2カ所に鉄道を引く計画が浮上している。これに対してモンゴルは、鉱山・石炭開発が活性化し、資源輸送も捗ると興味を示す反面、鉱物をすべて中国に吸い取られてしまうのではないかと警戒感を露にしている。モンゴルは、1992年に社会主義を放棄して資本主義体制を確立したが、それまでソビエト連邦の影響下にあったことやロシアからのエネルギーや経済の依存などにより思うように自立ができなかった。そこで中国が1990年代後半から対モンゴル投資・貿易を本格化させたことから、モンゴル経済が活性化される一方、ロシア経済への依存度が下がり、やっと自立の道を歩み始めた矢先であった。しかし今度は、中国経済への依存が新たな悩みの種となっている。

　今後、「天津・ウランバートル輸送回廊」の複線化・物流処理能力向上や、モンゴル東部のチョイバルサンと内モンゴル・イルシ間の鉄道を連結して「図們江輸送回廊・日本海航路（戦前まで連結機能していた）」の開通が図られれば、中国内モンゴルとモンゴルのみならず、日本、北朝鮮、ロシア、韓国をも巻き込んだ北東アジアのエネルギー資源・物流革命となり得るし、環境問題にも大

きな貢献が可能となるであろう。

2　日中韓経済の知恵を生かす

　北東アジア経済圏の地政学的優位性の2つ目は日中韓3ヵ国が北東アジア経済圏と世界経済をリードしているということである。前述したように北東アジア経済圏の経済規模は、世界経済に占める割合がGDP、貿易、人口（市場規模）がそれぞれ2割を占め、EUやNAFTAと並ぶ一大経済圏である。そしてこの北東アジア経済圏の中核となっているのが日中韓であり、GDP・貿易・人口は同経済圏に占める割合が8割に達する。したがって日中韓経済は、北東アジア経済圏を牽引し、そして北東アジア経済圏が世界経済をリードしているということとなる。

　これを可能にしているのが、日中韓の域内経済連携である。日中韓の貿易構造は、もちつもたれつの関係となっており、その親密度は益々深まっている。日本と韓国にとって中国は、最大の貿易相手国であり、中国にとっても日本と韓国が第2位と第3位の貿易相手国である。この日中韓貿易は、交渉が進められている日中韓FTAが締結・発効すればより一層加速し、その存在感は世界貿易において冠たるものとなり、名実ともに世界経済をリードするであろう。昨今、尖閣諸島問題は中国国内の反日デモが暴徒化するなど過去最大規模となり、竹島・独島問題も従軍慰安婦問題など歴史問題に飛び火し、日中韓の政治情勢が最悪の状況に陥っているが、日中韓FTA交渉だけは粛々と進められている。

　この日中韓の域内経済連携が特にうまく行っているのが、九州の自動車と半導体産業を中心に中国華北沿岸部や韓国南西沿岸部とバランスのとれた国際分業を行っている環渤海経済圏である（図2-2参照）。前述したように環渤海経済圏は、北東アジア経済圏の一部にも拘わらず、世界経済に占める割合がGDP3.1%、貿易6.1%となっており、アセアン10ヵ国（GDP2.2%、貿易6%）を上回っている。九州では、自動車と半導体の産業集積が急速に進展しており、渤海湾や黄海湾の沿岸地域との産業構造と市場需要との補完性を強めている。自動車産業は、自動車メーカー大手3社の日産、トヨタ、ダイハツの工場が集積し、生産台数100万台、出荷額1兆円を超える。半導体産業は、国内生産の23%を占めており、関連企業570社、出荷額1兆円を超える。また、新製品開発や生産工程改善に際して、まずは九州で試してからアジアで展開するとい

ういわゆる「九州工場のマザー工場化」を目指している。因みに九州は、「日本の1割経済」といわれており、人口が10.6%、面積が11.2%、自動車生産が9.5%、輸出額が9.2%を占めている。

　中国華北沿岸部では、家電や鉄鋼などの世界的生産拠点があり、ソフトウエアなどハイテク産業も急速に発展している。また天津・濱海新区を中心に環渤海湾地域を発展させ、これを東北3省へ繋げて北東アジア時代に向けた現代的新興地域とする環渤海経済圏を重点指向する方針が打ち出されている。韓国南西沿岸部では、自動車や半導体の生産技術や人材が集積しており、特にコンピューター産業の関連技術が蓄積されている。特に蔚山市は、韓国一の産業都市であり、自動車最大手のヒュンダイ、造船最大手の現代重工業、エネルギー最大手のSKのお膝元である。

　九州の対韓国貿易（2015年）は、前年比4.3%減9,836億円でうち対韓輸出が前年比0.8%減の7,089億円、対韓輸入が前年比12.2%減の2,747億円。九州の対中国貿易（2015年）は、前年比0.26%増の2兆3,653億円でうち対中輸出が前年比0.5%増の1兆2,704億円、対中輸入が前年比0.01%増の1兆949億円である。環渤海経済圏では、日中韓で産業間・工程間で分業ネックワークが形成されており、貿易相互依存関係が深化している。例えば自動車産業は、九州が自動車部品を韓国から輸入する一方、自動車や関連部品を中国に輸出する。また、半導体産業は、九州が半導体を中国から輸入する一方、半導体製造装置および部品材料を韓国へ輸出するという補完関係が確立されている。

　今後は、九州の自動車メーカーと半導体メーカーの相互乗り入れで「シリコンアイランドとカーアイランドの融合」が期待される。自動車メーカーは、「安全」、「快適」、「省エネ」をキーワードに自動車の電子化が急速に進む一方、半導体メーカーが自動車産業への進出を強化するであろう。このように環渤海経済圏での自動車産業と半導体産業の融合が進めば、日中韓の垂直分業から水平分業へ、産業間・工程間分業から産業・工程を超えた技術移転や共同研究開発へとより深くかつより高度な補完関係が求められることとなる。こうした場合、九州など日本は、研究開発拠点や高付加価値品の生産拠点としての位置づけをより明確にする必要が出てくる。この点腹を据えて覚悟すれば、研究開発や高付加価値品の生産に関する雇用を積極的に創出するこができ、海外に生産拠点を移しても産業の空洞化はある程度避けることができるのではなかろうか。

図 2-2 拡大する環渤海経済圏と触発される環日本海経済

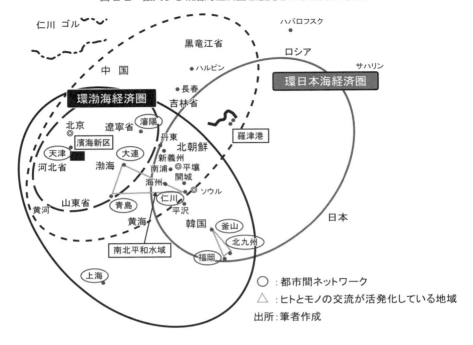

○：都市間ネットワーク
△：ヒトとモノの交流が活発化している地域
出所：筆者作成

(1) 環渤海経済圏の地政学的知恵

　日中韓、特に環渤海経済圏の地政学的立地を最大限に生かしたグローバル戦略を打ち立てる動きもある。世界3位の自動車メーカーに浮上したフランスのルノーグループは、日韓の地の利と傘下企業を生かし、大胆なグローバル生産・販売戦略を展開しようとしている。

　カルロス・ゴーン会長（1954年生）は、2010年に韓国5位の自動車メーカー双竜自動車（サンヨン、年産24万）を買収しようとしたが、最終的には資金問題で断念した経緯がある。仏ルノーグループ傘下の韓国のルノーサムスン（出資比率：ルノー80.1％、サムスン19.9％）と同グループ傘下の日産自動車が共同で、買収意向書まで提出した。この買収にあたりゴーン会長は、2010年に開催された日産の株主総会で「韓国で生産能力拡大が必要だ」と述べた。買収目的は、まずはルノーサムスンの生産不足への対応である。輸出向け・内需向けがともに好調であり、2010年5万台、2011年には10万台以上が不足するとの認識である。しかしこれだけであれば、日産が出資する意味は薄いといえる。したがって2つ目の目的として、双竜自動車の平沢市（ピョンテク、京

畿道南西部）にあるメイン工場が視野に入っていたと考えられる。この工場は、西側が黄海に面した新興の港湾都市にある。中国向けの生産拠点や現地組立輸出（CKD）の拠点としての利用価値は大きい。韓国平沢市は、中国・韓国・日本などに囲まれた環渤海経済圏の中央に位置する。上海や北京などの巨大消費地に対して地の利は大きく、その要衝となりうる高いポテンシャルをもっている。また、日産の九州工場（福岡県苅田町）との連携も期待できるはずである。ゴーン社長は、このような韓国平沢市の地政学的立地に目をつけた可能性が高い。双竜自動車（平沢工場）は、手に入れられなかったものの、ルノーサムスンの釜山工場や日産の九州工場は、拡充させている。買収目的の3つ目としては、双竜自動車の中国でのネットワークの活用があったのではなかろうか。双竜自動車は、2005年に中国の上海汽車に買収されて経営再建の途上にあったため、中国からの部品供給網や人的ネットワークを培っている。ただ、主力の北米向けSUV輸出の急激な縮小から経営が再び悪化し、2009年には上海汽車が双竜自動車の経営から手を引いた。4つ目は、ルノーサムスンが培った韓国企業経営のノウハウを双竜自動車の再建に活かすことである。ルノーが、2000年に旧サムスン自動車を買収した時、この会社は業績不振にあえいでいた。旧サムスン自動車は、日産から技術支援を受けて、モデルにしていた日産「セフィーロ」の性能とデザインを上回るでき栄えであった「ルノーサムスンSM5（セダン）」（第1回韓国カーオブザイヤー大賞受賞）を発売したものの、研究開発費が膨らみ過ぎてしまった。その上、韓国政府からの要請でこの新車の販売価格を安く抑えざるを得なくなり、利益が生み出せなかったなどの理由から経営が傾いた。しかしルノーが買収してからは、ルノーサムスンで製造した車種を日産およびルノーのブランドにリバッジ（車名やブランド名のバッジを変えて販売する手法）して輸出を拡大し、見事に息を吹き返した。

考えてみればルノーは、1999年に日産を救済した際も、日本の企業文化を維持しつつも、旧来の古いしがらみを断ち切ることなどによりV字回復に結び付けている。中国では、日産は東風汽車との連携を深めており、現地開発車などのヒットで大きく販売台数を伸ばしている。日中韓のそれぞれで、現地メーカーと巧みに連携している企業は他にはない。

ゴーン会長は、双竜自動車の買収は断念したものの、虎視眈々と次の日中韓の地政学を活かした戦略を考えているのは間違いない。また、双竜自動車の買収に成功したインドのマヒンドラもこのような地政学的戦略に出ると見られる。日中韓の地政学的立地を生かして中国・アジア戦略を描くという地政学的知恵

が、グローバルビジネスにおいて求められている。

(2) 地政学的立地を見極めグローバル戦略展開

　カルロス・ゴーン会長は、2012年に訪韓し、ソウルでの記者会見で「アジアの拠点は韓国」「韓国は政府の支援もあり、強みがある」と繰り返し述べた。改めて韓国の重要性を強調し、韓国でのリベンジを図っている。双竜自動車買収を断念したゴーン会長の次なる韓国戦略の狙いを探ってみる。ルノーグループは、傘下の日産自動車を使って、韓国のルノーサムスンに大胆な支援に乗り出すと発表した。支援内容は、1つは2014年から日産のSUV（多目的スポーツ車）「ローグ」の次期モデルをルノーサムスンに生産委託する。韓国の釜山工場で年産8万台を計画している。2つ目は、ルノーと日産の連合で1億6,000万ドルを設備投資し、「ローグ」生産のための釜山工場ラインを整備することである。「ローグ」は、北米向けの輸出専用車で、現在、日産の九州工場で生産しているが、モデルチェンジや販売増で生産能力が8万台不足すると見込まれている。この生産能力不足分は、当初、米国のスマーナ工場（テネシー州）工場で全量を生産することを決め、米国工場の設備拡張で解決しようとしていた。しかしこの生産能力不足分をルノーサムスンの釜山工場に振り向けることにより、日産の生産能力不足をカバーするとともに、経営不振に陥っているルノーサムスンの釜山工場の稼働率を高めることができる。釜山工場の生産能力は、30万台であるが、2011年生産台数24万台、2012年同22万台の見込みと低下していた。次期モデル「ローグ」は、釜山工場で2014年から向こう6年間、年間8万台、合計48万台が生産され、北米市場に投入されることになる。釜山工場で生産してきた初のSUV車「QM5」は、2015年39万台を生産し、うち33万台を輸出した。「QM5」の開発・生産過程で確保した技術ノウハウと釜山工場の部品競争力は、2014年から始まった北米向け日産「ローグ（中型SUV）」の受託生産につながった。日産「ローグ」は、2015年13万台を生産し、全て米国に輸出した。

　このようにゴーン会長の日産を活用したルノーサムスン支援の狙いは、日産の生産能力不足のカバーとルノーサムスンの釜山工場の稼働率向上であるが、果たしてこれだけであろうか。さらに、一石二鳥、一石三鳥を考えている節がある。1つは、すでに発効している韓印FTA、EU韓FTA、韓米FTAや交渉が始まっている韓中FTAである。韓国から欧州への小型車輸出にかかる10％の関税は、すでに6.6％に下がり、2016年までに完全に撤廃される。また、ル

図 2-3 環渤海経済圏の経済規模

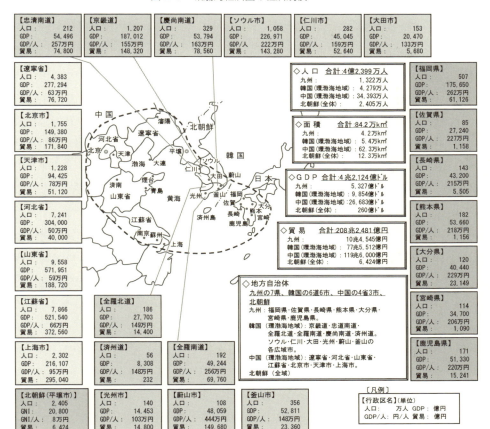

出所：JETRO、内閣府、(財)福岡アジア都市研究所、門司税関調査部調査課、九州アジア国際化データベース 2010 年データより作成。

ノーサムスンは、欧州市場への独自の販路があるという読みもある。韓国から米国への乗用車輸出にかかる 2.5% の関税は、2016 年に撤廃されるため、輸送コストがかかったとしても採算が合う。何よりも一番の狙いは、韓中 FTA ではなかろうか。このような韓国の FTA を活用すれば、輸出拠点としての価値は益々高まり、相当、魅力的に映っているようである。2 つ目は、韓国のインフラである。法人税の実効税率は、24.2% で日本の原則 35.6% を大きく下回る。電気代は、日本の半分の水準。内需も年間 150 万台程度と侮れない市場規模である。3 つ目は、急速に育っている韓国の部品産業である。4 つ目は、韓

国を日産の海外拠点として「韓国製日本車」を生産し、北米市場をはじめとする世界市場に投入することである。5つ目は、生産拠点を日本の本州から九州に移し、「九州―釜山―中国」の生産・販売ネットワークの拡大を図ることではなかろうか。この「韓国製日本車」は、日韓の強みを見事に融合させたものであり、地政学的戦略のモデルといえる。どれだけ売れるかは分からない。ただ、日本や韓国などアジアでは、「韓国製日本車」といわれてもピンとこないかもしれないが、欧米や新興国市場ではもしかして日韓の強みを合体させたものとして受け入れられるかもしれない。このような挑戦は、史上初のことであり、大変大きなリスクとなる。しかしリスクの大きさは、チャンスの大きさでもある。また、「九州 - 釜山 - 中国」の生産・販売ネットワークは、日中韓や環渤海経済圏の地政学的立地を最大限に生かしたものと考えられる。まさしく地政学的知恵の結晶である。

　今後、ルノーグループ・ゴーン会長のこのような韓国を拠点としたアジア戦略やグローバル戦略がうまくいくかどうか未知数であるが、さらなる次の一手も考えていると見られている。どこまでも仮説であるが、例えば日産を使ってルノーサムスンを買収させる。これが実現すれば日産によるルノーサムスンの買収は、韓国を拠点としたアジア・グローバル戦略をより現実のものとなる。または、ルノーグループが、ルノーサムスンの株式を日産に売却することによって得られる約700億円の現金を他のグローバル戦略に投じるのか、今後注目される。

　このように環渤海経済圏は、地政学的知恵、日中韓経済連携、アジアビジネスモデルを考える上で新しい切り口・視点やアイデアが多く詰まっている。今後、環渤海経済圏が、北に東北3省、東に朝鮮半島と東日本へ拡大し、さらに環日本海経済圏をも触発し得る力強い原動力となるであろう（環渤海経済圏の経済規模は図2-3に示した）。環渤海経済圏から環日本海経済圏、北東アジア経済圏から世界経済という複眼的かつ広大な視野でアジアの問題や課題を探し出し、産業的解決策を考える中で戦略性が磨かれる。

3　エネルギー資源のフロンティア

　北東アジア経済圏の地政学的優位性の3つ目は、アジアに残された最後で最大のエネルギー資源のフロンティアである。ロシアの極東シベリアやサハリン、カムチャッカ半島は、原油や天然ガスが豊富に埋蔵されている。また、モンゴ

図 2-4　北朝鮮の地下資源主要埋蔵地域

注：●等の記号は、表2-1参照。
出所：筆者作成。

ルには石炭や銅などの鉱物資源が豊富である。北朝鮮にも未開発のレアメタルなどの鉱物資源がたくさん眠っている（図2-4、表2-1）。北朝鮮のレアメタルなどの資源の価値は、推定6兆ドルといわれている。よって世界各国は、この北朝鮮資源を巡ってさまざまな動きをしている。中国は、すでに茂山（ムサン）鉱山などの鉄鉱石開発に深く関わっており、銅や石炭も開発中である。2011年中国の対北朝鮮輸入額24億2,000万ドルのうち65.1%を鉄鉱石と石炭が占めた。この鉄鉱石輸入のほとんどは、北朝鮮北部・咸鏡北道の茂山鉱山で採掘されたものである。茂山鉱山の開発権（50年契約）は、中国の通化鉄鋼グループ、延辺天池鉄鋼グループ、中鋼グループの3社のコンソーシアムが取得している。中国コンソーシアム側が、機械設備や技術など14億ドル相当を提供し、

表 2-1　北朝鮮の主要鉱物埋蔵および分布状況

区分	品位	埋蔵量	分布地
鉄（Fe）	20～50%	20～40億トン	咸鏡北道、茂山、咸鏡南道・利原、黄海南道・殷栗、戴寧、平安南道・价川、江西
重石（Wo3）	65%	20～30万トン	黄海北道・新坪、咸鏡南道・大興、平安南道・陽徳、平安北道・昌城
モリブデン（MoS2）	90%	1,000～3,000トン	黄海北道・遂安、咸鏡北道・鍾城、魚郎、江原道、金剛
マンガン（Mn）	40%	10～30万トン	咸鏡北道・富坪、江原道・金剛
ニッケル（Ni）	3%	1～2万トン	咸鏡南道・廣川、咸鏡北道・ブユン
石炭	6,000cal	147億トン（無煙炭117億トン、有煙炭30億トン）	平安南道・ジュンサン、徳川江東、价川、安州、平安北道・球場、咸鏡南道・高原、咸鏡北道・セッピョル
亜鉛（Zn）	100%	1,000～2,000万トン	咸鏡南道・廣川、平安南道・成川、价川、慈江道・狼林、松源、謂原
金（Au）	100%	1,000～2,000トン	平安北道・東倉、雲山。黄海北道・遂安、延山、咸鏡南道・虚川、江原道・金剛
銀（Ag）	100%	3,000～5,000トン	同上
マグネサイト（Mgo）	45%	30～40億トン	咸鏡南道、廣川、陽光白岩、雲興
石灰石（CaO）	50%	1,000億トン	平安南道・江東、黄海北道・馬洞、咸鏡北道・会寧、古茂山、咸鏡南道・利原

　毎年 1,000 万トンの鉄鉱石を搬出する計画になっている。現在、北朝鮮から中国への鉄鉱石搬出量は、1 日 4,000 トンで 100 台の 10 トントラックが毎日 2 往復している。茂山鉱山は、北東アジア最大規模の埋蔵量を誇る鉄鉱山で、鉄鉱石埋蔵量 30 億トン、可採埋蔵量 13 億トンとされている。1930 年代半ばまでは、三菱鉱業（現在の三菱マテリアル）によって開発・採掘され、鉄鉱石は北朝鮮北部・咸鏡北道の港湾工業都市である清津市（道都）などの製鉄所に供給されていた。

　韓国は、黒鉛鉱山や電子部品原料の 7 鉱種（ニッケル・クロム・タングステン・コバルト・モリブデン・マンガン・バナジウム）を狙う。また、赤字続きの金剛山観光（現在中断中）を続ける理由は、金剛山に埋蔵されているタングステンとモリブデンという見方もある。ロシアは、極東の剰余電力を供給する見返りに鉱山開発権を要求している。英国は、北朝鮮開発投資ファンド組成し、ウランなど鉱山開発や北朝鮮領海（黄海）の石油・天然ガス開発を探っている。米国は、ゴールドマン・サックスやシティグループがウラン濃縮疑惑以前にウ

第 2 章　東アジアの経済連携

地下資源	産出地
鉄鉱石　○	茂山、利原、虚川、徳城、戴寧、下聖、安岳、松林、黄州、价川、泉洞
亜鉛精鉱、鉛鉱石　●	笏洞、甲山、検徳、楽淵
無煙炭　△	安州、高原、新倉、竜登、鶴松、三神洞、竜門
大理石　▲	金策、平山
鉄（Fe）　▽	茂山、利原、殷栗、戴寧、价川、江西
重石（Wo3）　▲	新坪、大興、陽徳、昌城
モリブデン（MoS2）◇	遂安、鍾城、魚郎、金剛
マンガン（Mn）　◆	富坪、金剛
ニッケル（Ni）　☆	廣川、ブユン
石炭　★	ジュンサン、徳川江東、价川、安州、球場、高原、セッピョル
亜鉛（Zn）　□	廣川、成川、价川、狼林、松源、謂原
金（Au）、銀（Ag）　■	東倉、雲山、遂安、延山、虚川、金剛
マグネサイト（Mgo）※	廣川、陽光白岩、雲興
石灰石（Cao）　×	江東、馬洞、会寧、古茂山、利原
【その他】 チタン精鉱、タングステン精鉱（特に鉄マンガン重石と灰重石）、モリブデン精鉱（主に輝水鉛鉱）、モナズ石精鉱（希少類の含有 30%〜60%）、ジルコン（原子炉材料の金属ジルコニウム、超高速鋼の原料）、鱗状黒鉛、土状黒鉛、マグネサイトおよびマグネシア・クリンカー、苦灰石（白雲石）、藍晶石、ブルサイト（水滑石）、蛭石（変黒雲母）、耐火粘土、耐火レンガ、カオリン、紅珪石、珪石、珪砂、長石、球石（遮湖）、ライニングストーン（内張石）、タルク（滑石）、黄土、重晶石、蛍石、花崗岩、雲母、雲母スクラップ、天然スレー	

出所：韓国統一院[1995]。

ランなど資源開発に関心を寄せた。また、国防総省（地質学者 7 名）が北朝鮮金鉱山の資料収集を日本の国会図書館で行ったことがある。ドイツは、自動車軽量化原料のマグネシウムを狙う。スイスは、鉱山資源輸入専門会社クィンテルミナ社がマグネサイトを輸入しており、開発も計画している。このマグネサイトは、オーストリアの世界的耐火煉瓦メーカー RHI 社などに販売されている。ブラジルは、伯朝外相会談（2009 年）でペトロブラス社が北朝鮮領海（日本海）の深海油田探査に協力することで合意した。

4　ユーラシア大陸を繋ぐ国際物流拠点

地政学的優位性の 4 つ目は、日本とユーラシア大陸を繋ぐ国際物流拠点である。北東アジアには輸送回廊として鉄道網が 11 ルートあり、このうち図們江（豆満江）輸送回廊、朝鮮半島西部輸送回廊、朝鮮半島東部輸送回廊の 3 つのルートが日本からユーラシア大陸への玄関口となる（図 2-5 参照）。この中

図 2-5 北東アジア輸送回廊（11 ルート）

出所：筆者作成

でも最も物流能力が高いのが、北朝鮮北東部沿岸の羅津港（羅先特別市）を通じる図們江輸送回廊である。これは、戦前に日本が建設したものである。羅津は、良港としても知られており、北朝鮮経済特区として発展すれば物流拠点として大きな役割が期待されている。この羅津の埠頭などの利権は、すでに中国、ロシア、モンゴルなどが取得しており、韓国も食い込む機会を見計らっている。朝鮮半島の東部・西部の各輸送回廊も 2007 年には試運転が行われ、物流機能の一端を担うことが期待されている。韓国では、この回廊をいずれは玄界灘に海底トンネルを通して日本にも直結させようとする構想までもある。最近では、2012 年に開催された韓国の全国経済人連合会「観光産業特別委員会」で朴三求（パク・サムグ）委員長が、観光客誘致に向け韓国と日本、韓国と中国を結ぶ海底トンネル建設の必要性を提言した。朴三求（1945 年生）氏は、韓国財閥 10 位の錦湖アシアナ財閥の会長である。朴委員長は、「来韓客の 50% を超える中国と日本人観光客を取り込むためには、海底トンネル建設などに関する議論を再開すべきだ」「観光産業は、経済が低迷する際、内需を活性化し、雇用を創出するのに最適だ」と述べた。

韓国では、国土海洋部が中心となり、「済州海峡トンネル構想（韓国西南部・木浦市～韓国済州島）」、「韓中海底トンネル構想（中国山東半島・威海市～韓国

仁川市)」、「日韓海底トンネル構想（韓国釜山市〜日本対馬島〜日本福岡市)」の「3大海底トンネル構想」が提言されている。「済州海峡トンネル構想」は、区間距離167km（海底距離73km）、総工費14兆6,000億ウォン、事業期間11年。「韓中海底トンネル構想」は、区間距離341km（海底距離332km）、総工費123兆ウォン、事業期間10年。「日韓海底トンネル構想」は、区間距離223km（海底距離147km）、総工費92兆ウォン、事業期間10年と試算されている。「日韓海底トンネル構想」が実現するかどうかはともかく、日本とユーラシア大陸との物流機能を考えたときに、貿易港と鉄道網という視点から、朝鮮半島は戦略的な位置付けにあるといえる。

このようにアジア・ユーラシアダイナミズムのトレンドや世界潮流を捉え、北東アジア経済圏の地政学的優位性を見極め、グローバル戦略を展開してこそ、企業やビジネスパーソンの経営戦術や経営スキルも活かされる。逆に企業やビジネスパーソンの経営戦術や経営スキルをいくら磨いても、世界潮流と地政学的立地にあった経営戦略が展開できなければうまく経営はできない。したがって世界潮流を見抜き、地政学的立地を見極めるには、時代と並走する意思、世界を見る目、歴史に関する見識、文化に対する造詣などが求められる。アジアの企業やビジネスパーソンは、一概にこれらの素養や見識が優れているとはいえないが、関心が深く、学ぶ姿勢が相対的に強いといえよう。

Ⅲ　北東アジア経済圏の域外経済連携

　北東アジア経済圏は、域内経済連携だけにとどまらず、その勢いは域外にも溢れ出し始めており、域外経済連携も活発化している。まさしく北東アジア経済圏の域内経済連携や域外経済連携こそが、アジア・ユーラシアダイナミズムである。北東アジアと欧州、中東アフリカ、中南米、南西アジア、中央アジアなどとの経済連携の実態を解説する。

　北東アジアと欧州の経済連携は、2010年にベルギー・ブリュッセルでアジア欧州会議（ASEM、43ヵ国加盟）が開催されたが、欧州がアジアの成長取り込みに躍起になっている。その第1弾が、2011年締結・暫定発効、2015年完全発効した韓国とEUのFTAである。EUは、韓国を突破口にしてアジア市場への食い込みを図ろうとしている。北東アジアと中東アフリカの経済連携は、韓国企業や中国企業が中東アフリカ市場への進出を加速している。投資パター

ンは、鉄道などのインフラを整備する代わりに、エネルギー資源権益を取得するというものである。北東アジアと中南米の経済連携は、韓国製品や中国製品が凄まじい勢いで中南米市場のシェアを伸ばしている。

1　韓国を拠点に北東アジアを攻めるインド

　北東アジアと南西アジアとの域外経済連携も動き始めている。インドは、これまで世界の企業をただ受け入れるだけの受け身の姿勢であったが、最近ではインド企業が北東アジアに乗り出し始めている。例えばインド企業が、韓国自動車メーカー6社のうち2社を買収した。タタ財閥傘下でインド自動車メーカー2位（世界商用車メーカー5位）のタタ・モーターズが、2004年に経営破綻した韓国大宇自動車の商用車部門（乗用車部門はGMが買収してGM大宇を設立）を1億ドルで買収し、「タタ大宇（100％子会社）」を設立した。タタ大宇は、今や韓国第2位のトラックメーカーとして発展を遂げている。2011年度の売上高は前年比5.1％増の7,634億ウォンで、アフリカ・中東・インドなど40ヵ国への輸出も行っている。現在、5トン以上の大型トラックを製造しており、韓国大型トラック市場シェア30％を占めている。タタ大宇は今後、小型から大型トラック、バスにまでラインアップを広げるとともにインドでの一部生産などにより価格競争力の向上を図る。また、ヒュンダイ自動車が独占する韓国の中小型トラック市場に切り込み、韓国商用車市場シェア40％を目指している。さらには、韓国を中国や世界市場への戦略拠点にすることも視野に入れている。

　このタタ大宇の成功に後押しされたのが、インドのマヒンドラ財閥である。同財閥傘下で、インド自動車メーカー4位のマヒンドラ・アンド・マヒンドラ（M&M）が、2010年に経営破綻して再建中の韓国の双竜（サンヨン）自動車を5,225億ウォンで買収した。これによりマヒンドラは、双竜自動車の株式の70％を保有することになった。双竜自動車の買収に名乗りを挙げていたのは6社であったが、最終的に買収案を提示したのは、インドのマヒンドラ財閥、エッサール財閥、韓国帽子メーカーのヨンアン帽子の3社であった。なぜか3社のうちインド企業が2社であった。アナンド・マヒンドラM&M副会長は、2010年にソウルでの記者会見で「韓国の自動車産業は優れている。双竜自動車は、研究開発と革新の分野で豊かな伝統を持っている。双竜自動車にとって、スポーツ多目的車（SUV）市場が急成長しているインドは、新成長のチャンス

となる。また、類似性のある両社の企業伝統をひとつにすることで相乗効果が得られ、世界SUV市場の新たな強者に浮上できるだろう」と述べた。アナンド・マヒンドラ副会長は、マヒンドラ財閥の創業者の1人であるJ・Cマヒンドラの孫で、米国ハーバード大学でMBAを取得した後、2003年から同財閥の副会長を務めている。

　それでは、マヒンドラの狙いは何なのか。1つは、同じくSUVを手掛ける双竜自動車の買収でシナジーを引き出し、プラットホーム（車台）やパワートレイン（駆動系）の共同開発や海外市場での販売チャネル共有を図ることである。具体的には、双竜自動車の新車である小型SUV「コランドC」の米国輸出を狙っている。米国市場以外では、双竜自動車が中国・ロシア・東欧など新興市場で競争力をもっていることから、同地域も念頭に置いている。また、双竜自動車の高級SUV「レクストン」のインド需要も見込んでおり、2012年11月から販売する予定だ。さらに、双竜自動車とともに電気自動車を共同開発し、韓国市場での販売を目指している。マヒンドラがすでに買収したインドの電気自動車メーカーREVA社を通じて電気自動車事業に力を入れていることから、これを双竜自のブランド価値と新規事業につなげようとしている。

　マヒンドラのもう1つの狙いは、世界SUV市場でプレゼンスを高め、グローバルプレーヤー入りを目指すものと考えられる。マヒンドラは、インド乗用車市場シェア4位、同商用車市場シェア2位であるが、乗用車で圧倒的シェアを持つマルチ・スズキ・インディアや、超低価格車「ナノ」で知られるタタ・モーターズに比べると、世界では知名度が低い。ただ、SUVやミニバンなど多目的車に関してはインド国内ではその存在感が際立っており、インドの多目的車市場に限ればトップシェアである。インド企業は、韓国の地政学的立地を活用し、中国をはじめとする北東アジア市場のみならず、世界戦略までも描き始めている。

2　上海協力機構とともに拡大する北東アジア経済

　北東アジアと中央アジアの経済連携は、両地域を繋ぐ上海協力機構（SCO）が、そのプレゼンスを高めている。上海協力機構は、2001年6月15日に中国・上海にて設立された。加盟国は、中国、ロシア、ウズベキスタン、カザフスタン、キルギス、タジキスタン、インド、パキスタンの8ヵ国である。ただ準加盟国が26ヵ国（モンゴル、イラン、アフガニスタ、ベラルーシ、スリラン

カ、トルコ、トルクメニスタン、CIS・独立国家共同体、ASEAN）に上ることから、加盟国8ヵ国と準加盟国26ヵ国を合わせて34ヵ国に影響力を及ぼすことになる。上海協力機構に関わる国の総面積は、ユーラシア大陸の5分の4を占めており、総人口は38億人で世界人口の54％を占めている。

　2014年にタジキスタンの首都ドゥシャンベで開催された第14回上海協力機構では、テロリズム・分裂主義・過激主義という「3つの勢力」の取締りに連携して取り組むことや「シリアの主権と領土保全を支持する」ことなどが確認された。また、第2次世界大戦の戦勝70周年を祝う共同行事に力を入れる方針も示された。さらに、新規加盟国インドとパキスタンの受け入れ条件を定めた合意文書などを採択した。一方、会議期間中、中国・習近平主席とロシア・プーチン大統領が、同年4回目の中ロ首脳会談を行い、金融や大型プロジェクトでの協力や天然ガスパイプの建設などで協力強化を確認。また、中国・ロシア・モンゴルの首脳が初めて中・ロ・蒙首脳会合を行い、中・ロ・蒙経済回廊の建設や貨物の越境輸送などを含む3ヵ国間の協力方針を確立した。

　2012年に筆者が中国新疆ウイグル自治区の首府ウルムチ市に現地訪問した折には、「第2回中国・ユーラシア博覧会」が開催されていた。この博覧会には、300人以上の政府要人が招かれたほか、5,000人以上の外国業者が参加し、入場者は5日間で10万人を突破した。また、開幕式では、中国の温家宝首相（当時）が挨拶した。要点は、以下の通りである。「アジア・ヨーロッパの各国は、市場開放を拡大させ、共同発展を促すべきだ。アジア・ヨーロッパ大陸は、世界で最も消費の潜在力が大きい地域の1つである。各国が互いに市場を開放しあえば、互いの優位を補うことができ、長期で安定した協力関係を築くことができる。地域内のヒト・モノ・カネ・技術とサービスが自由に行き来できるように促し、貿易保護主義にともに反対し、商談と自由貿易協定を加速させ、金融協力を強化し、重大協力プロジェクトに資金を提供し、困難がある国に必要な援助を行い、それらの自主的発展能力を強化させる。整備されたインフラ施設は、経済貿易協力における重要な柱である。中国は、中国〜中央アジア天然ガスパイプラインプロジェクト、中国〜カザフスタン原油パイプラインプロジェクトなどを着実に推し進め、新エネルギーの協力についても積極的に取り組みたい。中国は、引き続き国境を越えてのインフラ施設への融資を支持する」。現地訪問で印象に残ったことは、「中国・ユーラシア博覧会」に日本企業の出展と日本でのメディア報道がほとんどなかったこと。また、「中国・ユーラシア」のキーワードであった。今、思い起こせば、当時すでに中国は「シル

クロード経済圏構想」と「アジアインフラ投資銀行（AIIB）」の青写真があったということである。AIIB（エイ・アイ・アイ・ビー）は、2013年にインドネシア・バリ島で開催された第25回APEC（アジア太平洋経済協力、21ヵ国加盟）首脳会議で習近平主席が初めて提唱し、正式に世界向けて発表された。

　他方、2018年は、日本敗戦73周年、韓国独立73周年、北朝鮮・朝鮮労働党創建73周年、朝鮮半島分断73年、日韓国交正常化53周年を迎える。この筋目の年に「日本、韓国、北朝鮮は、何を考えるのか」、世界は大変注目している。特に注目している点は、どのような「大人の知恵」を出し合って、どのように北東アジアの新時代を築くかということである。また、2018年は、中国大戦勝利73周年、ロシア大戦勝利73周年でもある。中国とロシアも北東アジアの新時代を築くため新たな経済外交戦略を相次いで打ち出している。世界は、中国とロシアのこれらの経済外交戦略を警戒する一方、協力する国々も増えている。その一例がAIIBの創設である。さらに、「G2論：米中」を軸に、新たな北東アジア地域秩序を再構築しようとする動きもある。「G2論」とは、「米中2極体制」という意味。米国と中国の2国が、全世界で最重要な大国として対等の立場で協力し、国際的な主要課題に取り組むという発想である。つまり、米中両国が一緒になって世界を仕切るという考え方が「G2論」である。ただ、「G2論」については、賛否両論であり、そのようなものは存在しないという意見もある。

　このように北東アジアを中心としたユーラシア大陸では、政治・経済的地殻変動が起きており、地域経済の統合や地域秩序の再構築も進んでいる。まさしくこれこそが、アジア・ユーラシアダイナミズムである。したがってアジア・ユーラシアダイナミズムをビジネスチャンスとして活かすためには、世界潮流を読み解き、北東アジアの新時代を築くという視点が大切である。

　　おわりに

　世界経済を牽引するアジア・ユーラシアダイナミズムは、東アジア・北東アジアを中心に起きている。東アジア・北東アジアは、「アジア・パラドックス」という政経矛盾を抱える一方、北東アジア経済圏が優位な地政学的立地を活かし、ネットワーク型経済発展を続けている。北東アジア経済圏の地政学的優位性とは、①市場化を進めるユーラシア経済圏の中核であり、北東アジアから中央アジア・アセアン・インドまでを結ぶネットワーク型経済発展の原動力であ

ること。特に環渤海経済圏、環日本海経済圏、大メコン経済圏、新極東経済圏、ヒマラヤ経済圏、新シルクロード経済圏、モンゴル経済圏などの経済圏が可視化・実体化されるとともにリンケージしている。②日中韓3ヵ国が北東アジア経済圏と世界経済をリードしていること。③アジアに残された最後で最大のエネルギー資源のフロンティアであること。④日本とユーラシア大陸を繋ぐ国際物流拠点であること。

　今後、アジア・ユーラシアダイナミズムのエネルギーを取り込むためには、同地域の地歴学や国際関係に関する見識が必要である。また、アジア・ユーラシアダイナミズム時代を創造するという視点から俯瞰力・構想力・戦略力が求められる。さらには、日中韓の不条理、「アジア・パラドックス」、アジアの平和に目を向け、行動・解決する当事者リーダーとしての自覚が大切である。寺島実郎多摩大学学長は、著書『世界を知る力』の中で「世界の不条理に目を向け、それを解説するのではなく、行動することで問題の解決にいたろうとする。そういう情念をもって世界に向き合うのでなければ、世界を知っても何の意味もないのである」と述べている。

[演習]

1. アジア・ユーラシアダイナミズムをいかに認識し、いかに向き合うか。また、アジア・ユーラシアダイナミズム時代を創造する志とは何か。
2. ビジネスパーソンにとって必要なアジア・リベラルアーツ（教養）とは何か。
3. 地政学的知恵とは、何か。地政学的優位性をいかに捉え、地政学的戦略をいかに展開するか。
4. 東アジアにおいて経済発展と環境保護のバランスをいかに保つか。
5. 日韓海底トンネルと中韓海底トンネル構想についての賛否とその理由は何か。
6. 東アジアや北東アジアの国際関係をいかに捉え、どのように改善するか。台湾や北朝鮮とは、いかに向き合うか。
7. FTA（自由貿易協定）、EPA（経済連携協定：貿易・サービス・投資の連携）、TPP（環太平洋戦略的経済連携協定）、RCEP（東アジア地域包括的経済連携）、FTAAP（アジア太平洋自由貿易圏）、WTO（世界貿易機関：

自由貿易促進を主たる目的）など通商の在り方をいかに考えるか。
8. 日中韓のそれぞれの立場から、どの国・地域とどのような経済外交を展開すべきか。
9. ビジネスパーソンや経済人が、平和に敏感でなければならない理由は何か。
10. アジア・グローバル人材は、どのような素養や覚悟・姿勢が必要か。

【参考文献】
〔1〕 韓国統一院 [1995].『1995 年北朝鮮概要』。
〔2〕 金美徳 [2012a].『図解韓国四大財閥早わかり』角川中経出版（電子書籍 [2015]）。
〔3〕 金美徳 [2012b].『なぜ韓国企業は世界で勝てるのか——新興国ビジネス最前線——』PHP 新書（電子書籍 [2015]）。
〔4〕 金美徳 [2012c].『한국기업, 세계에서왜잘나가는가：韓国企業、世界でなぜうまく行くのか』韓国滄海出版社、韓国語版。
〔5〕 金美徳 [2013a].『日本企業没落の真実——日本再浮上 27 の核心——』角川中経出版（電子書籍 [2014]）。
〔6〕 金美徳 [2013b].『図解　韓国四大財閥』台湾大是文化有限公司、台湾語版。
〔7〕 寺島実郎 [2010].『世界を知る力』PHP 新書。
〔8〕 寺島実郎 [2011].『世界を知る力日本創生編』PHP 新書。
〔9〕 寺島実郎 [2012].『大中華圏——ネットワーク型世界観から中国の本質に迫る——』NHK 出版。
〔10〕 寺島実郎 [2016].『中東・エネルギー・地政学　全体知への体験的接近』東洋経済新報社、2016 年。

第3章　アジアユーラシアの経済連携
―――「一帯一路」構想とAIIB、そして中国の辺境経済圏―――

巴特尔／バートル（多摩大学経営情報学部准教授）

はじめに

　2014年の中国外交の大きな特徴は、中国主導のアジアユーラシアの新しい秩序づくりに向けた動きである。いわゆる「一帯一路」戦略構想の展開とアジアインフラ投資銀行（AIIB）の創設であった。
　中国の思惑は、3つあると考えられる。
　1つ目は、「一帯一路」構想の実現を図り、ユーラシア大陸での影響力を拡大することである。「一帯一路」構想とは、陸と海の2つがあり、中国を起点に中央アジアから欧州に至る「シルクロード経済圏ベルト」と、中国沿岸部からアラビア半島までを結ぶ海上交通路「21世紀の海のシルクロード」を指す。具体策としては、エネルギーや食糧の輸送ルートの確保やインフラ輸出の促進・拡大を図る。
　2つ目は、中国通貨・人民元の世界基軸通貨としての地位を獲得することである。中国は、インフラ外交を「中国版マーシャル・プラン」と呼んでいる。マーシャル・プランは、第2次世界大戦で被災した欧州諸国のために米国が推進した復興援助計画で提唱者の国務長官ジョージ・マーシャルの名を冠してこのように呼ぶ。米国は戦後、西欧の復興を援助し、西欧諸国は流入した多額のドルを使って米国から物資を買い入れた。そしてドルが世界に広がり、ドルの基軸通貨化が加速した。これを模倣した中国のインフラ外交「中国版マーシャル・プラン」もアジアの貿易や投資で人民元の使用を増やし、人民元を国際通貨に育てる戦略である。
　3つ目は、中国の世界一豊富な外貨準備高を活用して、新たな国際金融システムを構築することである。本質的には、米英主導の戦後の国際金融の枠組み「ブレトンウッズ体制」に対抗する新たな体制を築くことである。「ブレトンウッズ体制（別称：IMF体制）」とは、1944年、連合国44ヵ国が米国ニューハンプシャー州ブレトンウッズに集まり開かれた会議で合意された、国際通貨

基金（IMF）や世界銀行の創設を基礎とした第2次世界大戦後の国際通貨体制である。この体制のもとで、国際通貨制度の再構築や安定した為替レートに基づいた自由貿易に関する取り決めが行われた。中国が提唱する新秩序案は、外貨準備の運用を米国債偏重から新興国へのインフラ投資へと拡大し、人民元取引を増大させ、人民元マーケットを拡大することである。最終的には、「非米国」、「脱ドル」の経済圏形成を狙っていると見られる。

アジアインフラ投資銀行（AIIB、本部は北京市、資本金1,000億ドル）は、2015年12月25日にアジア地域のインフラ整備を支援することを目的として、中国が提唱し主導する形で発足された。アジア地域のインフラ投資需要は、アジア開発銀行（ADB）が2020年までに8兆ドルになると試算している。また、マッキンゼー社が2030年までに世界のインフラ投資資金は57兆ドルに達すると推定している。

創設メンバーは、57ヵ国であったが、2017年6月現在は加盟国数が80ヵ国に上り、日米主導のアジア開発銀行（ADB）の加盟国を上回っている。創設メンバーの特徴の1つは、主にアジア、欧州、中東の国々であることである。2つ目は、G7（5ヵ国）、G20（17ヵ国）、BRICs（5ヵ国）、ASEAN（10ヵ国）、国連安保理常任理事国（4ヵ国）のほとんどの国が参加していることである。さらに3つ目は、日本と米国が参加表明していないことである。

開業式典は2016年1月に、第1回年次総会は同年6月に開催された。発足後初の融資案件は、4事業に合計5億ドルに上り、単独融資はバングラデシュの電力網整備事業（1.6億ドル）のみである。また、パキスタンの高速道路建設（1億ドル）やインドネシアのスラム街の環境改善（2.2億ドル）など3件が、アジア開発銀行（ADB）などとの協調融資である。

ユーラシア市場での主導権争いは、中国の「シルクロード経済圏構想」だけでなく、ロシアの「ユーラシア経済統合構想」、韓国の「ユーラシア・イニシアチブ」、ADB（日米主導）の「新シルクロード計画」、欧州復興開発銀行（EBRD）の「中欧から中央アジアに跨る地域30ヵ国支援プロジェクト」などの構想もあり、熾烈さを増している。

今後、アジアユーラシア経済連携という視点から俯瞰力、構想力、戦略力が求められる。

第3章　アジアユーラシアの経済連携

I　「一帯一路」戦略構想と AIIB

1　「一帯一路」構想とその意義

　2014年、中国主導のアジアユーラシアの新しい秩序づくりに向けて習近平国家主席は中央アジア、東南アジア、北東アジア、南アジアの計13ヵ国を訪問し、中国主導の新秩序づくりの一環として広域経済圏を構築する構想を発表するとともに関係国に協力を求めた。

　習国家主席は2013年9月、中央アジア歴訪時にカザフスタンのナザルバエフ大学で行った演説で初めて「シルクロード経済ベルト」構想を発表した。これは、ユーラシア各国の経済連携を緊密化し、相互協力をより深め、経済発展を促すために、新しい協力モデルを生かし共同で「シルクロード経済ベルト」を建設するという広域経済圏構築の構想である。同年10月、習国家主席はインドネシアを訪問した際に同国の国会演説で「21世紀海上シルクロード」構想を発表し、ASEANと海上協力を強化し、中国が設立した「中国・ASEAN海上協力基金」の活用を通じて、海洋協力のパートナーシップを発展させることを提唱した。この「シルクロード経済ベルト」と「21世紀海上シルクロー

図3-1　「一帯一路」構想のイメージ図

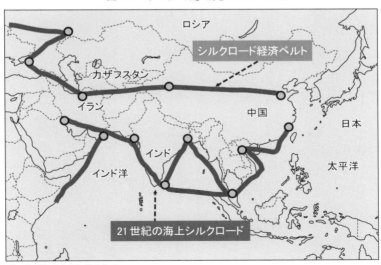

出所：各種資料を基に筆者作成

ド」の2つの構想を中国語では略して「一帯一路」という（図3-1）。

　2100年前に漢の武帝の命を受け外交使節として西域（シルクロード）開拓に奔走した張騫（ちょうけん）の物語は有名であり、これが古代シルクロードの始まりでもある。また、600年前に明の永楽帝の命を受けて武将の鄭和（ていわ）が大艦隊を率いてインド洋を経てアフリカ西岸や紅海に至る大航海を7回も行ったことはよく知られている。今回中国が打ち出した「一帯一路」構想の背景には、かつて中国が世界経済の中心的存在だった際の古代シルクロードの再現と習政権が掲げる「中国の夢」の実現を強く意識したものと思われる。

　2014年9月、アジア太平洋経済協力（以下、APEC）会議期間中に開催された最高経営責任者（CEO）サミットでの演説で習国家主席は、地域の成長を促進させ、全域のインフラを向上させる中国の構想は「アジア太平洋の夢」の実現に寄与するもので、アジア太平洋地域と全世界により多くの利益をもたらす能力と意欲が中国にあることを強調し理解を求めている。

　アジア・アフリカ・欧州にまたがる広域経済圏である「一帯一路」のうち「一帯」に当たる「シルクロード経済ベルト」は、
　（1）中国から中央アジア、ロシアを経て欧州に至るルート
　（2）中国から中央アジア、西アジアを経てペルシア湾、地中海に至るルート
　（3）中国から東南アジア、南アジアを経てインド洋に至る三つのルート
からなる。この陸路では、「新ユーラシア・ランド・ブリッジ」の構築や中国・モンゴル・ロシア、中国・中央アジア・西アジア、中国・インドシナ半島などの国際経済協力回廊を建設する。一方、「一路」に当たる「21世紀海上シルクロード」は、
　（1）中国の沿海部から南シナ海を経てインド洋、さらに欧州に至るルート
　（2）中国の沿海部から南シナ海を経て南太平洋に至るルート
の2つのルートからなる。

　2013年11月に開催された中国共産党第18期中央委員会第3回全体会議（以下、「三中全会」）では、「改革の全面深化における若干の重大問題に関する中共中央の決定」が採択され、周辺諸国地域とのインフラ整備によりシルクロード経済ベルトと海上シルクロードの建設を加速させ、全方位に開放する新局面を形成する方針が明確に示された。

　習国家主席の「一帯一路」戦略構想の下、中国政府内部では同構想を具体的に推進する戦略小組（以下、戦略チーム）が発足し、2015年2月に初会合が開かれた。この戦略チームは組長の張高麗氏（中央政治局常務委員会委員、国務

院副首相）を筆頭に、以下4名の副組長から構成されている：習国家主席のブレーンの1人とされる王滬寧氏（中央政治局員、中共中央政策研究室主任）、汪洋氏（中央政治局員、国務院副総理、経済貿易・対外援助などを担当）、楊晶氏（中央書記処書記、国務院秘書長、主に中央省庁間の調整を担当）、楊潔篪氏（国務委員、外交を担当）。このうち、張高麗氏と王滬寧氏は、それぞれ習国家主席をトップとする「中央全面改革深化指導小組」の副組長、秘書長を兼任していることから、習国家主席の同戦略に対する強い意志とこだわりがうかがえる。

「三中全会」の方針と戦略チームの会合を踏まえて、2015年3月に開催された全国人民代表大会での李克強首相の政府活動報告では、2015年の対外経済政策の重点政策として対外貿易の高度化、インフラ輸出を含む海外進出の促進、新シルクロードの構築による周辺諸国との経済連携の強化、自由貿易協定（以下、FTA）の推進が挙げられた。

2015年3月28日、中国の国家発展改革委員会・外交部・財務部が連名で「シルクロード経済ベルトと21世紀海上シルクロードの共同建設を推し進めるためのビジョンと行動」（以下、「ビジョンと行動」）を発表し、具体的な構想内容を明らかにするとともに、実行へ向けた行動方針を示した。

この「ビジョンと行動」では、中国国内の重点開発地域として、西北地域（新疆ウイグル自治区、陝西省、甘粛省、寧夏回族自治区、青海省、内モンゴル自治区）、東北地域（黒龍江省、吉林省、遼寧省）、西南地域（広西チワン族自治区、雲南省、チベット自治区）、沿海地域（上海市、福建省、広東省、浙江省、海南省）、内陸地域（重慶市）が指定された。これらの地域はこれに呼応し投資計画の推進に積極的に取り組むとしており、交通インフラでは、新ユーラシア・ランド・ブリッジ計画（連雲港を出発点として、西安市、ウルムチ市、中央アジア、ロシアを経由して、アムステルダムまで鉄道を建設する計画）を筆頭に、中国・シンガポール経済回廊、中国・インド・バングラデシュ・ミャンマー経済回廊など「一帯一路」の基幹ルートを形成する。このほか、「一帯一路」の沿線上に、さまざまな物流基地を建設するほか、自由貿易試験区も設置する。

「一帯一路」の沿線上には64の国・地域があり、人口は44億人と世界全体の63％を占める。貨物・サービスの輸出額は世界全体の23.9％、経済規模は21兆ドルと世界全体の29％を占める見込みである。中国はこの「一帯一路」を広域経済圏として構築することを目指す（「一帯一路」構想が包括する64ヵ国は表3-1参照）。

表 3-1 「一帯一路」構想の対象国

北東アジア	ロシア、モンゴル
東南アジア	シンガポール、インドネシア、マレーシア、タイ、ベトナム、フィリピン、カンボジア、ミャンマー、ラオス、ブルネイ、東ティモール
南アジア	インド、パキスタン、バングラデシュ、スリランカ、アフガニスタン、ネパール、モルディブ、ブータン
西アジア 北アフリカ	サウジアラビア、UAE、オマーン、イラン、トルコ、イスラエル、エジプト、クウェート、イラク、カタール、ヨルダン、レバノン、バーレーン、イエメン、シリア、パレスチナ
中東・欧州	ポーランド、ルーマニア、チェコ、スロバキア、ブルガリア、ハンガリー、ラトビア、リトアニア、スロベニア、エストニア、クロチア、アルバニア、セルビア、マケドニア、ボスニア・ヘルツェゴビナ、モンテネグロ
CIS	ウクライナ、ベラルーシ、ジョージア、アゼルバイジャン、アルメニア、モルディブ
中央アジア	カザフスタン、キルギスタン、トルクメニスタン、タジキスタン、ウズベキスタン

(出所）中国国家信息中心等発表資料をもとに作成

　中国は、これまで海外からの直接投資と先進国市場向け輸出に頼って沿海部の経済を発展させてきたが、今後は沿海部との地域格差が拡大している内陸部や辺境地域における発展も遂げなければならない。このため、生産能力を東部から移転するとともに、先進国のみならず周辺諸国との経済協力を強化し、とりわけインフラ整備を充実させ、ビジネス環境の向上に寄与する必要がある。中国の統計によると、2013年の中国と「一帯一路」の沿線国との貿易総額は1兆ドルを超え、中国の貿易全体の約25％を占めた。習国家主席は向こう5年において、中国の製品輸入額は10兆ドル、対外投資額は5,000億ドル、海外旅行者数は延べ4億人となることが見込めるため、周辺諸国とシルクロード沿線国が率先してその恩恵を受けると強調している。

2　アジアインフラ投資銀行（AIIB）をめぐる動向と中国の戦略

　2014年の中国外交の大きな特徴の1つは、中国主導のアジア、ユーラシアの新しい秩序作りに向けた動きである。習政権は、周辺諸国との間で鉄道、港湾、パイプラインなどの整備といったハード面と、通関の効率化、人民元決済、

FTA等の整備といったソフト面における経済の連携を強化しているほか、「シルクロード基金」の創設と、北京で開催されたAPECで提唱したアジア太平洋自由貿易圏（FTAAP）の早期実現などを表明している。とりわけ、中国が主導するアジアインフラ投資銀行（AIIB）の創設をめぐる一連の動きは世界的に注目を集めている。

中国は、上述の「一帯一路」構想を実現するため、2014年10月、APEC首脳会議の開催に合わせてAIIBの創設を提唱した。同月、中国を含めインド、シンガポール、アラブ首長国連邦など設立発起国21ヵ国が、銀行設立に関する了解覚書（MOU）に公式署名した。2015年4月15日現在、57ヵ国が参加を表明している（図表2）。同行の運営面や公正なガバナンスの確保に疑念を抱く米国や日本などは参加に慎重な姿勢を示している一方、英国を筆頭にドイツなど欧州の先進国が相次いで参加を表明したことによって流れが大きく変えられ、各国はそれぞれが異なる思惑を持ちながらも中国の呼び掛けに同調している。

2016年1月16日、AIIBは開業から1年を迎えたが、加盟国は当初の57ヵ国から80ヵ国以上に増えると見られている。また、初年度は、パキスタン、タジキスタン、インドネシア、ミャンマー、アゼルバイジャン、バングラデシュ、オマーンなど国々で9件、計17.3億ドルの融資を行った。このうち、単独融資は3件、世界銀行やADBなどとの強調融資は6件となっている。また、2017年6月にAIIB総会にあわせて計3件、3億2,400万ドルの新規の投融資を承認。1件はインドのインフラ基金への出資だが、残る2件は協調融資となっている。世界銀行などが組成した案件で、単独融資よりリスクは小さいと見られている。開業以降の投融資は計16件、約25億ドルとなり、このうち12件、19億ドル弱が協調融資となっている。2017年5月に「海と陸の新シルクロード国際協力サミット」が開催され、同6月16日開催されたAIIB第2回年次総会を経て最終的に80ヵ国が加盟している（表3-2参照）。

これまで、アジア太平洋地域においては、同地域を対象とする国際開発金融機関として、アジア開発銀行（ADB）が存在する。同行は地域の経済開発を促進するために投融資や技術支援を行っているが、中国はなぜ新たにAIIBを創設しようとするのか。

ADBは、アジア開発銀行研究所（ADBI）との共同研究「シームレス・アジアに向けたインフラストラクチャー（Infrastructure for Seamless Asia）」（2009年）の中で、アジアが2010～2020年までに持続的な経済成長を遂げるのに必

表 3-2　AIIB 創立メンバー国一覧
(2017 年 6 月 16 日開催 AIIB 第 2 回年次総会現在 80 ヵ国)

アジア太平洋地域（35 ヵ国）					
東アジア（4 ヵ国）	東南アジア（10 ヵ国）・南太平洋（4 ヵ国）	南アジア（6 ヵ国）		オセアニア(2 ヵ国)	中央・西アジア（9 ヵ国）
中国、香港、韓国、モンゴル	マレーシア、インドネシア、フィリピン、シンガポール、タイ、ベトナム、ラオス、カンボジア、ミャンマー、ブルネイ、東ティモール、フィジー、トンガー、サモア	インド、パキスタン、バングラデシュ、ネパール、スリランカ、モルディブ		豪豪州、ニュージーランド	カザフスタン、キルギス、タジキスタン、ウズベキスタン、アゼルバイジャン、ジョージア、アルメニア、アフガニスタン、トルコ
中東・アフリカ（14 ヵ国）		欧州（24 ヵ国）		中南米（6 ヵ国）	北米（1 ヵ国）
中東（9 ヵ国）	アフリカ（5 ヵ国）				
サウジアラビア、オマーン、クウェート、カタール、UAE、イラン、ヨルダン、イスラエル、バーレーン	エジプト、南アフリカ、エチオピア、スーダン、マダガスカル	英国、フランス、ドイツ、イタリア、ルクセンブルク、スイス、オーストリア、オランダ、スウェーデン、デンマーク、ノルウェー、スペイン、ポルトガル、アイスランド、ロシア、ポーランド、マルタ、ベルギー、ハンガリー、アイルランド、ギリシャ、ルーマニア、キプロス、フィンランド		ブラジル、ペルー、ベネズエラ、チリ、ボリビア、アルゼンチン	カナダ

（出所）中国政府、AIIB の発表をもとに筆者作成

要なインフラ向け資金を 8 兆ドルと試算しているが、これまでの実行額は 200 億ドルといわれている。審査基準が厳しく、資金量が限られ時間もかかるとして、中国をはじめ、新興国の不満の種となってきたが、中国は WTO に加盟した 2001 年より対外直接投資と対外援助（中国版 ODA）を開始し、金融市場の緊急時に自国通貨を相互に融通し合う「通貨スワップ協定」を締結することで人民元の決済を促し、資金需要と供給の両方を同時進行で行ってきた。AIIBの創設は、これまでの流れに乗って創設するに至ったとの見方が多い。

中国は 2014 年 12 月、アジアのインフラを整備するため、外貨準備などから 400 億ドルを拠出し「シルクロード基金」を設立した。同基金は、「一帯一路」関連プロジェクトを資金面で中長期的に支える。初期の主要投資対象となるのは、交通や電力、通信などのインフラ整備で、その後は文化や観光、貿易などの分野へ投資する計画である。同基金は AIIB とは異なり、中国独自の政策判断で投資先が決められ実行できるため、中国の政策意図や外交戦略が反映されると言われている。

国際協力機構（JICA）の推計によれば、2013 年の中国の対外援助額（純額ベース）は約 70 億ドルと 2004 年の 7 倍に急増しているが、開発援助が受け入

れ国において環境問題や労働問題を引き起こし、対中感情が悪化するケースが増えている。こうした経験を踏まえ、2014年12月施行の「中国対外援助管理弁法（試行）」の第1章第4条注5）では、「対外援助において、受け入れ国の主権を尊重するとともに、受け入れ国の内政には干渉しない、受け入れ国の貧困問題の軽減と撲滅に注力し、民生と生態環境の改善に努め、経済発展と社会の進歩を促進、自主的発展能力の増強、受け入れ国との友好協力関係の強化と発展に寄与する」ことが強調されている。今後「シルクロード基金」やAIIBの運営において、こうした方針に基づいて行われるのか、注目される。

一方、AIIBの運営をめぐり公正なガバナンスが確保できない可能性があるとして米国や日本は参加に慎重な姿勢を示しているが、習国家主席は、2015年3月29日のボアオ・アジアフォーラムで「AIIBは既存の国際金融機関に対抗するものではなく補完的なものである。万里の長城は自らの安全を守るものであり他国のものを奪うためのものではない」と語り、その正当性と健全性を強調した。

AIIBは中国が提唱する「一帯一路」戦略の実行のために設立されたものである。「一帯一路」の構築により周辺諸国との経済連携を図ることで、インフラ整備、自由貿易圏の拡大、外交における中国の影響力の増大、中国国内の過剰生産問題の緩和、人民元の国際化に大きく寄与できる。中国にとって「一帯一路」を構築する上で関係国との協力が必要不可欠である。

習国家主席は2014年11月7～8日、APEC首脳会議開催直前にAPECの加盟国でないバングラデシュ、タジキスタン、ラオス、モンゴル、ミャンマー、カンボジア、パキスタンなどの首脳と相次いで会談し、中国の「一帯一路」構想への協力を呼び掛けるとともに、アジアのインフラ整備を支援するために独自で「シルクロード基金」を創設し、同基金を通じて周辺諸国地域の鉄道やパイプライン、通信網などインフラ整備を援助することを表明した。

2014年6月28日、中国政府が発表した研究報告書「シルクロード経済ベルト建設：展望とルート」においては、シルクロード経済ベルトの建設を、
(1)　2016年までの「戦略動員期」
(2)　2016年～2021年までの「戦略計画期」
(3)　2021年～2049年までの「戦略実施期」
の3段階にわけて推進するとしている。シルクロード経済ベルト沿いの国は、世界のGDP総額に占める割合は55%前後、世界の総人口に占める割合は約70%、世界の既知のエネルギー資源に占める割合は75%前後とされている。

中国メディアは習指導部の構想を「中国版マーシャル・プラン」と呼んでいる。かつて米国は西欧の復興を援助した。西欧諸国は流入したドルを使って米国から物資を買い入れ、それによって、ドルの基軸通貨化が加速した。中国のインフラ外交もアジアの貿易や投資で人民元の使用を増やし、人民元を国際通貨に育てる戦略と一体となっていると考えられる。

Ⅱ　アジアインフラ投資銀行と加速するユーラシアビジネス

1　AIIBに対する日米のスタンス

　ここでは、AIIBについて、日米のスタンス、その課題、既存の国際金融機関（国際通貨基金、世界銀行、アジア開発銀行）の問題点、中国の思惑、英国の思惑、韓国の思惑などから多面的に解説する。AIIBに対する日本のスタンスは、AIIBの創設メンバー資格が得られる申請期限の2015年3月31日に安倍首相が、「焦る必要はない。このままでいくぞ」と述べ、参加判断の先送りを財務官と外務審議官に指示した。安倍首相が参加を見送った理由は、財務省と外務省から以下のメモ・報告があったからである。これらには、「参加に慎重な米国と緊密に連携」、「日本の最初の出資金は15億ドル程度」、「英国が参加する確たる情報はない」、「主要7ヵ国（G7）からの参加は絶対にない」、とあった。また、麻生財務相は、参加を見送った理由を記者会見（2015年）で以下のように述べた：「AIIB参加国は最終的にいくつになるのか知らないが、出資額の総額も中身もわからないので、今の段階で考えているわけではない。何回も同じことを言っているので、もう飽きてきたけど、やることは1つなんですよ。お金を貸すというのは、返ってこないお金は貸せない。返ってこないお金はやるっていうんだからね。（……）AIIBには透明性がないので、世界はついていかないだろう」。日本は、以上の理由と判断から参加表明をしなかった。しかし結果は、予想に反し、英国をはじめとするG7の4ヵ国（英・独・仏・伊）が参加し、創設メンバーも57ヵ国となった。

　一方、米国のスタンスは、AIIBに参加しないだけでなく、同盟国にも参加させないとしてきたが、主張のトーンが少しずつ変わりつつある。シーツ財務次官は、「米国は国際金融を強化する新しい多国籍機関を歓迎する。世界銀行（WB）やアジア開発銀行などの既存の国際的金融機関と共同融資ができれ

ば、高い質の基準を維持することができるだろう」と述べた。2015年リブキン国務次官補は、東京で記者会見し、「アジアには巨大なインフラファイナンスのニーズがある」と述べた上で、米国がAIIBに反対しておらず、積極的に関与していく方針であることを明らかにした。ただ、「今、米国が参加することは考えていない」と言明した。また、AIIBが高い基準で管理され、すべてのパートナーと協力していくことを望むとの考えを示した。さらに、「ADBなどとの共同プロジェクトを通じてAIIBが透明性や公正性の確保や情報共有などを図ることが可能となる」と強調した。日本の参加についても「主権にのっとって（自主的に）判断すべきだ」と述べた。

　米国は、日本にAIIBへの参加を見送るよう圧力をかけたと見られているが、今後の最悪のシナリオは米国が日本に参加するよう圧力をかけることである。日本政府は、このような最悪のシナリオを避けるとともにAIIBへの牽制策として、2020年までの今後5年間でアジアのインフラに13兆円を投じると発表した。ADBやODA（政府開発援助）を通じた融資などを行うようである。しかしながら日本の財政にそのような余裕があるか否かは疑問である。現時点の中期財政試算では、2020年度の基礎的財政収支はマイナス9.4兆円、GDP比マイナス1.6%とされている。AIIBや中国への牽制のために日本の財政再建が遅れるようなことになれば本末転倒である。一方、2017年7月の主要国・地域首脳会議（G20）において、日中首脳会談が行われた際に安倍首相は習国家主席に対し中国が主導する「シルクロード経済圏構想（一帯一路）」は「ポテンシャルを持った構想であり、国際社会共通の考え方を十分採り入れて地域と世界の平和、繁栄に前向きに貢献していくことを期待している」として「条件付き」で協力する立場を伝えている。

2　AIIBの課題

　AIIBは、2015年12月25日に創設されて間もなく、その実像はまだ分からないが、設立準備過程でいくつかの課題があると考えられる。
　1つ目は、AIIBのビジョンである。新たな国際機関を設立するにあたっては、それがなぜ必要なのか理由を明らかにするとともに、使命とするビジョンを明確にする必要がある。AIIBは、「貧困削減」の使命を世界銀行やADBに委ねるとしつつも、それに代わるビジョンを提示していない。インフラの構築の強化や経済発展は、目的を実現するための手段に過ぎず、インフラを通してどの

ようなアジアを実現させようとしているのかが明らかでない。

　2つ目は、AIIBのガバナンス（企業統治・銀行運営の透明性）と中国の高い出資比率である。米国は、経営の透明性や銀行の国際基準を満たしているのか。日本は、中国が非常に高い出資比率を占める機関が、国際機関として公正なガバナンスができるのか。また、債務の返済能力を無視した貸し付けを行い債権者に損害を与えないか（審査能力）などと大きな疑問を抱いている。これに対してAIIB設立準備事務局長（当時）の金立群・元中国財政次官は、「AIIBは政治的機関でも政治同盟でもない銀行であり、（資金調達など）コスト効率と透明性を高め、汚職を許さない組織にする」と述べた。具体的には、以下のように釈明している。

(1) ガバナンスは理事会、取締役会、マネジメントの3層から構成され、設立協定に基づき取締役会やマネジメントに権限を付託する
(2) 公開・透明な手続きによってトップや管理職を選定する
(3) 出資比率は、最大で50%まで出資可能と表明したが、加盟国が増えれば増えるほど中国の出資比率が下がる。実際、シンガポールで開催されたAIIBの設立準備会議では、中国の出資比率が29%前後で調整された
(4) 銀行運営業務は、国際金融機関の基準及び手法を十分に尊重・借用し、厳格で実行可能性のある高いレベルの社会配慮に関する保障条約（住民保障）を制定する

　一方、世界銀行に30年間勤めた米国人の法律専門家をAIIBの顧問に迎え入れようとする動きがある。この米国人の法律専門家は、「米英が推薦した」との見方があり、両大国は水面下で歩み寄りを探っているようにも伺える。

　3つ目は、既存の国際金融機関との役割分担である。日本は、ADBをはじめ既存の国際金融機関に加えて、新たな機関を設立する価値があるのかと指摘している。これに対して中国は、世界銀行やADBとは、補完関係にあり、競争関係にはならない。歴史的に見てもADBや欧州復興開発銀行（EBRD）の設立は、世界銀行など国際金融機関の影響力を弱めておらず、かえって国際金融機関全体の能力向上や世界経済に貢献したと釈明している。国際金融機関側は、世界銀行のジム・ヨン・キム総裁が、中国主導で設立されるAIIBと緊密に連携する意向を表明した。また、国際通貨基金（IMF）のラガルド専務理事が、北京を訪問し、中国が主導するAIIB設立計画を歓迎する声明を発表している。

3 既存の国際金融機関の問題点

中国をはじめとする新興国は、日米が発言力を持ち、総裁ポストを握る世界銀行（出資比率1位米国16.7%、2位日本7.2%、3位中国4.6%）、国際通貨基金（IMF：同1位米国17.4%、2位日本6.4%、3位中国6.3%）、アジア開発銀行（ADB：同1位日本15.7%、2位米国15.6%、3位中国6.5%）に対して不満がある。この解消策・牽制策としてAIIBを設立したと見られている。

今後、アジアのインフラ整備や開発金融の資金需要は膨大であるのにも拘わらず、世界銀行やADBの資金供給能力が全く足りていない。ADBは、アジアのインフラ建設費が毎年8,000億ドルの不足が生じると推定している。ADBだけでは、とうていアジアのインフラ建設資金のニーズを満たすことはできない。

このように既存の国際金融機関は、資金不足に陥っているのにも拘わらず、増資などの対策を立てようとしていない。米国議会は、増資案を承認しない。なぜならば米国の既得権が維持できなくなるからである。2015年20ヵ国・地域財務相・中央銀行総裁会議（G20）では、IMFの増資改革の遅れに「深い失望」を表明した。また、米国議会が手続きを取らないため改革が5年間放置されたとも指摘している。

世界銀行やIMFは、「非政治的機関」（政治には口を出さず金融あるいは経済だけを担当する）といいながら、借入国に経済政策や制度の改革を求め、それらが実行されなければ融資を引き揚げる。また、冷戦終結後は、スポンサーである西側諸国の意向を反映して、人権保護や民主化なども暗黙の融資条件になっている。すなわち世界銀行やIMFの借款は、西側の価値観を表し、多くの限定的条件があるのである。例えば貸出対象国は、私有化、対外開放、外貨自由化、財政緊縮、赤字削減などその国の主権を侵害する条件がついており、あまつさえ人権条項まであり、多くの開発途上国が受けたがらない。これに対してAIIBは、このような条件を設けないとしている。

世界銀行やIMFは、いわば中立性を前面に押し出して経済改革を求めながら、それと並行して西側諸国が自らの利益を確保することも珍しくない。例えば1997年南米のボリビアでは、国営の水道事業が世界銀行やIMFの「規制緩和」要求とセットになった融資により民営化された。しかし、民営化された水道事業は、すぐさま米国ベクテル社の現地子会社アグアス・デル・トゥナリ社

に買収された。その上、「従来の水道料金では採算が合わない」という理由で水道料金が3倍に引き上げられ、低所得者が水道にアクセスできない状況が続発し、暴動にまで発展した。世界銀行の使命は、貧困削減であるが、かえって貧困を増やす結果となったとすれば、それは本末転倒である。IMFはマクロ経済の安定と金融危機の対応、世界銀行とADBは貧困削減・経済発展のための融資を使命としており、それなりに大きな国際貢献を果たしてきたが、一方で西側諸国への利益誘導が図られたことも否めない。

4　英国の思惑

　英国は、AIIBの申請期限2015年3月31日の19日前である3月12日にいち早く参加を表明した。英国の参加表明は、G7と欧州の中で一番最初であったため、G7や欧州諸国で大きな動揺が起きただけでなく、とりわけ日本に激震が走った。なぜならば日本は、安倍首相が「英国が参加する確たる情報はない」「G7からの参加は絶対にない」などの財務省と外務省情報により参加を見送ったからである。この英国の参加表明により国際世論は、AIIB設立が日米への牽制という見方から、参加表明しない日米に対する懸念に変わった。それではなぜ英国は、AIIBへの参加に踏み切ったのか。

　その理由の1つは、AIIBを通じて中国との関係を強化し、中国・アジア市場での英国の影響力の拡大を図るためである。英国は、アジア開発銀行（ADB）にあまり関与していなかったため、アジアでの市場開拓やインフラ投資の機会が少なかったという事情がある。もう1つは、人民元取引を増大させるとともに、ロンドン市場を人民元を使った金融取引の中心的な市場に育てたいとの思惑があるためである。ただ、英国の参加表明に対して当然、否定的な意見もある。これに対して英国は、以下のように反論している。「英国は、アジアインフラ投資銀行に入ることで、中国のいいなりにならなくてすむ度合いが高まった」、「英国は中国に屈したという見方が広がっているが、その逆で英国は中国に恩を売った」、「中国に透明度の高い投資をさせるためには、創設時から加盟し、内側から監督し、経営を改善していく必要がある。AIIBに入らず外から批判するのではダメだ」。

　英国の参加表明は、唐突のように思われるが、英国がAIIBに参加する布石はあった。1つは、2013年の英中首脳会談（キャメロン首相が中国を公式訪問し、習近平主席と会談）である。キャメロン首相は、「中国とEUのFTAが、

第3章 アジアユーラシアの経済連携

英国に 18 億ポンドの利益をもたらすとした上で、英国は中国の欧州最強の支持者になる」と述べた。このキャメロン首相の訪中には、100 人以上の英国・ビジネスリーダーも同伴した。この背景には、独仏など欧州諸国首脳が中国新指導部と会談を積極的に行うなどの新時代に向けた対中関係の強化があり、英国は一歩後れを取った焦燥感がある。特に独仏が中国からインフラや輸出受注を取りつけていたことから、キャメロン首相が国内で圧力に直面していた。そこで中国との経済外交で巻き返しを図った。2013 年英国が、25 年ぶりに新設する原子力発電所建設を中国に依頼した。英南西部ヒンクリーポイントの原発は、仏電力公社（50% 出資）、仏原子力大手アレバ（10% 出資）、中国の電力 2 社（中国広核集団と中国核工業集団が計 40% 出資）が建設することで合意した。原発は、世界で最も高価なものとなるといわれており、2023 年の発電開始を目指している。この原発の新設計画は、EU によって承認されており、総事業費は 245 億ポンドに上る。建設費用の一部は、英国の各家庭が 35 年間（年間 8 ポンド）にわたって負担する予定である。

　布石のもう 1 つは、2014 年の英中首脳会談（李克強総理が英国を公式訪問し、キャメロン首相と会談）である。この会談では、経済を中心とした「包括的戦略的パートナー」として関係強化を進める内容の共同声明が発表された。また、英中の民間企業間でエネルギー・金融・環境技術などの分野で総額 140 億ポンドの貿易・投資契約も締結された。契約内容は、①中国海洋石油が英 BP から 20 年間で総額 200 億ドル分の天然ガスを輸入、②大手投資グループ「中国民生投資」が英国で先端技術などの分野に 15 億ポンドを投資、③ロンドンとイングランド北部を結ぶ高速鉄道に中国企業が参加、④原発事業で中国企業による 50% 超の持ち株を将来的に認めるなど広範囲に及ぶ。さらに、英国は、国家元首ではない李克強総理とエリザベス女王を面会させるなど異例の国家待遇も演出した。これは、中国の影響力の大きさを印象づけた。

　グローバルビジネス・トレンドを捉えるには、中国に対する大局的かつ相対的な理解が大変重要である。例えば以上のようにここ 2 年間の英中関係は、政治的にも経済的にも交流が活発である。また、米中関係もここ 10 年間、「G2（チャイメリカ）」と呼ばれるほど戦後最高の関係にある。9 回に及ぶ米中首脳会談と 8 回に及ぶ「米中戦略・経済対話（Strategic Economic Dialogue：SED）」を通じて外交と経済問題について対話を重ねており、相当な信頼関係を築いている。中国に対する見方や評価は、好き嫌いや賛否両論など人それぞれであるが、警戒感を持てば持つほど、脅威を感じれば感じるほど理解から遠

のく。一般的に理解ができないことは、否定するか、知ったか振りをする傾向にある。また、中国に対するねじれた認識や偏った評価は、アジアや国際情勢を見誤る恐れもある。このようなネガティブ・シンキングや半知半解は、ビジネスにとって最も禁物である。もってのほかは、中国が嫌いであるのにも拘わらず、中国ビジネスをやりたがることである。これは、アジアビジネスでも同じある。アジアをリスクマネジメントの対象としてリサーチ・研究するシンクタンクや研究者が少なくない。したがってポテンシャルとリスクをバランス良くかつ冷静にウォッチするフラットなスタンスが必要である。中国やアジアに対する先入観や固定観念を捨てる一方、自国を相対化し、世界潮流の潮目の変化を捉えたビジネスが展開できるグローバルマインドとグローバルセンスが求められる。

5　韓国の思惑

　韓国がAIIBに参加表明した理由は、以下のことが考えられる。アジアユーラシア市場のインフラ需要を取り込むとともに、中国との経済連携の強化を図れる。また、中韓関係の強化を通じて北朝鮮問題で交渉を有利に運べる。さらに、もしAIIBが北朝鮮に投資するようなことになれば、南北統一費用が軽減されるというメリットが期待できる。

　一方、デメリットは、韓米関係に支障が出ることである。韓国国防省と在韓米軍は、2016年に米最新鋭ミサイル防衛システム「THAAD（サード：米国が100億ドルを投じて開発）」の在韓米軍への配備を正式に決定した。ブルックス米韓連合軍司令官兼在韓米軍司令官（陸軍大将）は、この配備決定を「開発を続ける北朝鮮の弾道ミサイル及び大量破壊兵器に対して米韓同盟のミサイル防衛体制を強化させるための措置」であるとしている。韓国がTHAAD導入した理由は、韓米同盟の強化を通じて北朝鮮を制圧し、最も効果的な戦略である「不戦勝」を勝ち取れるからである。韓国のTHAAD導入は、日米や東アジアの安全保障と関わる大変複雑かつセンシティブな問題であり、韓国世論でも賛否両論である。北朝鮮の核・ミサイル・拉致・人権問題を解決する最も理想的な方法は、南北統一の実現である。朝鮮半島の平和統一は、北東アジアの安保と平和に大きく寄与する。しかし北朝鮮がこのまま南北対話に応じず、「核・経済並進路線」に固執し、「挑発─危機─妥協─補償─挑発」という悪循環を繰り返すならば、韓国はTHAADの導入を通じた抑止力の強化を図らざるを

得ない。

ただ、THAADを導入するには中国に対する説得が必要となる。中国は、「THAADの韓国への配備は、朝鮮半島の平和と安定の維持に不利であり、問題解決のための対話や協議等の努力に反するもので、中国を含む地域諸国の戦略的安全保障の利益と地域の戦略バランスを損なうものであるとして、強烈な不満と断固とした反対を宣言する」と述べ、強く反発している。

このような複雑な状況により韓国は、「経済は中国」＋「安保は米国」＝「安米経中」という外交戦略を展開しようとしている。韓国は、単なる親中派でも、親米派でもない。また、単に米中間のバランスを保っているだけでない。米中と積極的に外交を展開し、米中のそれぞれの弱みを十分踏まえるとともに、強みと役割を最大限活かして韓国独自の外交価値を創造するという見方である。以上のようにAIIBの概要・背景や各国の思惑について解説した。改めて中国がAIIBを設立する目的は何か、その本質的な狙いは何かを考える。それは、一言でいえば第2次世界大戦後の「米国主導の国際金融レジーム（体制）」に対する挑戦であり、本質的には「冷戦後の国際秩序」そのものに対する1つの挑戦であるといえる。

一方、日本の現政権も方法は違えども「戦後レジームからの脱却」を目指している。日本の「戦後レジームからの脱却」の主な目的は、自衛強化（日本を取り戻す）、日米同盟強化、憲法改正、国際的地位の向上（経済的地位は高いが政治的地位は高くない）である。日本は、過去の外交実績をもってすれば力強い平和外交や国際的地位の向上を図れるのではなかろうか。外交実績は、大きく以下の5つがある。

(1) 国連分担金の負担割合（2015年10.8％：2億9,400万ドル）が世界第2位という財政貢献
(2) 政府開発援助（ODA）の実績（2001年まで10年連続トップ、2012年106億ドル：世界第5位）
(3) 唯一の被爆国としての非核三原則と軍縮・不拡散
(4) 平和憲法と「民生大国（シヴィリアン・パワー）」
(5) G8での貢献。

企業や経営者にとって最も大切なことは、平和に敏感になることである。平和に敏感であってこそグローバルビジネス・トレンドが掴める。

北東アジアの域内外の経済連携の実態は、日本からは見えにくいが、世界からはそのポテンシャルがよく見えており、熱い視線が注がれている。日本から

は、見えにくいというよりも、見ようとしていないのかもしれない。日本からは、どうしてもブラインドがかかるようであるが、このブラインドとは北朝鮮・中国・韓国・ロシア・モンゴルなのか、それともこの5ヵ国すべてなのか。日本は、北東アジアに属しており、北東アジア人であることは偽らざる事実である。この点をしっかりと直視し、自覚しなければ、北東アジアがぼやけてしか見えなくなる。これは、すなわち自らの足元を見つめられないことになる。また、北東アジアを通してしか見ることのできないユーラシアダイナミズムやアジア・新興国を中心とした世界経済の構造転換など世界潮流を捉え損ねかねないことになる。

今後、北東アジア域内の国と国の境目に形成される経済圏や域内経済圏間のリンケージのみならず、域内経済圏と域外経済圏との連携によって起きる「世界経済の潮流変化」も直視する必要がある。

Ⅲ 中国の辺境経済圏の諸相

本稿では、近年におけるヒト、モノ、カネの大きなダイナミズムをもたらしている中国の辺境地域とその周辺諸国を網羅した広域ビジネスの観点から考察する便宜上、

(1) 西北部の新疆ウイグル自治区と中央アジア諸国を網羅した地域を「新シルクロード経済圏」

(2) 西南部の雲南省・広西チワン族自治区とインドシナ半島を「グレーターメコン経済圏（Greater Mekong Subregion、以下、GMS）」

(3) 東北部の内モンゴル自治区・東北三省とロシア極東地域を「東北アジア経済圏」

(4) 西部のチベット自治区とインド・ネパールを「ヒマラヤ経済圏」と呼び、中国政府が打ち出した「一帯一路」戦略の中国側の中核地帯となり得る辺境地域の現状を中心に紹介する（図3-2参照）。

近年、中国は周辺諸国との経済関係の強化に乗り出しており、双方間の貿易額が急拡大している。とりわけ本稿で取り上げる各経済圏の国々と中国との2016年の貿易総額は2000年比で平均50倍以上増加している（表3-3参照）。また、2016年の中国の対世界貿易総額が2005年比で2.6倍増加しているのに対し、国境を接している周辺14ヵ国との貿易総額は2005年比で4.8倍も増加

図3-2 「中国の辺境経済圏」の主要経済指標（2016年）

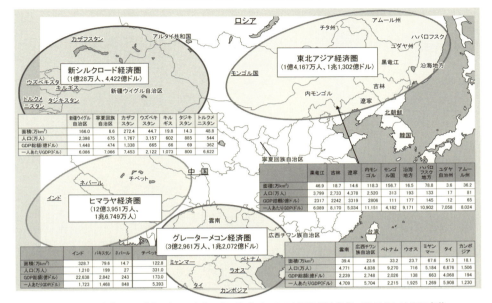

注：タイの人口は2013年値、カンボジアは2015年値。インド・ネパールの人口は2011年値、パキスタンは2014年値。ロシア極東地域の人口は2017年1月1日現在、GDP（GRP）は2013年の値で　1ドル＝32.6ルーブルで換算（期末値）。中国各地のGDP（GRP）は1ドル＝6.44元で換算（期末値）。
出所：世界銀行、日本経済産業省、日本外務省、（公）国際金融情報センター、ジェトロ、ロシアNIS貿易会、中国の各地方政府発表統計を基に筆者作成

している（表3-4参照）。中国と同国周辺諸国と経済関係は拡大する一方であり、経済力で圧倒する中国のプレゼンスが急速に高まっている。

1　新疆ウイグル自治区と中央アジア諸国——「新シルクロード経済圏」——

中国の北西部に位置する新疆ウイグル自治区とその周辺の中央アジア諸国は、ユーラシア大陸の中核地帯に位置し、古くから東西文明が交差する「シルクロード交易路」を通じ貿易をはじめ、さまざまな人種や民族が行き来する異文化交流の盛んな地域として交易ネットワークの形成と文化の繁栄に大きな役割を担ってきた。

近年、同地域を中心に新たな「新シルクロード」の構築が多国間の協力の下で進められ、経済交流の飛躍的な拡大がみられる。また、同地域においては「イスラム」という共通軸が存在するため、将来的には中国の新疆ウイグル自治区

表 3-3 中国の対周辺国貿易額の推移 (単位：100 万ドル)

国名	2000 年	2005 年	2010 年	2014 年	2016 年	2016 年/2000 年 (倍)
ロシア連邦	8,003	29,101	55,533	95,284	69,563	8.7
モンゴル	323	860	3,433	7,309	4,607	14.3
カザフスタン	1,557	6,806	4,160	22,438	13,093	8.4
キルギスタン	178	972	4,220	5,298	5,676	31.9
ウズベキスタン	51	681	2,482	4275	3614	70.9
タジキスタン	17	158	685	2,526	1,756	103.3
トルクメニスタン	16	110	1,570	10,470	5,902	368.9
ベトナム	2,466	820	30,086	83,639	98,226	39.8
ラオス	41	129	1,085	3,616	2,338	57.0
タイ	6,624	21,811	52,950	72,672	75,865	11.5
ミャンマー	621	1,209	4,442	24,971	12,284	19.8
カンボジア	224	563	1,441	3,757	4,759	21.2
インド	2,914	18,700	61,761	70,593	70,147	24.1
ネパール	204	196	744	2,330	888	4.4
パキスタン	1,162	4,261	8,500	16,003	19,135	16.5

（出所）中国国家統計局、海関総署統計を基に筆者作成

表 3-4 中国と国境を接する周辺 14 ヵ国との貿易状況 (億ドル、倍)

	2005 年	2014 年	2016 年	2016 年/2005 年
	(億ドル)	(億ドル)	(億ドル)	(倍)
全体	14,225	43,030	36,849	2.6
周辺 14 ヵ国	730	3,408	3,519	4.8
アジア	8,084	22,742	19,481	2.4
欧州	2,621	7,752	6,774	2.6
北米	2,310	6,106	6,554	2.8
ラテンアメリカ	504	2,635	2,186	4.3
アフリカ	398	2,219	1,491	3.7
オセアニア	309	1,562	1,279	4.1

注：周辺諸国とは中国と国境を接する以下の 14 ヵ国：ロシア・カザフスタン・キルギスタン、タジキスタンン・アフガニスタン・パキスタン・インド・ネパール・ブータン・ミャンマー・ラオス・ベトナム・モンゴル・北朝鮮。

（出所）中国国家統計局、海関総署統計を基に筆者作成

図 3-3 「新シルクロード経済圏」―新疆ウイグル自治区と中央アジア―

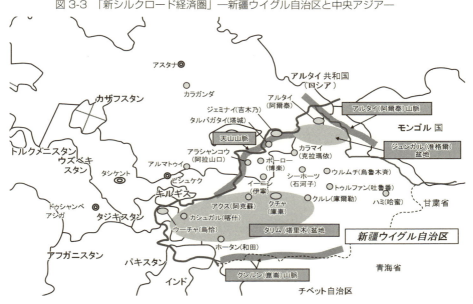

出所：各種資料より筆者作成。

や寧夏回族自治区から中央アジア諸国、さらにパキスタンなど南アジア地域へ広がる広域ビジネスのネットワークが形成される可能性もあろう（図3-3参照）。

(1) 新疆ウイグル自治区の一般概況

　新疆ウイグル自治区（以下、新疆）は中国の「民族区域自治」制度の下、1955年に成立した。東部から南部にかけて、それぞれ甘粛省、青海省、チベット自治区と省界を接している。また、インド、パキスタン、アフガニスタン、タジキスタン、キルギス、カザフスタン、ロシア連邦アルタイ共和国、モンゴルの8ヵ国と国境を接し、国境線の総延長は約5,600キロに達する。

　新疆は面積が166万4,900平方キロと、中国の国土の6分の1を占める中国最大の行政区域である。周辺国との国境線は中国全体の4分の1を占めている。2016年末時の人口は2,398万人である。近年、豊富な資源の開発を背景に経済成長が著しく、リーマン・ショックの影響を受けた2009年を除き、域内総生産（GRP）の伸び率は2桁増の勢いで推移している。2016年は一桁台に陥ったものの、全国平均（6.7%）を大きく上回っている（図3-4参照）。新疆の対内

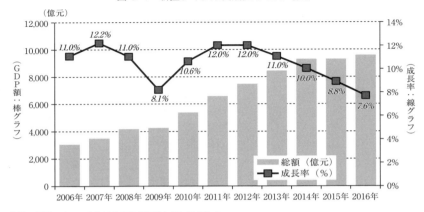

図 3-4 新疆ウイグル自治区の GRP 推移

出所：新疆ウイグル自治区政府発表資料を基に筆者作成。

　直接投資額（2014 年）は契約ベースで前年比 46% 増の 5 億 3,000 万ドル、実行ベースで同 13.3% 減の 4 億 2,000 万ドルになっている。

　新疆の工業部門では、鉱物資源の開発と農産品の加工業を中心に、石油・天然ガス開発、石油化学、鉄鋼、石炭、電力、紡績、建材、化学工業、医薬、軽工業、食品などの産業が集積している。同自治区はエネルギーや鉱物資源が豊富で中国国内における重要な資源供給地となっており、2012 年現在の石油、天然ガス、石炭の確認原始埋蔵量はそれぞれ 208 億トン（中国国内シェア 30%）、17 兆 5,000 億立方メートル（同 28%）、2 兆 1,900 億トン（同 40%）である。また、これまでに発見された非金属鉱物資源は 60 種類あり、レアメタルの一種であるベリリウムの資源量は中国 1 位で、セシウム、リチウム、タンタルの資源量は中国のトップクラスにランクされ、世界の地質学界からは「天然の地質博物館」といわれている。

　新疆の卸売市場は、急増する対中央アジア輸出の牽引役として大きな役割を果たしている。また、観光資源に恵まれ観光業も盛んで、喀納斯（カナス）と吐魯番（トルファン）など有名な観光区の施設の改善や国際的な知名度の向上、新疆と中央アジア国家間貿易の活発化などに伴い、2014 年に新疆を訪問した観光客数は延べ 4,953 万人（国内 4,803 万人、海外 150 万人）に達した。

(2) 広域地域開発の動向

　近年、石油・天然ガスなど豊富な鉱物資源を保有する中央アジアは、世界の

エネルギー供給元である中東へのエネルギー依存度の低減に寄与し得るものとして世界の注目を集めている。同時に地域安全保障の観点からユーラシア大陸の要衝とされ、その地政学的重要性ゆえに大国の利権が複雑に交錯している。中国は、中央アジアを石油・天然ガスなどの新たな供給元として、またその潜在的市場を見据え投資先として同地域でのプレゼンスを高めている。具体的戦略として、地理的優位性を持つ新疆ウイグル自治区を対中央アジア貿易、投資の「窓口」と位置付け、国内の「西部大開発」プロジェクトと連動させながら攻勢をかけている。また、上海協力機構（SCO）や中央アジア地域経済協力（CAREC）などの多国間協力機関を通じて影響力の拡大を図っている。特に中央アジア諸国との関係強化は、同地域に拠点を置く「東トルキスタン・イスラム運動（ETIM）」を牽制する意味も持つ。

　一方、世界銀行やADBは、2007年より中央アジアのインフラ整備を中心とした「新シルクロード」プロジェクトを行っている。2007年末、ADBの主導の下、中国、モンゴル、カザフスタン、キルギス、タジキスタン、ウズベキスタン、アフガニスタン、アゼルバイジャンの8ヵ国がユーラシア大陸を横断する「新シルクロード」の構築で合意した。これは、中央アジア経由の東西回廊のほか、ロシアと南アジア、中東を結ぶ南北回廊など計八つの交通・輸送回廊を2018年までに整備する計画である。これらの計画の進展により同地域に存在する「イスラム」という共通軸から考えた場合、経済的に将来は中国の寧夏回族自治区から中央アジア諸国、さらにパキスタンなど南アジア地域を包括する広域ビジネスのネットワークが形成される可能性が大きい。

(3) 大国間の利権が複雑に交錯する中央アジア

　中央アジアは、石油・天然ガスなど地下資源が豊富であるほか、中ロ両国と国境を接し、地域安全保障等の観点から地政学的に重要といわれるように、大国間の利権が交錯し複雑な様相を呈している。ロシアは、エネルギー安全保障を核として、米国に対抗する大国主義的ナショナリズムの構えを示し、特に中央アジア諸国に対しては旧宗主国として同地域の政治、経済への影響力を維持する方針を継続している。一方、中国は2国間関係の強化とSCOの創設を通じて中央アジアでのプレゼンスを高めている。新疆は、8ヵ国と国境を接し中国国内省・区で国境線が最も長い。2011年末で、国家一級国境ゲートを17ヵ所（陸運ゲート15ヵ所、空運ゲート2ヵ所）擁し、対外貿易や物流面における重要なハブとなっている。イスラムの視点からみると、同自治区は中央アジ

の国々、中国国内の寧夏回族自治区と、宗教や文化などの面で似通っている。2014年の中国と中央アジア5ヵ国との貿易総額は450億ドルと、1992年の国交樹立時の4億6,000万ドルから約100倍に拡大し、中国は中央アジア5ヵ国にとって最大の貿易相手国となっている。また、近年中国からの中央アジアへの投資も増加傾向にあり、中国はカザフスタンにとって3番目の投資国、ウズベキスタンにとって最大の投資国、キルギスにとって2番目の投資国となっている。2013年はトルクメニスタンを除く他の4ヵ国との貿易総額が前年比13%増の402億ドルとなっているが、このうちカザフスタンは286億ドル、ウズベキスタンは40億ドルと、この2ヵ国で全体の81%を占めている。

2012年の新疆の中央アジア5ヵ国との貿易総額は前年比3.5%増の176億ドルと、対外貿易全体の69.8%を占めた。また、2015年の新疆対カザフスタン、キルギスタン、タジキスタン3ヵ国の輸出額はそれぞれ中国の同3ヵ国向けの輸出額の62.3%、74.7%、76.7%を占めるなど、新疆は名実ともに中国と中央アジア諸国との経済交流のゲートウェイとなっている。

新疆は周辺8ヵ国のうち中央アジア5ヵ国との間で、既に国際貨物輸送ルートを101本、貨物輸送幹線道路を50本開通している。特にカザフスタンとは国際貨物輸送ルートを計64本開通している。新疆は中国で支線空港と航空路が最も多い一級行政区で、空港は13カ所、空路は184本（うち、国際線は28本）に上り、交通インフラが急速に整備されつつある。

2015年2月25日、中国の江蘇省の連雲港市と中央アジアのカザフスタンを結ぶ定期貨物鉄道の運行が始まり、中国は「シルクロード経済ベルト」の具体化へ向けた一歩を踏み出した。2013年9月、中国とカザフスタンは共同で連雲港内に専用物流基地を建設することで合意しており、2015年5月から全面運用を開始する予定である。中国と欧州を結ぶ貨物鉄道の南回りルートには主要路線に、内陸部の重慶市、河南省鄭州市、四川省成都市などの大都市があり、米国フォードなどの自動車メーカーをはじめ、ドイツの郵便・物流大手ドイツポストDHLグループや米国の米総合物流大手UPSが中国と欧州を結ぶ貨物鉄道輸送サービスを展開している。今後は、日本や韓国などから海路で輸入した自動車部品や電子部品などの中央アジアおよび欧州への輸出需要が見込まれる。

(4) 中国にとって中央アジアは重要なエネルギー資源の調達先

中国では現在、石油と天然ガスの消費量が急増しており、中国政府の試算

では2020年までに石油は2億1,000万〜2億5,000万トン、天然ガスは500〜900億立方メートル、それぞれ不足すると予測されている。このため、中央アジアは今後も中国のエネルギー供給源として重要な役割を担うであろう。2012年の中国の天然ガス消費量は1,270億立方メートルで、このうち、全体の約2割を占める250億立方メートルが中央アジアから輸入されている。また、中国とトルクメニスタンは、2013年に戦略的パートナーシップを樹立することで合意するとともに、両国を結ぶ天然ガスパイプラインのDラインを2016年に開通させることを決めた。中国政府は、同ラインの開通により毎年550億立方メートルの天然ガスが中国に輸送される見込みで、加えて沿線のウズベキスタンと新たに開通したカザフスタンとのパイプラインによって、上記3ヵ国から計850億立方メートルの天然ガスを確保できるとしている注7)。これまで、中国と中央アジアを結ぶ天然ガスパイプラインAライン、Bライン、Cラインの計3本の開通で累計950億立方メートルの天然ガスが香港を含めた中国の25の地域に住む5億人の消費量を賄ってきた。原油輸入に関しては、2006年に開通した中国〜カザフスタン石油パイプラインにより毎年1,400億トンの原油が送られてきており、将来においては2,000億トンにまで拡大する見通しである。

(5) 中国の対中央アジア投資と経済協力

中国は中央アジアを石油ガスの主要供給源として位置付け関係強化を進めているが、同時に新疆の安定を図ることを重要な課題としている。習国家主席は2013年9月に中央アジア諸国を訪問し、「シルクロード経済ベルト」という経済協力の構想を初めて発表し、中央アジア諸国との関係強化を優先課題として掲げた。中国の天然ガス消費量は2012年の1,500億立方メートル(7割は国産、3割は輸入)から2015年は2,500億立方メートルと、1,000億立方メートル増加した。2013年6月の中ロ首脳会談で、ロシアは2018年より30年間、年間380億立方メートルの天然ガスを中国に供給することで年内合意を確認し、翌2014年5月に両国間で正式に合意に至った。

中国〜トルクメニスタン天然ガスパイプラインが2009年12月に開通し、中国の天然ガスの輸入量は2013年2月時点で468億立方メートル(157億ドル相当)となった。習国家主席は2013年9月、トルクメニスタンを訪問した際に「両国間のパートナー関係を戦略的水準に拡大し、深化させる」と強調するとともに、2016年以降はトルクメニスタンが毎年650億立方メートルの天然ガ

スを中国に輸入することで双方が合意した。現在、中国とトルクメニスタン間では2本の天然ガスパイプラインが稼働中、1本は建設中であるが、今後、4本目の天然ガスパイプラインを敷設し、ガス輸出能力を年間400億立方メートルから650億立方メートルに引き上げるとしている。中国国有の中国石油天然ガス集団（以下、CNPC）が1兆円を投じて、トルクメニスタンで4,000キロに及ぶパイプラインを建設している。

一方、中国とカザフスタンをつなぐ原油パイプラインが2006年に開通し、2013年6月末時点で中国の原油輸入量は5,744億トン（380億ドル相当）に達している。2013年に習国家主席がカザフスタンに訪問した際に、CNPCがカザフ最大のカシャガン油田（可採埋蔵量110億バレル）に8.3%（50億ドル相当）を出資することで合意した。また、中国のウズベキスタンに対する低利融資額は2012年末時点で50億ドルを超えた。

2013年9月、習国家主席がキルギスを訪問した際に同国のインフラ整備に総額約30億ドルを投じると表明した。このインフラ整備には南北を結ぶ幹線道路、ビシュケクの熱供給発電所の改修のほか、首都近郊のマナス国際空港を民間輸送の中核的拠点として再建する計画への参加も含まれる。また、同じ時期にウズベキスタンを訪問した際には、資源エネルギー分野への投資やインフラ整備での協力を強化することを提案。「2017年までに両国間の年間貿易額を50億ドルに引き上げる」ことでも合意した。

(6) インド洋・中東への玄関口

中国はアラビア海に面し、ペルシア湾の入り口に位置するパキスタンの要衝グワダル港の港湾整備の援助を行っている。同港は中国にとって、西部大開発で当該地域の対外貿易で欠かせない海への出口として位置付けられている。例えば、新疆ウイグル自治区西部のカシュガルと東部沿海の港湾までの距離は3,500キロもあるのに対し、グワダル港まではわずか1,500キロである。また、中東アフリカからの原油等エネルギー資源の輸送ルートの安全確保とインド洋、アラビア海およびペルシア湾における米国、インド海軍の動向を把握するという軍事上の重要拠点としても位置付けられているといわれている。中国はパキスタンとの経済連携を強めるため、2006年11月に自由貿易協定（FTA）に署名し、2007年7月から相互に関税の引き下げを実施している。これにより、2014年の中国とパキスタンの貿易総額は160億ドルと、2000年の12億ドルの13倍に拡大している。

中国にとって「中東への玄関口」を確保することはエネルギー戦略上非常に重要であり、グワダル港を整備し、原油貯蔵施設や製油所を建設し、石油を道路やパイプラインで新疆ウイグル自治区などの中国内陸部へ運ぶ構想を中国は持っている。2013年5月、パキスタン政府はグワダル港の需要の拡大を見込んで、同港の運営権をシンガポールの企業から中国の国有企業に移管した。中国企業は同港の建設費2億5,000万ドルのうち75%を拠出することで合意した。2014年11月に開かれた中国の習国家主席とパキスタンのシャリフ首相の首脳会談において、両首脳は2030年をめどに「中国～パキスタン経済回廊」(総工費5兆円超)の建設を進めることで合意した。同回廊は新疆ウイグル自治区のカシュガルからパキスタン南西部のアラビア海沿岸のグワダル港までを南北に約3,000キロ縦断する地域に、物流網や電力インフラなどを整備する計画である。同ルートが完成すれば中国は「中東への玄関口」を確保し、マラッカ海峡を通らずに中国の内陸部までエネルギーや物資を輸送できる体制が整う。一方、パキスタンにとっては、中国が同回廊沿いに建設する火力発電所や太陽光などの発電設備によってエネルギー不足を解消することができるメリットがあるとみられている。

習国家主席は2015年4月20日、パキスタンを訪問し、パキスタンのシャリフ首相との首脳会談において「中国～パキスタン経済回廊」の道路や鉄道、パイプライン、光通信ファイバーなどのインフラ整備を進めることで合意するとともにパキスタンへ総額450億ドル規模の投資・融資案件の文書に署名した。習国家主席の訪問に合わせて中国人民銀行は同日、2014年末に中国が独自に創設した「シルクロード基金」を通じてパキスタン国内の水力発電事業に16億5,000万ドル投じると発表した。これは「中国～パキスタン経済回廊」の一環で行ったものであるが、「シルクロード基金」の最初の投資先にパキスタンを選んだのは、中国が同国を最も戦略的に重視している姿勢の表れであり、今後もその動向が注目される。

(7) 日系企業としてのビジネス展望

新疆ウイグル自治区と中央アジア地域の地政学的観点から、「新シルクロード経済圏」では、豊富な石油・天然ガスや地下資源の開発に加え、鉄道・道路などのインフラ整備の拡充により、新疆ウイグル自治区、特にウルムチ市を中央アジア市場のゲートウェイとして活用することや、日系企業の資金と先進技術を生かしたエネルギー、資源の加工・再利用事業への参入、さらに、「イス

ラム」をキーワードに、新疆ウイグル自治区、寧夏回族自治区のほか、中央アジア諸国、さらに南アジアを網羅したハラル食品（イスラム教の律法に則った食べ物）市場を視野に入れたビジネスの展開が日本企業にとって有望であろう。

2 雲南省・広西チワン族自治区とインドシナ半島——「グレーターメコン経済圏」——

　ADBは、1992年からメコン川流域の関係国・地域（ベトナム、ラオス、カンボジア、タイ、ミャンマーおよび中国の雲南省。広西チワン族自治区は2005年に加入）のインフラ開発や貿易および人的交流を支援する「大メコン流域地域協力プログラム（Greater Mekong Subregion、以下、GMSプログラム）」を発動し、近年その成果が上がりつつある。現在同地域では、「南北回廊」（雲南省～ラオス～タイ）をはじめ、アジア縦断鉄道建設（中国～シンガポール）、タイ、ラオス、ベトナムを横断する東西回廊の開通により、域内の貿易や物流および相互の人的往来などに大きな地殻変動が起こりつつある。

　中国は、GMSプログラムに加入する雲南省と広西チワン族自治区を、対CLMVT（カンボジア・ラオス・ミャンマー・ベトナム・タイ）、ASEAN、さらにはインドや中東・アフリカ諸国との経済交流を視野に戦略拠点として位置付けている。また珠江デルタ地域の事業環境の変化による企業の移転先としても同地域への資金や政策支援を強化している。

　とりわけ対GMS関係では、中国ASEAN自由貿易協定（ACFTA、2005年7発効）に基づく段階的な関税引き下げに伴い、相互の貿易・投資、人的往来が活発となっており、それに伴う道路や鉄道など交通インフラも整備されつつある。雲南省・広西チワン族自治区の両地方政府は、GMSとの経済交流の促進を図るべく、定期的に「中国・ASEAN国際博覧会」（南寧市）や見本市（昆明市）を開催し、昆明市にはGMS各国の領事館も設置している。特に注目すべきなのは広西チワン族自治区が掲げていた「広西北部湾経済区発展計画（2006～2020年）」が2008年に国家プロジェクトに昇格されたことで、広西チワン族自治区が中国経済の第4の牽引役として注目されているほか、中国とインドシナ半島をつなぐ「南北回廊（昆明市～ベトナム・ハイフォン、南寧市～ハイフォン）」に加え、北部湾（トンキン湾）周辺の珠江デルタ地域、GMS・ASEANを網羅した広域経済圏を構築する上で、広西チワン族自治区が重要な役割を担う地域と位置付けられている（図3-5参照）。

図 3-5 「グレーターメコン経済圏」—雲南省・広西チワン族自治区—

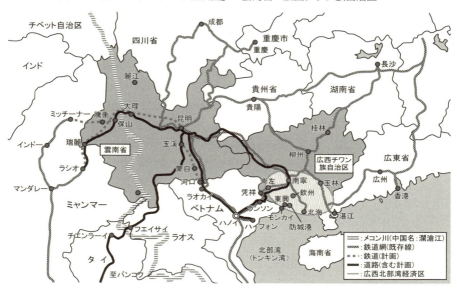

出所：各種資料より筆者作成。

(1) 雲南省、広西チワン族自治区の一般概況

　雲南省（以下、雲南）は総面積が39万平方キロ、2016年末現在の人口は4,771万人で、広西チワン族自治区（以下、広西）は総面積が24万平方キロ、人口が4,838万人である。2016年のGRPは雲南省が2,239億ドル（1人当たりGRPは約4,709ドル）、広西チワン族自治区が2,748億ドル（同約5,7048ドル）。雲南、広西はそれぞれ面積や経済規模においてタイを除く隣接のインドシナ半島のいずれの国を大きく上回っている（表3-5、図3-6、図3-7参照）。両地域は近年、中国政府による産業移転先として重点的投資対象になったことに加え、周辺諸国との経済関係の拡大により高い経済成長率を維持している。

　雲南は、スズや鉛、銅、ニッケル、コバルトの埋蔵量がいずれも中国で上位3位以内に入っている。主要産業は、タバコ、水力発電、非鉄金属、鉄鋼、鉱物開発、化学工業、バイオ資源開発産業（花卉、天然素材、バイオ化学、環境保護、健康食品等）、観光業である。

　また、同省は中国の主要な熱帯地域で、農業においてGMS各国と共通点が

表 3-5　GMS 諸国・地域の基礎データ（2016 年）

国名	カンボジア	ラオス	ミャンマー	タイ	ベトナム	雲南省	西広壮自治区
面積（km²）	18	24	68	51	33	39	24
人口（万人）	1,506	716	5,184	6,676	9,270	4,771	4,838
GDP（億ドル）	194	138	663	4,068	2,026	2239	2,748
1 人当たり GDP（ドル）	1,230	1,925	1,269	5,908	2,215	4,709	5,704
GDP 成長率（％）	7.0	6.9	6.3	3.2	6.2	8.7	7.3
総貿易額（百万ドル）	23,000	7,057	27,653	478,912	351,385	19,999	47,747
輸出額（百万ドル）	10,100	3,166	11,732	215,388	176,581	11,582	22,949
輸入額（百万ドル）	12,900	3,891	15,921	194,198	174,804	8,417	24,798
FDI 流入額（百万ドル）	n.a.	n.a.	11,118	1,582	26,891	867	888
外貨準備高（億ドル）	8,393	847	4619	171,853	36,906	n.a.	n.a.

出所：JETRO、日本外務省、雲南省、広西チワン族自治区政府発表資料を基に筆者作成。

ある。農産物別の生産量をみると、タバコが全国 1 位、天然ゴムが 2 位、ショ糖が 3 位、茶葉が 5 位のほか、コーヒー生産量の国内シェアは 95％ を占める。

一方、広西は、中国西南唯一の沿海開放地域でもあり、また西南部の少数民族地域として「西部大開発」の国家プロジェクトの対象地域にも組み込まれている。豊富な水力発電と鉱山資源に恵まれ、製糖業の国内シェアは 5 割以上を占め、89 種類の非鉄金属を産出する。うち、スズやマンガンの埋蔵量は国内シェアの 3 分の 1 を占め、ボーキサイトの埋蔵量は 10 億トンを超える。また、全国最大規模のベントナイト鉱床が発見され、その埋蔵量は 6 億 1,000 万トンとされる。広西チワン族自治区は中国最大のキャッサバ生産地で、生産量は年間約 600～700 万トンと国内シェア 60％ 以上を占める。主要産業は、非鉄金属、製糖、電力、自動車、林業・パルプ・製紙一体化、鉄鋼・マンガン工業などである。主要企業には、中国鋁業広西分公司、南寧糖業、広西水利電業集団、柳州五菱汽車、広西柳州鋼鉄などが挙げられる。

(2) 中国の対 GMS 戦略

まず、中国政府は中国の対 GMS 戦略として、多分野における GMS 各国との協力関係を強化している。次に、中国政府は、広域経済圏の構築による経済

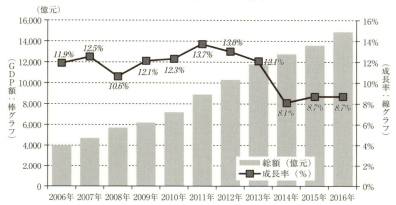

図 3-6　雲南省の GRP 推移

出所：雲南省政府発表資料を基に筆者作成。

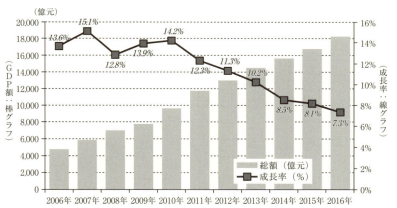

図 3-7　広西チワン族自治区の GRP 推移

出所：広西チワン族自治区政府発表資料を基に筆者作成。

の一体化を図るべく、2008 年 1 月に広西チワン族自治区政府が掲げる「広西北部湾経済区発展計画」（2006 〜 2020 年）を正式に国家プロジェクトとして承認し、北部湾（トンキン湾）を軸に周辺省区（広東、海南など）と広西を経済的に連動させながら、同経済区を対 GMS・ASEAN の物流・流通の一大商業貿易ハブ、生産加工基地、情報サービスセンターとすることを目標としている。具体的に広西チワン族自治区では、防城港は国際総合港に、欽州港は港湾周辺工業開発を主とする地方港に、北海港は貿易、観光サービス、港湾周辺工業に注力する地方港にすることを目指している。2004 年 11 月の中越両国首脳会談で「両廊一圏」という構想が発表された。これは昆明〜河口〜ラオカイ〜

ハノイ～ハイフォンと南寧～ランソン～ハノイ～ハイフォンの2つの経済回廊に「環北部湾経済圏」を加えたものだ。さらにこの経済圏にマレーシア、シンガポール、インドネシア、ブルネイ、フィリピンなどの「海のASEAN」を加え、新しい地域協力の枠組みを形成しようという構想もある。このほか、中国企業の海外進出の拠点を開拓すべく、タイやカンボジアなどで「中国工業団地」を建設し、中国企業の海外進出と新たな輸出加工基地の構築を積極的に推進している。さらに、インド洋へアクセスする新ルートの開拓をすべく、雲南、広西にそれぞれが隣接するASEAN各国への窓口としての役割を担わせている。実際、雲南省は主にミャンマー、タイ、ラオス、ベトナムへの窓口、広西チワン族自治区は主にベトナムへの窓口としての役割を果たしている。中国は雲南、広西を対GMS・ASEANのゲートウェイとしてだけでなく、その先のインドや中東・アフリカも視野に入れた広域戦略を推進する上で重要な地域と位置付けている。実際、陸路ミャンマーを抜けて、インド洋にアクセスする新たな貿易ルートを開拓中である。

(3) 中国の対ASEAN貿易動向

中国とASEAN地域は2003年に「戦略的パートナーシップ」を樹立後、貿易や投資、金融などの面で関係が拡大し、戦略的パートナーシップ構築から10年間は「黄金の10年」と呼ばれている。2014年の中国とASEANの貿易額は前年比8.3%増の4,801億ドルと、中国の貿易総額の11.2%を占めている。このうち、中国の対ASEAN輸出額は前年比11.4%増の2,718億ドル、対ASEAN輸入額は同4.4%増の2,083億ドルだ。中国にとってASEANはEU、米国に次ぐ3番目の貿易相手国・地域、4番目の輸出相手国・地域、2番目の輸入相手国・地域となっている。一方、ASEANにとって中国は最大の貿易相手国となっている。

このうち、2014年の雲南とASEANの貿易額は前年比30.5%増の879億ドルと、雲南省の対外貿易全体の48.3%を占めた。広西区とASEANの貿易額は同23.8%増の1,221億ドルと、広西の貿易全体の70.2%を占めるなど、両地域とASEAN諸国との貿易が拡大傾向にある。

2013年6月末時点の中国の対ASEANの投資総額（フロー）は300億ドルで、中国の対外投資累計額の5.1%を占めた。2012年末時点で中国がASEANに設立した企業数は1,600社に及ぶ。一方、2013年6月末時点のASEANの対中国の投資総額（フロー）は800億ドルと、中国にとって3番目の投資先となっ

ている。一方、2013年の中国の対ASEAN投資額は前年比19.1%増の73億ドル、ASEANの対中投資額は同23.8%減の65億ドルとなっている。

GMS諸国との関連では、中国はミャンマーにとって最大の貿易・投資パートナーである。2013年に中国～ミャンマー間の天然ガスパイプラインが開通し、2015年1月30日には中国～ミャンマー間の原油パイプラインも開通した。同パイプラインの年間輸送能力は2,200万トン、このうちミャンマーは200万トンの原油を獲得できるほか、パイプラインの土地使用料と管理費として1,300万ドルを得られる。これにより、中国のマラッカ海峡への依存度が5分の4から3分の1まで下がるとみられている。

(4) 中国の対ASEAN外交動向

2015年はASEAN加盟10ヵ国が1つの経済圏にまとまる「ASEAN経済共同体（AEC）」が創設される年である。中国は、対ASEAN外交、経済関係を強化する構えで、AIIBを通じて同地域の高速道路や鉄道網を整備し、AECを取り込むかたちで自国が進める「一帯一路」と連結した経済圏を広げる狙いがあり、2014年末から対ASEAN外交を活発化させている。

2014年12月、李首相はバンコクで開催された大メコン圏首脳会議（タイ・ミャンマー・ベトナム、ラオス、カンボジアの東南アジア5ヵ国と中国が参加、3年に1度開催）で東南アジアのインフラ整備に100億元（約1,900億円、1元＝約19円）の特別融資枠を設けることを表明した。首脳会談で発表された共同声明では「域内の包括的で持続的な開発を進める」ことで一致し、2018年までに310億ドルを投じて東西経済回廊などを整備するとしている。

習国家主席は2015年4月7日、訪中したベトナムの最高指導者、阮富仲（グェン・フー・チョン）共産党書記長と会談し、中国が主導する「海のシルクロード」の経済圏構想で協力していくことで合意した。ベトナム北部最大の港湾都市であるハイフォン市では、大型コンテナ船も入港できる大規模港湾設備を整備中で、2017年末までの稼動を目指している。ハイフォン市には、中国の内陸部に物資を運ぶ場合、近接する中国の華南地域の広州市や深圳市など珠江デルタのサプライチェーンを活用できる地の利があり、南シナ海の領有権をめぐる中越の政治対立をよそに、国境をまたぐ「中越経済圏」の要衝としての地位をハイフォン市は固めつつある。

習国家主席は2015年3月26日、訪中したインドネシアのジョコ大統領と会談し、インドネシアへのインフラ投資の強化で合意した。具体的にはジャカル

タ～バンドン間の高速鉄道建設に向けた覚書などのインフラ協力、航空宇宙開発協力、海上捜索救助協力など八つの文書に署名した。さらに、両国の貿易額を 2020 年までに 1,500 億ドルまで引き上げる目標でも一致した。

(5) 日系企業としてのビジネス展望

　上述の中国の GMS 戦略を踏まえ、GMS のビジネス推進に当たり、日本企業が考慮すべき事項やビジネスのヒントになると思われるのは、指導部や地方政府との良好な関係作りを進め、相手国・地域の産業方針やプロジェクトを明確にし、取り扱い可能な分野に積極的に参画することが重要であることだ。とりわけ、国や地域ごとに対応するのではなく、グレーターメコン経済圏を１つの広域市場としてとらえるとともに、それぞれの特徴と優位性を生かす域内分業体制を構想することが必要と思われる。同経済圏に対する投資に積極的な華人財閥との連帯は、広域ビジネス推進の観点から有効であろう。

3　内モンゴル東部・東北三省とロシア極東、モンゴル国──「東北アジア経済圏」──

　中国は将来的に「東北振興」国家プロジェクトとともに、ロシア極東・モンゴル・朝鮮半島・日本を網羅する広域「北東アジア経済圏」を推進していく構想を 2000 年より描いてきた。ロシアは極東地域の経済発展に注力している一方、日本は「環日本海経済圏」という構想を持っている。とりわけ中国国内においては、近年、全国トップレベルの GRP 伸び率を維持する内モンゴル自治区（以下、内モンゴル）が、本稿で取り上げる「東北アジア経済圏」の中核地域として注目に値する。同自治区の東部地区は、エネルギー・資源の供給基地として「東北振興」国家プロジェクトの対象地域に、西部地区は「西部大開発」国家プロジェクトの対象地域となっているため、同自治区への外資の進出は中央政府のほか、地方政府による税制面での優遇策が講じられ利点が多い。また、石炭など豊富な地下資源に加え、4,200 キロにわたる長い国境線上でモンゴルとロシア連邦に近接する地理的な利点から、近年双方向の貿易をはじめとする経済交流が拡大傾向にあり、資源と物流面での成長の余地が大きい。以下では、内モンゴル全体の概要と「東北アジア経済圏」を形成するモンゴル、ロシアとの経済関係の現状を整理する（図 3-8 参照）。

図 3-8 「東北アジア経済圏」―内モンゴル自治区とその周辺地域―

出所：各種資料より筆者作成。

(1) 内モンゴル自治区の一般概況

　内モンゴルは、総面積118万平方キロ、2016年末現在の人口2,520万人に上る中国の民族自治区の1つである。近年、同地区が有する石炭などの豊富なエネルギー・鉱物資源を背景に経済が急成長を遂げており、2002年以降、全国レベルでも高い経済成長率を維持してきた。2010年に初めてGRP総額が1兆元を突破し、2012年には1人当たりGRPが米ドル換算で初めて1万ドルを超え、全国平均（6,071ドル）を上回った。2013年より石炭需要の減少と資源価格の下落により成長が鈍化し、2016年のGRP総額は前年比7.7%増の2,806億ドルと減少したものの、1人当たりGRPは1万1,151ドルと依然高い水準を維持している。（図3-9参照）。

　内モンゴル自治区は、石炭、石油、天然ガスや非鉄金属資源に加え、畜産（カシミヤなど）、森林資源も豊富な地域である。とりわけ、石炭資源が豊富で2014年の確認埋蔵量は8,000億トンと、全国1位となっている。また、同自治

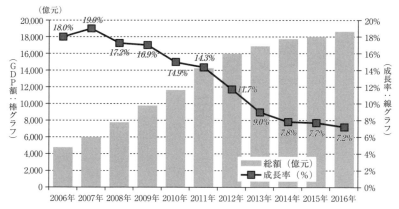

図3-9 内モンゴル自治区のGRP推移

出所：内モンゴル統計局データを基に筆者作成。

区オルドス市のスリグ（蘇里格）天然ガス田の確認埋蔵量は5,336億立方メートルに上り、国内最大級とされる。また、同自治区でこれまで発見された鉱物資源の産出地は400カ所余りに上る。特に非鉄金属の確認埋蔵量は2007年時点で2,539万4,500トンに上り、銅、鉛、亜鉛、タングステン、モリブデンの埋蔵量はいずれも国内10位以内に入る。

2014年の内モンゴル自治区の貿易総額は前年比21.4%増の146億ドル（輸出は同56.2%増の64億ドル、輸入は同3.3%増の82億ドル）と過去最高を更新した。このうち、国境を接する対モンゴル貿易は同58%増の31億7,000万億ドル、対ロシア貿易は同31億ドルとなっており、いずれも大幅に拡大している。また、両国との国境貿易総額は36億ドルと対外貿易額全体の約25%を占めている。

(2) 中国の戦略は「東北振興」から広域「北東アジア経済圏」への連結

中国政府は2007年8月、2020年までの東北地方の経済振興計画を定める「東北地区振興規画」を発表した。2003年に同規画の対象地域に編入した東北三省（黒龍江省・吉林省・遼寧省）に加え、内モンゴル区の東部（総面積66.5万平方キロ、内モンゴル自治区全体の56%を占める）を新たに対象地域に組み込み、具体的な数値目標やプロジェクトにまで踏み込んだ総合戦略を初めて策定した。これにより、総面積145万平方キロ、総人口1億2,000万人に上る経済発展の振興地域が形成された。

中国の「東北振興」プロジェクトの狙いは、資源基地としての内モンゴル東部地区（石炭の確認埋蔵量909億6,000万トン、可採石油埋蔵量10億トン）と一大消費地である東北三省を一体化し相互補完を図ることである。内モンゴルは、隣国モンゴル、ロシア両国と4,200キロにわたる長い国境線を隔てて接している地政学的重要性を有している。中国は朝鮮半島、日本を加えた東北アジア経済圏への橋頭保としての東北地区の地理的優位性を生かし、より広義な意味での「東北アジア経済圏」と東北地区をリンクさせる地域発展戦略を進めている。

(3) 中国の対モンゴル、ロシア貿易動向

中国とモンゴルの貿易は近年急拡大している。両国の貿易総額は2000年の3億ドルから2012年には66億ドルと約22倍に拡大し、モンゴルにとって中国は10年以上にわたる最大の貿易相手国となっている。一方、モンゴルの統計局によると、2012年のモンゴルの対中貿易総額は59億2,000万ドルで、モンゴルの対外貿易全体の53.2%を占めている。このうち、モンゴルの対中輸出額は40億6,000万ドル、輸入額は18億6,000万ドルで、それぞれモンゴルの対外輸出総額と輸入総額の92.6%と27.6%を占めている。

習国家主席は2014年8月、モンゴルを公式訪問し、両国関係を「全面な戦略的パートナーシップ」に格上げすることで同国のエルベグドルジ大統領と合意した。中国はこれまで世界18ヵ国と同様のパートナーシップを樹立してきたが、今回のモンゴルが19ヵ国目となった。1990年のモンゴル民主化から2012年まで、世界110ヵ国地域が対モンゴル投資を行っており、累計投資額は98億3,000ドル、設立企業数は1万1,642社に上る。このうち中国からの投資額は34億8,000万ドル、設立企業数は5,737社に及び、モンゴル経済の対中依存度が高いことが分かる。

一方、対ロシア貿易も飛躍的に拡大している。両国の貿易総額は2000年の80億ドルから2014年には953億ドルと約12倍に拡大した。2014年の中国の対ロ輸出は前年比8.2%増の537億ドル、輸入は同4.9%増の416億ドルとなっている。両国は2015年の貿易総額を1,000億ドルに、2020年には2,000億ドルにまで拡大する方針である。

2014年5月、ロシアのプーチン大領領は中国を訪問し、ロシアが2018年から30年間にわたり中国側に毎年380億立方メートルの天然ガスを供給する契約を締結した。これは中国の年間消費量の約20%に当たる規模である。契約

額は4,000億ドルと、10年にわたった価格交渉がついに妥結した。また、プーチン大統領は同年11月、APEC首脳会議に先立ち中国の習国家主席と会談し、ロシアのシベリア産天然ガスを西シベリアの国境（アルタイ共和国）経由で中国に送るパイプライン計画の覚書など計17の合意文書に署名した。

　さらに、2015年5月8日、訪ロした習主席とプーチン大統領が首脳会談を行い、両国は「戦略的パートナーシップ」を深めるとした上、中国が旧ソ連諸国で構成する経済圏「ユーラシア経済同盟」と連携するとの共同声明に署名した。また、首脳会談に合わせ中ロ両国はエネルギーや交通インフラ関連の合計32件の協力文書に署名するなど、中ロ両国主導の新経済圏の構築で連携を強めている。

(4) 日系企業としてのビジネス展望
　上述の内モンゴル自治区を中核とした「東北アジア経済圏」の動向を踏まえ、内モンゴルとその周辺地域でのビジネス推進に当たり、日本企業が考慮すべき事項やビジネスのヒントになると思われる点を下記に挙げた。
　エネルギー・資源関連では、各種資源が豊富な内モンゴル自治区西部を中心に、高度な資源開発・省エネ技術を用いた石炭加工、精錬応用などエネルギー関連事業へ参入することが有効といえる。将来のエネルギー事情を見据えた風力発電の成長余地にも考慮すべきである。物流面では、モンゴルをはじめ、ロシア極東・東シベリア地域、欧州を視野に入れたビジネスを検討する際には、内モンゴル東部国境の町である満洲里やエレンホトを物流の拠点ないし中継基地として活用することが有効だと考えられる。内モンゴル自治区とモンゴルは畜産業や食肉加工等で共通点が多く、また鉄道などの物流面における利便性も高いため、食品産業への参入も有効といえる。

4　チベットとインド・ネパール——「ヒマラヤ経済圏」——

　チベット自治区（以下、チベット）は、インド、ネパール、ブータン、ミャンマーの4ヵ国と国境を接している。2006年、青蔵鉄道が開通したことに加え、中印関係の改善に伴いチベットとインド間の陸上貿易ルートの要衝だったナトゥラ峠が44年ぶりに再開されたことで、近年チベットとネパール、インド間の国境貿易が盛んになり、さらに国内外からの観光客も急速に増加するなどして、その存在感が日増しに高まりつつある。また、中国政府がチベットと

ネパールを結ぶ「中尼道路」の整備を進めたことで、チベットから南アジアまでの所要時間が大幅に短縮され、500年以上の交易史を持つ国境の町が活気を取り戻し、賑わいをみせ始めている。

チベットとインド・ネパールは、仏教のルーツとして歴史的に交流が盛んであった。昨今の青蔵鉄道（青海省西寧市とチベット自治区首府ラサ市（拉薩）を結ぶ高原鉄道）の開通を皮切りに、各種道路、貿易ゲート等のインフラ建設が進められ、仏教を介して共有する文化的な背景の下、国境貿易を含む経済活動が活発化しつつある。

中国政府は、2000年から始動した「西部大開発」国家プロジェクトの対象地域にチベットを組み込み、青蔵鉄道や京蔵高速道路などインフラ整備に注力してきた。チベットは、南アジアの国々との経済交流を図る上で、また陸上貿易ルートの玄関口として期待を寄せられている（図3-10参照）。

(1) チベット自治区の一般概況

チベットは総面積123万平方キロ、2016年末現在の人口331万人である。同自治区の2016年のGRP総額は前年比10.0%増の173億ドルとなっている。2002年以降、国内外からの観光客の増加と域内各種インフラ整備の拡大により年平均12%と高い成長率を推移している（図3-11参照）。2016年の1人当たりGRPは約5,393ドルと、全国平均を下回るものの、2007年（1,593ドル）と比べ、3倍以上の増加となっている。

チベットの産業別の構成比（2016年）をみると、第1次産業が9.1%、第2次産業が37.4%、第3次産業が53.5%と、鉱物資源などの1次産品や農牧業のほか、観光業などのサービス業が大きく寄与していることが分かる。2014年通年でチベットを訪れた観光客数は延べ1,553万人（うち、国内観光客数は1,528万人、海外は25万人）で前年比20.5%増、観光収入は同23.5%増の200億元と大幅増となり、自治区経済に大きく寄与している。

チベットには、鉄、鉛、亜鉛、金、銅など大小130余りの鉱床が存在する。埋蔵量を確認された資源は36種ある。このうち、銅はカナダの埋蔵量に匹敵する2,000万トン以上、鉛・亜鉛は1,000万トン以上と推定されている。西部のキャンツェに大規模な油田ガス田、オイルシェール鉱床が発見されたとも伝えられている。また、チベットは、水資源が豊富で、電力事業の成長余地が大きい。現在、金沙江上流、瀾滄江上流、怒江上流における水力発電の開発と四川省、重慶市、広東省などへの送電事業が計画されている。

図3-10 「ヒマラヤ経済圏」- チベット自治区

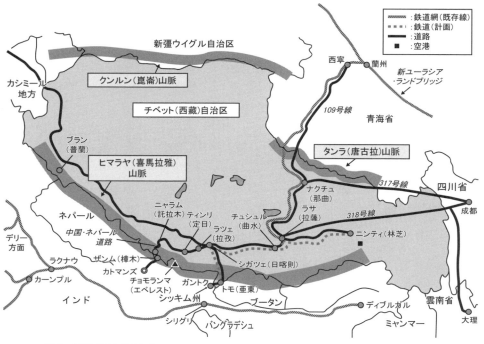

出所：各種資料より筆者作成。

図3-11 チベット自治区のGRP推移

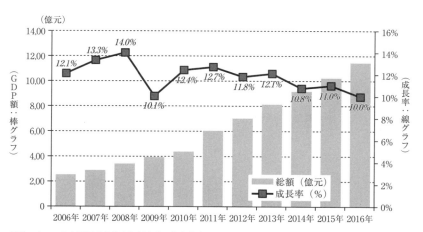

出所：チベット自治区政府発表資料を基に筆者作成。

2014年のチベットの対外貿易総額は138億ドルだったが、うち対ネパール貿易が122億ドルと、対外貿易全体の88.2%を占めている。

(2) 中国にとってのヒマラヤ経済圏の地政学的意味

2006年7月の青蔵鉄道の開通とほぼ同時期に、中国のシガツェ地区亜東県とインドのシッキムを結ぶナトゥラ峠（乃堆拉山口）を介した中印貿易が44年ぶりに再開された。また、ラサからインドをつなぐ国道204号線（康馬～亜東区間）の拡張工事が2007年末に完了しており、中国は将来、青蔵鉄道を利用し、ナトゥラ峠を経てインド東部最大の貿易港であるカルカッタ港と亜東県をつなげる輸送ルートを整備する計画であるが、具体的なタイムスケジュールは不明である。仮に同ルートが開通されれば、亜東県～カルカッタ港間の距離が従来の天津港を利用するより1,200キロ短縮できるといわれている。

中国とインドは貿易を含む経済関係が拡大しているにも拘わらず、歴史的な不信感、貿易不均衡、国境紛争などの安全保障上の確執といった問題を抱えている。特に、インドがパキスタンと領有権を争うカシミール問題は最大の懸案事項であり、国境画定の交渉はまだ最終解決に至っていない。しかし、両国は各種問題を抱えながらも経済面での関係強化に積極的である。近年、両国間の貿易拡大（2014年の両国の貿易総額は706億ドルと、2000年の29億ドルの24倍に拡大した）を背景に首脳同士の相互訪問が増加し、懸案事項を棚上げして実利を重視する外交関係が模索されており、また、国連気候変動枠組み条約締約国会議（COOP20）やG20など国際的課題において新興国の代表として結束する場面も増えている。

一方、ネパールに関して、中国はチベットとネパールを結ぶ「中尼道路」の中国領内の道路（ラサ～ネパール国境の町である樟木へ至る総延長715キロに及ぶ道路）の整備を進めていることもあり、2014年の中国とネパールの貿易総額は23億ドルと、2000年比で11倍増加している。とりわけ、チベットにとって国境を境に隣接するネパールは最大の貿易相手国となっている。

青蔵鉄道の開通に伴い、江蘇省連雲港とオランダのロッテルダム港を結ぶ「新ユーラシア・ランド・ブリッジ（1996年開通）」とチベット高原がつながり、かつてシルクロードの南ルートだった「唐藩古道（青海からチベット、ネパール、インドを結ぶ古道）」と、シルクロードの再接続が実現された。二大鉄道線の相互リンクにより、新ユーラシア・ブリッジの影響範囲は、チベット高原内部にまで拡大している。近年チベットの南アジアにおける存在感が日増しに

高まっており、かつて交通の便が悪く立ち後れた辺境地域としてしかみられなかったチベットが、国境貿易と観光業において賑わいをみせている。

(3) 日系企業としてのビジネス展望

今まで見てきた他の3経済圏に比べ、ヒマラヤ経済圏は、インドを除けば人口が少なくマーケットも小さいことに加え、厳しい自然環境、地理的状況（平均標高4,000メートル）など制約要因が多い。しかし、青蔵鉄道の開通と周辺地域への道路インフラ等の改善により中国国内からチベットへの投資が増えつつあり、またインド、ネパールとの貿易も拡大傾向にある。将来チベットとインド、ネパールを結ぶ鉄道、道路を含む陸上貿易ルートの整備と連結が進めば、ラサは単なる観光地や貿易の通過点に留まらず、中国国内の周辺地域と南アジア諸国を結ぶ交通と物流の重要な拠点になる可能性がある。主要産業が観光と銅を中心とする資源のみで、同地域の開発には時間を要する。一方、ビジネスのチャンスを求め、ヒマラヤ経済圏を長期的にウォッチする必要はあろう。

おわりに

これまでみてきたように、中国は14ヵ国と国境を接する大陸国家である。2013年から中国が唱え始めた「一帯一路」という広域経済圏の戦略構想をはじめ、それを金融や資金面から支援する「AIIB」や「シルクロード基金」などの設立の動きは、開発途上国に限らず先進国も巻き込んで本格的に始動しつつある。中国は、国境を接する国を多く持つという地の利を生かし、南シナ海や東シナ海をめぐってフィリピンや日本などアジア周辺国と政治的に対立しながらも、隣接国であるロシア、中央アジア、ベトナムなどとの国境問題の解消、「上海協力機構（SCO）」、「中国ASEAN自由貿易協定（ACFTA）」、「中国・南アジアフォーラム」、「中国・アラブフォーラム」、「中国・アフリカフォーラム」などの地域協力の枠組み強化など、周辺の陸上隣接国や経済面で結びつきの強い国や地域との関係を重視してきたのである。その結果、陸上の隣接国（14ヵ国）との貿易額は過去10年間で5倍近く拡大している。

そして、周辺諸国と接している中国の辺境地域は、中国の圧倒的な経済力を背景に周辺諸国にとって重要な経済的中核地となっており、国境を越えてその影響力を拡大させている。今後、中国の「一帯一路」戦略とともに、中国主導のAIIB、「シルクロード基金」が中国の持つ潜在的なパワーの増強を促すもの

となり得るであろう。それゆえ、「中国のパワーを評価するには、従来の一国単位の指標では不十分で、中国の影響力の及ぶ周辺諸国、つまり『勢力圏とその中心地性』、言い換えると、『地政学要因』を評価する」ことが今後ますます重要となると考えられる。

日本の貿易全体に占めるアジアの割合は約5割と、日本にとってアジアは重要な生産基地でありマーケットともなっており、日本の国益を決定的に左右する、最重要地域である。日本には、広域戦略やビジョンが求められている。具体的には、アジア太平洋地域の戦略上の日本の国益を軸に、中国の「一帯一路」戦略をいかに日本の国益と結び付け展開していくのか、またAIIBの国際的信用確保の視点から、ADBなど国際金融機関における実績の積み重ねにより国際社会で信頼されている日本の役割とは何か、日本主導のADBと中国主導のAIIBの役割分担や棲み分けは可能か、アジアユーラシアダイナミズムとどう向き合うのか、といった問題に真剣に向き合わなければならない。また、中国の「一帯一路」構想における沿線国の中の開発途上国が、日本に大きな期待を寄せていることも忘れてはならない。

[演習]

1. アジアインフラ投資銀行（AIIB）は、アジアユーラシア地域秩序、国際金融秩序、世界秩序などにどのような影響を与えるか。
2. 中国の「一帯一路」構想の概要と中国の目的は何か。
3. AIIB加盟国（80ヵ国）が同行へ加盟した目的は何か。
4. 中国の「一帯一路」構想とアジアユーラシア地域の経済連携とどう結びつけばよいのか。
5. 中国の「一帯一路」構想に日本と韓国はどう向き合うべきか、或いは日中韓で連携する可能性はあるのか
6. 「中国像」を客観的にとらえるうえで、なぜ「従来の一国単位の指標では不十分で」なのか。
7. 「中国の辺境経済圏の諸相」において、主に中国と周辺諸国との経済交流を解説したが、一方日韓両国と中国の周辺諸国との経済交流の状況はどうなのか。
8. 北東アジア地域の経済連携において、日中韓が果たすべき役割について議

論せよ。
9. 2017年11月にアジアを歴訪した米トランプ大統領は「自由で開かれたインド太平洋」の実現に向けて日米両国が主導的役割を果たすべきとの考えを示した。その思惑について議論せよ。
10. 第7章の「中国経済の現状と課題」の内容を踏まえて、AIIB・「一帯一路」構想とその実現の可能性について議論せよ。

【参考文献】
〔1〕国務院新聞弁公室。
〔2〕国家発展改革委員会・外交部・商務部 [2015].「推動共建絲綢之路経済帯和21世紀海上絲綢之路的願景与行動」（シルクロード経済ベルトと21世紀海上シルクロードの共同建設を推し進めるビジョンと行動）2015年3月28日。
〔3〕商務部令2014年第5号「対外援助管理弁法（試行）」。
〔4〕「新華網」。
〔5〕鈴木貴元 [2014].「地政学要因を入れた国家のパワーの比較〜中国台頭の評価と日本の課題」丸紅経済研究所、2014年3月18日。
〔6〕関志雄 [2015].「動き出した『一帯一路』構想―中国版マーシャル・プランの実現に向けて」経済産業研究所、2015年4月8日。
〔7〕日本経済新聞社『日本経済新聞』。
〔8〕バートル [2011].「『龍象共舞』は可能か―中印関係に関する一考察」三井物産戦略研究所、2011年2月。
〔9〕バートル [2015].「中国辺境経済圏の諸相」、『月刊　中国経済』ジェトロ、2015年6月号。

第4章　日本経済の発展と構造変化

釣雅雄（岡山大学大学院社会文化科学研究科教授）

はじめに

　世界銀行は、1965年から1990年までに高い高成長を遂げた8つのアジア諸国についての報告書（East Asia Miracle: Economic Growthand Public Policy）を1993年に発表した。報告書のタイトルが示唆するように、過去数十年におけるアジアの経済成長は著しいものがある。日本は他のアジア諸国に先駆けて経済の高成長と高水準への到達を実現した。日本経済の水準を国際比較すると、たとえば2012年では、1人当たり名目国内総生産（名目GDP、米ドル）は約4万7千ドルで、OECD諸国中10位である。7位で5万1千ドルの米国とはほぼ同水準となっている。2012年は円ドル為替レートが円高であったため順位は高めと考えられるが、それでも日本が経済大国であることには異論がないであろう。[1]

　しかし、日本経済は単純に伸び続けてきたわけではない。第2次世界大戦前後の日本経済には大きな断絶があり、戦後直後は破綻状態に陥った。高度成長期にも景気変動が常に生じ、とくに外貨不足が日本経済を不安定化させた。1980年代以降は米国との貿易摩擦や急激な円高など、グローバル経済の大きな波に直面すると共に、80年代後半にはバブル経済が発生した。1990年代に入りバブルが崩壊すると、地価の下落により金融業の機能が低下し、失われた10年とも15年とも言われる長期の景気後退となった。現在の日本経済は、生産性の低下、少子高齢化、政府債務問題、グローバル化など様々な構造問題に直面している。

　本章では、日本経済の発展と変動の過程を、とくに経済構造の変化を意識しながらみていく。構造問題を中心に、最近の日本経済を分析する。[2]

I 戦前日本経済の繁栄と後退

　高い水準に日本経済が達したきっかけは、一般的には戦後の高成長との認識であろう。確かに1950年代以降に日本は高度成長期となったが、その時期だけでは日本経済の成長を説明しきれない。日本経済は戦前（第2次世界大戦前）においても経済発展を遂げ、それが戦後復興につながったのである。

　図4-1は日本の実質GDP（米ドル）とその自然対数値の推移をみたものである。比較のため、米国の実質GDP自然対数値も示している。なお、経済分析では対数値を用いることが多い。対数値はその値の2点の差から成長率が計算できるため、時間を横軸に取ったときに、成長率のトレンドを図から捉えることが容易な指標である。

　図をみると、1945年から1974年にかけては、その前後と比較して伸びが大きい。この期間は戦後の経済復興から高度成長期にあたり、平均9％程度の成長を実現した。戦前からのトレンドを取ると、そのトレンド線の傾きを超えた成長となっている。1955年頃には実際の値がトレンド線を上回っている。このように日本経済は高度成長期に特別な発展を遂げた。

　しかしながら、注目したいのは戦前においても日本経済は比較的高い成長を実現していたことである。その成長率は平均的には米国を上回っていた。ただ、

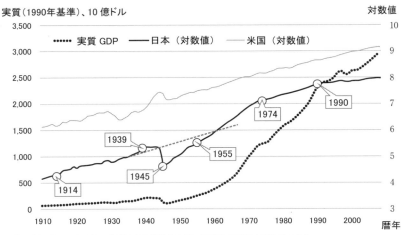

図4-1　実質GDPの長期トレンド

注：ゲアリー・ケイミス方式による実質ドル値。購買力平価による換算である。
出所：Maddison [2008] より作成。

図 4-2 男女別の就業者数構成比

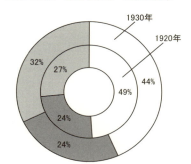
男性

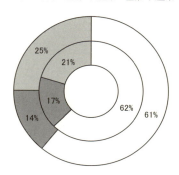
女性

出所：梅村、赤坂、南、高松、新居、伊藤 [1988] より作成。

経済水準は、1940年頃の1人当たり実質GDP（図と同じ資料）でみると、英国や米国の半分よりも低いものであった。それでも1915年に米国と3.7倍程度もの差があったところから、徐々にその差が縮まったのである。

これはちょうど最近の韓国と日本の関係に似ている。同資料で確認すると、1970年における日本と韓国の1人当たり国内総生産は4.48倍の差があったが、1990年には約2倍にまで縮まった。漢江の奇跡と呼ばれる時代である。なお、その後の2008年における日韓経済の差は1.16倍となり、現在では購買力平価でみるとほぼ同水準である。[3]

戦前の日本経済は、戦後と同じく産業構造の変化、すなわち工業化を経験していた。それは第1次世界大戦（1914〜18年）時における輸出の増加を契機とするものであった。とくに、同じく好景気となっていた米国への生糸や絹織物の輸出が増加した。また、貿易の活発化に伴い海運業も伸び、巨額の富を得た船成金と呼ばれる人々も現れた。この時期は大戦景気と呼ばれる好景気となった。

1905年の国内生産に占める第1次産業の割合は32.9％、第2次産業は21.1％であったが、1920年にはそれぞれ30.2％、29.1％へと変化した。[4] さらに1930年にはそれぞれ17.6％、31.6％となり、第2次産業の生産割合が拡大した。

ただし就業者数でみた産業構造の変化は、生産の場合とは異なっている。図4-2は、1920年と1930年の男女別・産業別就業者割合を示した。女性の就業先は第1次産業が中心のままであったが、男性では、この頃に第2次・第3次産業の合計が第1次産業を上回るという変化が生じた。それでも、1930年で

第1次産業の割合が44％なのに対して第2次産業は24％であるから、依然として第1次産業の割合が大きい。

　産業構造の変化で製造業を中心に高い付加価値を生み出す産業が発達したものの、それに従事する労働者の人数はそれほどではなかったことになる。そのため、農村と都市部では所得格差が生じた。加えて、農村においては農地を所有していない小作農が多く、重い小作料を支払っていた。そのような戦前における所得格差の存在を知ることが、戦争と戦後の経済状況の変化や経済政策を理解するのに必要となる。

　第1次世界大戦が終了した後、1920年代は長期にわたりデフレ傾向が続き、慢性的不況と呼ばれる状況に陥るとともに、1923年には関東大震災が発生した。けれども産業構造の変化は継続し、都市化も進んだ。文化的には大衆文化が発展し、ラジオ、映画、雑誌などが広まった。1934年には日産自動車㈱が社名変更により誕生し、1937年にはトヨタ自動車工業㈱が設立されたが、自動車生産はそれ以前から始まっていた。現代につながるような日本経済のサービス化や工業化は戦後から始まったのではなく、戦前から動き始めていたのである。

　また、この頃、1910年代からの大正デモクラシーにより民主主義的な政治が実現しつつあった。1926年に年号が大正から昭和となった頃は、政友会と憲政会による二大政党制であり、25歳以上のすべての男性が選挙権を持つ比較的民主的な政治体制であった（女性が選挙権を持つのは戦後）。

　しかしながら1930年の昭和恐慌や同年の米価下落に加え、翌年からの度重なる米凶作により、とくに農家の経済状況が悪化した。さらに、1929年に発生した世界大恐慌の影響で農家の重要な収入源であった繭（生糸の原料）の価格も落ち込んだ。この頃、通貨はいったん金本位制へと戻され、その結果、物価が下がるデフレーションとなった。1936年に発生した2・26事件を契機として日本の政治は軍国化してしまうが、この事件は農村と都市部の格差を憂う青年将校が中心となって引き起こしたものだった。1931年に高橋是清大蔵大臣がいわゆるリフレーション政策を実施すると、景気は回復する。けれども、このときに導入した日本銀行による国債購入（日銀の国債引き受け）は、政府が軍事費の財源を確保する手段となった。

　戦前も経済が社会情勢に影響を与えていたことを知ると、なぜ米国との無謀な戦争を行ったのかも理解できる。日本が米国と戦争を行うきっかけの1つとなったのは1941年の対日輸出禁止であった。当時、日本は米国から原油を輸

入していたが、その原油輸入が止まってしまったのである。1937年に始まった日中戦争(6)の継続が難しくなるばかりではなく、国民生活が苦しくなった。資源がない日本は必然的に物資の配給や政府管理という統制経済へと移行した。さらに、インドネシア（当時はオランダ領東インド）などに原油を求め、日本軍が東南アジアにまで進出する事態となった。

1941年から45年にかけての日本経済は戦時統制経済と呼ばれ、政府による資源配分が行なわれた。それ以前でも1938年の国家総動員法により、国民経済を総動員すること(7)がすでに決定されていたが、米国の対日輸出禁止により、さらに軍需への資源配分が強まったのである。

戦前日本は、産業構造の変化に伴う所得格差により社会情勢が不安定化し、天候不順による凶作や海外経済からのショックにもさらされた。社会情勢の変化は経済要因だけでは説明しきれないだろうが、それでも経済の悪化が強く影響したことは確かだろう。

II　戦後復興から高度成長期へ

1　戦後の混乱からの回復：ハイパーインフレと経済政策

1944年終わり頃から、米軍を中心とした連合国軍による日本への空襲が激しさを増した。1945年3月の東京大空襲の死者数はおよそ10万人にのぼり、8月に投下された原子力爆弾は、1945年12月末までに広島市で約14万人、長崎市では約7万4千人の人命を奪った

このような日本本土への攻撃は経済面での被害も甚大なものとした。建築物、道路、水道設備などの資産的国富においては、およそ1/4が破壊された(8)。その被害規模は、1923年9月の関東大震災（死者数は約10万人）の4倍に及ぶものであったという。そのうちおよそ半分が生産財であったため、人々は生活のための物資を失ったばかりでなく、復興のための生産手段も欠く状態になった。たとえば、電力は水力発電にこそ被害がなかったが、火力発電では供給能力が30%低下した。そのため、1945年8月15日に太平洋戦争の終戦が国民に告げられると、その直後から、日本経済は資源不足に直面し、ハイパーインフレーション（以下ではハイパーインフレ）が生じた。1946年のインフレ率は500%を超えるものであった。

戦時中にもすでにインフレは生じていたが、ハイパーインフレとなったのは終戦後である。ハイパーインフレの原因の１つは供給と需要のアンバランスで、食糧難、資源不足と戦地・外地からの引き揚げ者による需要増などから生じた。たとえば、1945年に主食である米は不作となり、収穫量は1942年と比べて約４割減少となった。また、当時最も重要なエネルギー資源であった石炭は、炭鉱で働いていた朝鮮人・中国人労働者の帰国もあり、生産量が約４割減少した。モノ不足と需要増大で、需給バランスが崩れ物価が高騰したのである。

　けれども、ハイパーインフレの主因は日本政府の財政破綻である。ハイパーインフレとは通貨価値が大幅に下落する現象であり、通常は財政破綻により生じる。日本は戦費調達のために国債を大量に発行したが、図4-3にあるように1944年度の国債残高（普通国債）は対GNP比で約144.5％に及ぶものとなっていた。この増大した政府債務を返済できないことが敗戦により明らかとなったのである。

　この時期の出来事は現在の日本経済にとっても重要な教訓となる。図では最近までの推移も示しているが、2015年度には対GNP政府債務が約171.3％と終戦直前の水準を上回っている。当時と比較して、政府の借入の原資となる国

図4-3　政府債務の長期推移（対GDP比%）

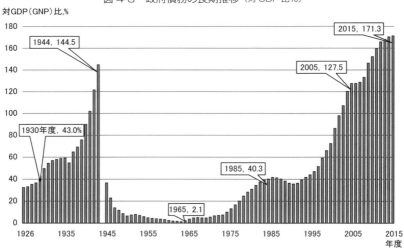

注：政府債務は名目の年度末国債残高（内国債および外貨債）。2016年度は見通しの値。1929年までは粗国民支出（市場価格）、1930年から1954年まではGNP、1955年以降はGDP。
出所：財務省「国債統計年報」、内閣府『平成29年版経済財政白書』長期統計、総務省統計局「日本長期統計総覧」、大川一司・高松信清・山本有造（1974）『長期経済統計1―推計と分析　国民所得』（東洋経済新報社）より作成。

民の金融資産は豊富であるが、それでも多額の債務であることには違いがない。

この時期の経済政策上の課題にはハイパーインフレのほかに希少な資源の配分問題があった。輸入は再開されておらず、したがって原油もほぼない状態であった。仮に輸入可能であったとしてもその代金を支払うための外貨がなかった。

そこで採用されたのが、傾斜生産方式と呼ばれる鉄と石炭への資源の重点的な配分政策である。1946年に経済安定本部が設置され、政府主導の計画経済が行われた。国内で産出可能な石炭がまず重点的に生産され、そこから得られたエネルギー資源は鉄鋼業に優先的に配分された。金融面では政府により復興金融公庫が設立され、それが発行する復興金融債券（以下、復興債）により資金が調達された。復興債は実質的には国債と同じであり、その発行によりインフレが持続してしまうことにもなった。

政府主導の産業政策は、1952年に（前年に調印されたサンフランシスコ講和条約に基づき）日本の独立が回復した後も引き継がれた。産業政策の中心となった旧通商産業省（現在の経済産業省）は1949年に発足している。通商産業省は商工省が改組されたものだが、その名前からわかるように通商貿易の拡大を目的の1つとし、高度成長期の日本経済発展に重要な役割を果たすことになる。(9) このような工業化を目指す中央集権的な産業政策（開発戦略）は、インドネシア、タイ、マレーシアなどの東南アジア諸国において参考にされたとされる。(10)

占領下で日本を管理していたのは米国のダグラス・マッカーサーを最高司令官とするGHQ（General Headquarters, 連合国最高司令官総司令部）である。この頃行われたGHQによる改革は日本経済の構造を大きく変化させた。とくに影響が大きかったのが農地改革、財閥解体、労働制度改革である。たとえば農地改革により、大半を占めていた小作農が減少し、農地のおよそ9割が自作地となった。地主から農地が買い取られたが、その価格が1945年基準とされたため、ハイパーインフレにより小作農は実質的に非常な安値で農地を買い取ることができた。

農地改革は農家の格差縮小をもたらした。一方で、その後の日本農業を産業として考えると、小分けにされた農地により生産性が伸び悩む原因ともなった。2013年に日本はTPP（環太平洋経済連携協定、Trans-Pacific Strategic Economic Partnership Agreement）の交渉会合に加わり、これまでにない広い範囲での地域自由貿易圏への参加を目指すこととなった。(11) 交渉で難航したのは

とくに農作物の関税引き下げである。日本の農家1戸あたり農地面積は、平均的には米国の100分の1であり、オーストラリアの1500分の1である。そのため、単純に関税を引き下げた場合には、価格競争で輸入品に勝てないことが危惧された。

財閥解体では、三井、三菱、住友、安田の4大財閥に11財閥を加えた15財閥が解体された。財閥とは、主に持株会社を通じて企業グループを形成し、多面的な事業をグループとして行っていたものである。財閥解体のほかに、身分制度であった華族制度の廃止、最高90％という財産税の課税、あるいは銀行からの預金引き下ろしを制限した預金封鎖により、かつての資産家はその資産をほぼ失った。このときに日本では資産格差が大幅に解消されたのである。後に1970年代に入り、日本の人口が1億人を超えた頃、1億総中流といわれる時代となった。日本の大多数が自分は中流だと感じるようになったのである。これは、かつての格差社会が経済成長により解消されたためだが、農地改革や財閥改革により社会構造が大きく変化したことも影響している。

しかしながら、最近の日本では再び格差問題が取り上げられることが多くなっている。注目されているのは資産格差よりも所得格差である。2000年代に入ると、長期不況において正規雇用者が比較的保護される一方で、多くの若者が低賃金で不安定な非正規雇用となった。その割合は1990年頃に20％程度であったが、2014年には約37％となり、その後の2016年でも37.5％（厚生労働省「労働力調査」）と景気回復にも拘わらず、高い割合のままとなっている。このような所得格差は世帯収入では他の働く家族によりカバーされる場合もあるが、単身世帯や母子家庭などではそれが可能ではない。とくに子どもの貧困率が2000年代に上昇したことが注目された。

戦後の日本経済の混乱は1950年頃まで続いた。それがようやく落ち着き始めたのは、インフレの原因であった政府債務の実質的な大幅減少と、復興債の発行停止などによる緊縮財政である。このような総需要抑制政策は、米国の銀行かジョセフ・ドッジのよる提案であったため、ドッジ・ラインと呼ばれる。また、1948年には1ドル＝360円の固定為替レートが定められた。これは1971年のニクソン・ショックまで続くことになる。

けれども、日本経済は必ずしも自立的に復興を遂げたわけではない。ドッジ・ラインの採用後に安定恐慌と呼ばれた景気後退も生じた。日本経済が復興し、その後に高度成長となるきっかけとなったのは1950年から53年の朝鮮戦争にともなう朝鮮特需である。米軍は戦争物資特別調達として日本から軍需品

を購入し、その代金をドルで支払った。日本は輸入に必要な外貨を獲得できたのである。1950年には原油輸入も再開され、その輸入量はすぐに戦前水準にまで回復した。

2　高度成長期

1950年代半ばから1970年代初めの時期を高度成長期と呼ぶ。第1節で実質GDPの長期トレンドをみたが、そこから分かるように、この時期に実質GDP成長率は10％を超える年が多かった。1970年代にやや減速して、第1次石油ショックにより1974年はマイナス成長となった。その後は高くても5％台の成長率となり高度成長期は終焉した。

高成長が実現した要因は投資や消費の拡大、生産技術の向上、経済政策による支援などいくつもある。当初の高成長率は復興のための投資が主な要因であった。やがて、耐久財を中心とした最終消費財への需要の高まりも主要な成長要因となった。

復興による高成長は経済成長理論におけるソロー・モデル（新古典派成長理論）で説明できる。ソロー・モデルでは、投資と資本の減耗分が等しいところで定常状態となり、資本はそれ以上には増加しない。その状態で経済成長は止まる。定常状態となるのは、資本の限界生産力が逓減するためであるが、これは、高い成長をもたらすような収益率の高い投資機会が徐々に無くなっていくことを意味している。

戦後、破壊された資本のうち半分程度が生産財であった。生産資本が極端に少ない場合は、投資による収益率（限界生産力）は高い。しかし、10～15年ほど経過した頃にはそのような投資機会は減少したと考えられる。たとえば1956年の経済白書には「もはや戦後ではない」と記述されている。その意味は、もともとは戦後復興が終わり、経済成長の継続のためには技術革新や設備の近代化などが必要であるというものであった。

図4-4はいくつかの鉱工業生産について、1937年を100とする指数を作成して、その推移を示したものである。敗戦後目立って増加したのは建設財である。日本は本土空襲により住宅、工場などに被害を受けたため、その復旧が必要であった。1950年に1937年水準へ回復している。その次に回復したのが資本財であった。耐久消費財や非耐久消費財という消費は少し遅れて、それぞれ1952年、53年に1937年水準に達している。

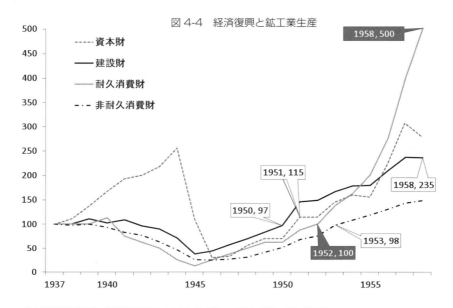

図 4-4　経済復興と鉱工業生産

注：鉱工業生産指数（付加価値額ウエイト）を 1937 = 100 と計算し直して作成。
出所：経済産業省「鉱工業指数」より作成。

　ところが、1950 年代半ば頃に冷蔵庫や洗濯機のような耐久消費財が急速に増加し、建設財を上回る動きとなった。1950 年代半ばに復興のための投資から耐久財を中心とした最終消費財へと経済の牽引役が交代したといえよう。たとえば、東京オリンピックが開催された 1964 年の実質 GDP 成長率は 11.2％であったが、そのうち民間消費の寄与度は 6.8％で、民間企業設備寄与度は 1.9％であった。消費の寄与度が大きくなったことが分かる。

　経済規模拡大の主な要因は、工業化と都市への人口移動である。農村の若者が男女問わず都市部へ流入し、金の卵とも呼ばれる貴重な労働力として、日本の工業化を支えた。1962 年の東京圏への転入超過数は男性が約 20 万人、女性は約 18 万人であった。近年、中国でも同様の現象がみられたため想像しやすいだろう。

　1955 年に第 1 次産業に従事する就業者数は全体の 37.6％であったが、1975 年には 12.7％にまで低下した。第 1 次産業から、第 2 次、第 3 次産業へのシフトにより高度成長期の日本経済は発展した。他国の経済発展でも、第 1 次産業から第 2 次あるいは第 3 次産業へ経済の比重が移っていく傾向は広くみられる。このような現象をペティ＝クラークの法則と呼ぶ。

図 4-5　景気循環と国際収支の天井

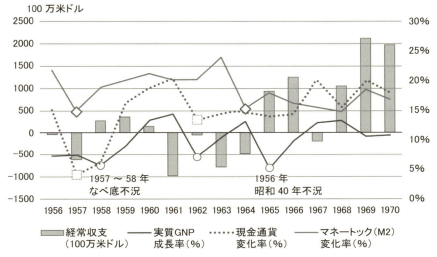

出所：総務省統計局『日本長期統計総覧』より作成。

　農村から移動してきた若者達は、農村に居続けた場合よりも高い所得を得ることができた。また、彼・彼女らが都市部で結婚し家庭を持つことで、家庭で必要な洗濯機や冷蔵庫といった耐久消費財への需要が増加した。テレビ、洗濯機、冷蔵庫は三種の神器と呼ばれ、人々の購買意欲が高まるとともに生産技術の向上が促されて価格も低下した。1960年代にこれらの耐久消費財は急速に普及した。

　高度成長期は前期と後期で性質が異なる。1960年代半ば頃までは、高度成長といえども好景気と不景気の波が数年で訪れる景気循環が強く生じていた。その理解のカギとなるのが国際収支の天井と呼ばれるものである。当時日本は1ドル=360円の固定為替相場制のもとにあった。また、貿易収支が赤字となった場合に、米ドルの外貨準備が十分ではなかった。国内需要が拡大して輸入も増加すると、貿易収支および経常収支が赤字化する。それに対して、政府・日銀はその解消のため金融政策により金融を引き締めて景気を抑制する必要があった。このような経常収支の赤字へ対応しなければいけないこと、すなわち外貨準備の不足が経済成長の制約となっていたのである。

　1954年11月から57年6月までの好景気は初代天皇とされる神武天皇の時

以来の好景気ということで、神武景気と呼ばれる。しかしながら、その後になべ底不況と呼ばれる景気後退となった。たとえば図4-5をみると、1956年に経常収支が赤字化し、マネーストックが減少している。[18] なべ底不況により経常収支が黒字に転じると、1961年12月まで岩戸景気と呼ばれる景気拡張期となった。いったん景気は悪化するが、1964年の東京オリンピック頃まで再び好景気となった。

ところが、1965年の昭和40年不況後に景気が好転後すると、その後は国際収支の天井がみられなくなる。日本経済は高度成長期に拡大し続けたことで、構造的に外貨不足の状況から脱却したのである。また、この頃、列島改造と呼ばれる公共投資の拡大も行われた。必ずしも輸入の増加を伴わない国内需要の拡大が発生したことも、構造変化の要因である。

III　石油ショックからバブル経済

1　石油ショック

1970年代に入ると第1次産業から製造業などの第2次産業への転換は終わり、都市部への人口移動（超過転入）の規模も小さくなった。ちょうどその頃に生じたのが第1次石油ショック（1973年）で、原油価格はおよそ3倍に上昇した。そのため、日本は狂乱物価と呼ばれるような、20％を超える高インフレとなった。

この時のインフレは、石油ショックにともなう輸入価格の上昇のみから生じたのではない。1972〜73年に政府の日本列島改造という政策方針の下、公共投資が増大していた。1971年のニクソン・ショックにより、為替は変動相場制へと移行して円高が進んでいた。円高対策としての外貨購入が金融緩和をもたらしてもいた。これらの要因のため、1973年頃に国内景気は過剰気味で、インフレが生じやすい状況にあった。

狂乱物価を教訓として、1979年の第2次石油ショックでは政府・日銀は予防的金融引き締めを行い、インフレを抑えた。1980年のインフレ率は8％弱程度であったが、5％を超えるのが普通であった当時としてはそれほど高くはない。また、企業は減量経営や賃金上昇の抑制を行ったため、コストの上昇を抑えられた。失業率も大きく上昇せずにすんだ。そうして、日本は世界的にもい

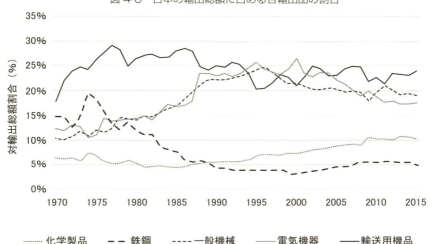

図 4-6 日本の輸出総額に占める各輸出品の割合

出所：財務省 [各年版] および総務省統計局 [2006] より作成。

ち早く石油ショックの影響から脱することができたのである。

　一方で、欧米、とくに米国ではスタグフレーションと呼ばれる高インフレ、高失業率の状態に陥った。これは物価スライド制により、インフレ率の上昇とともに名目賃金が上昇したためである。企業はより高いコストに直面し、その解消のためには雇用者数を減らさざるを得ない悪循環に陥ったのである。

　国際経済の環境変化によって生じた日本の相対的な低コストと、石油ショックに対応する技術の優位性が、その後の日本経済を特徴付ける変化をもたらすこととなった。日本経済の発展において、高度成長期が注目されることが多いが、実は1980年代の日本経済の構造変化も重要である。

　図4-6は、日本の主な輸出品の構成比の推移を示している。ここから分かるように、現在、一般機械、電気機器、輸送用機器（自動車など）が日本を代表する工業品である。ただし、最近では化学製品の構成比率が上昇傾向にあり、一方で電気機器は低下傾向にある。

　このような日本経済の産業構造は、おおむね1980年代以降に形作られたものであった。それ以前に経済を牽引してきたのは鉄鋼などの重化学工業であり、さらに戦前も含めそれ以前では絹や繊維製品など軽工業が盛んであった。ところが、1970年代の2度にわたる石油ショックによって、生産においてエネルギーをより多く必要とする鉄鋼などの素材系産業は縮小を余儀なくされた。一

方で、テレビなど電機製品は、鉄鋼やアルミといった重化学工業と比べると生産におけるエネルギー消費量は小さく、原油高でも国際競争力を維持できた。

たとえばソニーのウォークマン（小型音楽カセットプレーヤー）は1979年に1号機が発売されている。自動車は1970年代にも輸出の増加傾向が顕著ではあるが、1980年代に入りさらに輸出が増加した。原油価格の高騰に対して有利な小型車の生産を日本企業は得意としていたためである。さらに、米国ではスタグフレーションに対して、当時の大統領ドナルド・レーガンがレーガノミクスと呼ばれる減税などの内需拡大策を採用していたため、耐久財への需要が高まっていた。

これらの経済条件により、日本製自動車の対米輸出が増加したのである。自動車のうち乗用車の輸出（対世界）は1970年に約79万台であったが、1980年には約435万台、1985年には約518万台へ増加した。

1980年代にそれらの製品の輸出増加を可能としたのは、技術力のみならず、日本的経営と呼ばれる効率的な経済システムにあるとも考えられることが多い。日本的経営とは、終身雇用や年功序列賃金に代表される雇用慣行や、銀行を中心とする企業系列（メインバンク制）による中長期的に安定的な経営などのことである。加工組立型産業においては、高い生産技術とともに低コストや効率性が必要である。賃金コストの抑制には日本的な雇用慣行に効果があった。たとえば、日本の会社にも労働組合があるが、労使一体で経営を行なうという意識が強く、労働者は賃金抑制を受け入れる。

ところで、当時の日本企業は低コストの他に技術的な優位性も持ち、生産・輸出を増やすことができたが、近年はコモディティー（汎用品）化により技術的優位性を保つことができなくなっている。とくに、電機製品などではコモディティ化が進んでいるので技術水準の高さではなく、賃金などの労働コストが低い国が優位になる。たとえば、中国では数万人から数十万人規模の工場が点在しているが、それだけの規模の工場を日本では、安い賃金（たとえば時給数百円という水準）の労働者により稼働することはできないであろう。そのため、日本の製造業は海外へ生産拠点を移動するか、その事業から撤退するかという選択に迫られている。

また、年功賃金は見直しが進められてきており、職能給や成果主義が取り入れられてきている。終身雇用や年功賃金は安定的な雇用形態であるものの、年齢で賃金を決めるため、中途採用が行われにくかったり、優秀な外国人を雇用しにくかったりする。女性や高齢者の就業拡大なども含め、現在、日本の労働

市場は変化しつつある。

2　円高とバブル経済

1980年代に入ると米国は双子の赤字という財政赤字と経常収支赤字に直面した。財政赤字はレーガン政権による減税政策などのレーガノミクスと呼ばれる一連の経済政策によるものだが、貿易赤字の拡大では日本から米国への輸出の急増が影響していた。1971年のニクソン・ショックによって、為替レートは変動相場制へ移行していたものの、当時の円は、購買力平価でみると対ドルで依然として割安で、日本の輸出産業は輸出しやすい環境にあった。そのため、日米経常収支不均衡と貿易摩擦が生じたのである。

米国は日本のみならず、当時の西ドイツなどとも同様の問題を抱えていた。そこで、1985年9月にニューヨークのプラザホテルにおいて、先進5ヵ国（G5：米国、英国、ドイツ、フランス、日本）の間でドル高是正政策を採用することが合意された。これをプラザ合意という。このドル高是正は予想を超える急激なドル安をもたらした。1987年にカナダとイタリアを加えたG7においてルーブル合意がなされたものの、為替市場はすぐには安定しなかった。

図4-7では1970年以降の名目円ドル為替レートと実質実効為替レート指数を示した。ここで、実質為替レートとは日米の価格差を調整したものである。たとえば、日本でデフレなのに対して米国でインフレである状態が続けば、日本の物価は米国に対して相対的に安くなる。このとき、名目為替レートが一定であれば、日本円の実際の価値は低くなっているので実質為替レートは低下する。また、実効為替レートとは、米ドルのみならずさまざまな国の通貨に対する（貿易量でウェイト付けを行った）加重平均をとったものである。

図をみるとプラザ合意のあった1985年を境に、名目為替レートは約240円から3年後の128円へと円高へ動いた。実質の指数でみても86から約121へと上昇した。なお、実質実効レート指数は1985年で86であるが、2013年では79.9とそれよりも小さい。2013年の平均名目為替レートは102.4円／ドルと当時よりも円高だが、実質的にはプラザ合意以前の水準となったのである。これは、2000年代以降を中心に日本でデフレが継続したためと、2012年末からのアベノミクスと呼ばれる安倍首相による一連の経済政策が影響していると考えられる（ギリシャ政府の破綻を発端するEU債務危機や米国の量的金融緩和の終了も要因である）。

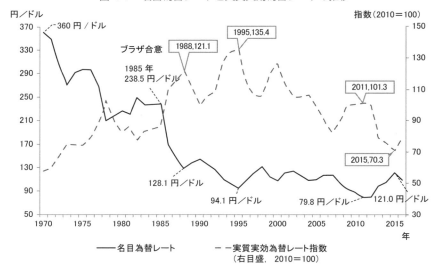

図 4-7 名目為替レートと実質実効為替レートの推移

注：名目為替レートには東京市場ドル・円スポット 17 時時点／月中平均を用いた。出所：日本銀行統計より作成。

　日本の中央銀行である日本銀行は、当時の政策金利である公定歩合を 5％から 1986 年には 3％、1987 年には 2.5％にまで引き下げた。金利を引き下げることが円高対策となるのは、日米の金利差が拡大して、資金が日本から米国への動き、円売りとドル買いを誘発するからである。公定歩合は、1980 年には 7.25％であったったから、2.5％というのは 1980 年代に大幅な金利低下が発生していたことを意味する。

　金利低下は為替ばかりではなく、経済に広く影響する。たとえば、金利低下により企業は資金を借りやすくなるため、投資が活発化し、景気は過熱する。本来は、景気動向に応じたファイン・チューニング（微調整）が金融政策に求められるが、1987 年 9 月に生じたニューヨーク株式市場での株価暴落（ブラック・マンデー）に対する国際協調政策の側面もあって日本単独での利上げは難しかった。

　その状況下で、株価や地価の上昇、日本経済のストック化（資本蓄積）、経常収支黒字化による余剰資金の発生などの要因も重なり、バブル経済が発生した。東京証券取引所のすべての株価の時価総額は 1985 年には約 190 兆円であったが、1989 年にはおよそ 3 倍の 611 兆円へと膨れあがった。

図 4-8 株価と地価の上昇と下落

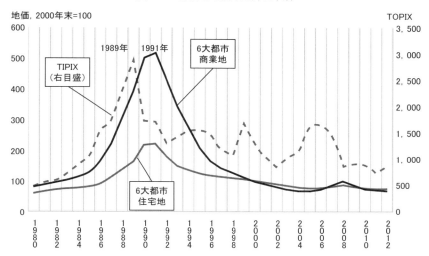

注：地価は各年3月末の値で、TOPIX は年末の値であるため、9ヵ月のずれがある。6大都市とは、東京区部、横浜、名古屋、京都、大阪、神戸のことを指す。
出所：日本不動産研究所「市街地価格指数」、株式会社東京証券取引所「東証株価指数（TOPIX）」より作成。

　日本の株価全体を表す指標はいくつかあるが、ニュース等で報道されることが多いのは日経平均株価である。東京証券取引所のうち第1部と第2部の上場企業数合計は 2017 年 10 月末時点で 2,560（うち第2部は 526）である。第1部上場のうち選ばれた 225 銘柄の株価の（調整された）平均値が日経平均株価である。東証1部上場の全銘柄の動きをみることができるのが TOPIX (Tokyo Stock Price Index) で、1968 年 1 月 4 日時点を 100 と基準化して作成される。

　図 4-8 は株価の指標の1つである TOPIX と6大都市における商業地と市街地の地価、および、公定歩合の推移を示している。この図から分かるように株価とともに地価も上昇した。株価が注目されることが多いが、その後の長期低迷を理解する上でカギとなるのは地価である。

　当時日本では、国土が狭いこともあり土地神話と呼ばれるような、地価は下落しないという感覚が人々にあった。不動産では土地転がしと呼ばれるような土地の転売が盛んに行われた。銀行は土地を担保として資金を貸出したが、その地価はファンダメンタル・バリュー（基礎的価値）を大きく超えていたため過大評価であった。そのため、後に地価が下落して担保価値が毀損されたのである。銀行は資金を担保でも回収できず、不良債権を多く抱えることとなった。

これを不良債権問題という。

不良債権を抱えた金融機関の貸し出しには、貸し渋りと呼ばれた減少がみられ、1990年代以降の失われた15年と呼ばれる長期不況の主たる要因となった。なお、2008年の世界金融危機後に欧米で同様の状況が発生したが、その説明ではクレジット・クランチ（Credit Crunch、信用収縮）という語句が用いられた。

Ⅳ　長期不況と構造問題

1990年代に入り、バブル経済が崩壊し株価と地価が下落した。その後、日本経済は長期に渡り低迷することとなった。

1990年代の日本経済の特徴は、①地価の下落により生じたおよそ100兆円規模の不良債権問題、②不良債権問題による貸し渋りや投資需要不足による民間投資の伸び悩み、③生産性の低下、④デフレの発生とゼロ金利政策や量的緩和策の採用、⑤グローバル化と国内製造業の縮小と海外移転（空洞化）、⑥経

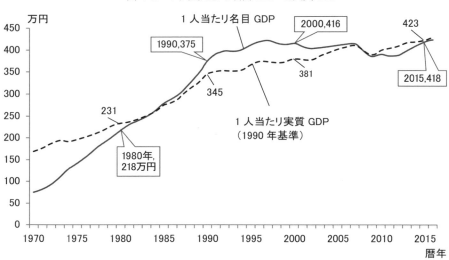

図4-9　1人当たりの名目GDPと実質GDP

注：実質GDPは1990年を基準として、毎年の実質変化率より計算した。1人当たり値は日本の総人口で除することで求めた。
出所：内閣府[2017]長期統計より作成。

済対策や税収不足による政府債務累積、⑦少子高齢化と社会保障費の増大などがあげられる。このように、1990年代以降の日本経済では長期低迷という1つの現象だけではなく、様々な国内外の経済情勢の変化が生じてきた。

図4-9では1人当たりの名目GDPと実質GDPを示した。この図は日本経済の長期低迷とその特徴をよく捉えている。まず、1990年代に入ると1人当たり名目GDPの伸びがみられなくなったばかりでなく、2000年代以降は低下してきている。1人当たりの値は総人口で除して求めているため、少子高齢化に伴い高齢者が増加し、生産年齢人口（15歳から64歳まで）が減少していることが影響している。一方で、1人当たり実質GDPは以前より緩やかなものの伸びが継続している。名目と実質のこのような違いはデフレによるもので、1人当たりの生産あるいは支出の量は増加してきたものの、物価が低下したのである。

また、低金利にも拘わらず民間投資が低迷した。その原因としては、国内需要の低下があげられるが、そのほかにもグローバル化の影響もある。1990年代以降の構造変化として第2次産業の縮小がある。海外で生産された低価格品との価格競争が厳しくなったことや、日本企業の生産拠点が国内から海外へ移る空洞化が生じたためである。

製造業の就業者数は1992年にピークの約1,570万人（総務省「労働力調査（第12回改定分類）」による）となった後に低下し、2013年には約1,040万人となり、2016年でも1,045万人である。建設業も1997年の約690万人をピークに減少が続き、2013年には500万人となり、その後横ばいで2016年は495万人である。現在の日本は医療・福祉を中心としたサービス業で就業者が増加しているものの、サービス業の賃金は製造業と比べて低い場合が多く、平均でみると賃金が伸び悩んでいる。そのため、サービス産業を中心に高付加価値化が課題となっている。

日本経済の構造変化でカギとなるのが労働市場である。日本の特徴である終身雇用や年功賃金では、低成長と少子高齢化、グローバル化に対応できない。そのため、派遣労働者に関する規制緩和や裁量労働制の導入など、さまざまな労働者保護の見直しの議論が行われてきている。一方で、ワーキングプアや格差問題も問題視されるようになっている。[20]

図4-10は労働分配率と完全失業率の推移をみたものである。労働分配率とは雇用者報酬の国民所得に占める割合で、どれだけの所得が雇用者に分配されているかの指標である。ただし、たとえば景気が回復してGDPが大きくなる

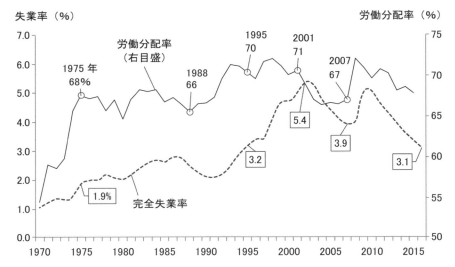

図4-10 労働分配率と完全失業率

注:労働分配率は「雇用者報酬／名目国民所得」により求めた。
出所:内閣府[2017]長期統計より作成。

と、雇用者報酬が一定でも労働分配率は低下するため、経済状況も考慮しながら解釈する必要がある。

　労働分配率は1988年から95年にかけて、景気後退によって国民所得が低迷したために上昇し、その後2001年頃まで高止まりとなった。そして、完全失業率は2002年の5.4％まで上昇し続けた。その間にも1995年から96年頃及び2000年頃に景気回復の局面があった。けれども、そのときに失業率がほとんど改善しなかったのは高い労働分配率のため、企業が雇用を増加させる余地が限られていたためである。

　英国の経済学者ケインズは、景気後退期において名目賃金の下方硬直性により、労働市場での調整が行われず失業率が上昇するメカニズムを説明した。日本はまさに、労働者保護により労働分配率が高止まりして失業が拡大し続けたのである。

　2002年頃から労働分配率が低下して、失業率も下落した。この時期、企業のリストラ[21]が進んだほかにも、海外において後に世界金融危機につながる景気過熱があり輸出産業を中心に企業業績が回復していた。それとともに製造業では派遣などの非正規雇用拡大により、企業の賃金コストが抑えられていた。

なお、リーマンショック後、非正規雇用の減少により、すぐに失業率が上昇した。逆にそこからの回復・調整も比較的早かった。非正規雇用の割合が高まったことで、日本の労働市場の流動性も高まっていると考えられる。

最近の日本の経済政策でキーワードとなっているのが規制緩和を中心とした成長戦略である。上述のアベノミクスは「3本の矢」と呼ばれる金融政策、財政政策、成長戦略からなるものであり、成長戦略は第3の矢として議論された。グローバル化の中で現在の経済水準を維持するには市場の自由化は必須だが、一方で、これまでの安定的な体制を望む声も少なくない。しかしながら、日本には戦前に自由経済を放棄して破滅的な状況に陥った苦い経験があることも忘れてはならないだろう。

おわりに

本章では第2次世界大戦前からの日本経済の動きを構造面から捉えることで、なぜ、戦後日本経済が高水準に到達できたのか、そして現在、どのような構造問題を抱えているのかを考察してきた。日本経済発展のカギとなってきたのが海外経済との関係である。第1次世界大戦を契機に重化学工業が発展したものの、1930年代後半以降、経済は戦時統制により軍需中心の構造となった。戦後、1950年代頃からの高度成長期に、日本経済は重化学工業を中心に発展を続けたが、一方で、外貨不足のため、景気拡大による輸入増への対応（国際収支の天井）が景気循環を生じさせていた。

日本経済の構造を大きく変化させたのは、石油ショックにおける原油価格の上昇と1985年プラザ合意による円高である。その頃、低賃金や省エネ技術を生かして、自動車や電化製品の輸出が増えた。円高への対応として行われた金融緩和によりバブル経済が発生し、一時的な好景気ともなった。

1990年代に入ると、日本経済はバブル経済の崩壊に伴う地価の下落により、およそ100兆円規模の不良債権が生じた。この不良債権問題によって貸し渋りや民間投資の伸び悩みがみられ、日本経済は長期不況に陥った。さらに2000年代に入った頃からは、中国の製造業が発展するなどのグローバル化経済が、国内製造業の縮小と空洞化を促した。その他にも、日本経済は生産性の低下、デフレの発生、政府債務の増大、少子高齢など様々な構造問題を抱えている。

【注】
(1) その後の 2015 年では、円安となったために約 3 万 5 千ドルで 20 位となった。
(2) 本章で用いた資料は拙著『入門日本経済論』(2014、新世社)と共通のものが多い。引き続き日本経済を学びたい場合には、本章と一貫性があるので同書が便利である。なお、同じ統計を用いた場合でも、本章では長期動向がよりわかるように図を再作成している。
(3) ここで参照の数値は購買力平価に基づくもので、各国の物価差を調整したものである。たとえば、2012 年において、韓国の 1 人当たり名目国内総生産は日本のおよそ半分の 2 万 3 千ドルの水準である。しかしながら、国内外の価格差をふまえると、その所得水準でほぼ同水準の購買(量)が可能であることになる。
(4) 大川、高松、山本 [1974], p.240 表に基づく。
(5) デフレーションの略。物価が下落することをいう。逆に物価が上昇することをインフレ(インフレーション)という。
(6) 日中戦争は、当時、支那(シナ)事変と呼ばれていた。支那とは英語の China にあたるもので、秦(しん)が元になったとされる。差別語とされる場合もあるが、必ずしもそうではない。あえて中国を支那と呼ぶ者がいるのは、中華人民共和国(中国)の国名に中華思想が反映されていると考えるからである。なお、広島市や岡山市を含む日本の中国地方は中華人民共和国とは関係なく、昔からこの地域のことを指す地名である。同じく「ちゅうごく」と発音する。また、日本にある中国銀行は岡山市を拠点とする地方銀行である。
(7) 野口 [2010] は日本型企業がこの時期に成立したことを指摘している。すなわち、企業が株主を中心とした経営から従業員中心の共同体へと変貌したのである。野口 [2010] はこの時期に作られた日本経済の構造を「1940 年体制」とし、戦後日本経済の原型がそこにあるとしている。
(8) 経済安定本部総裁官房調査課 [1948] による。
(9) 経済産業省が毎年発行している『通商白書』は内閣府の『経済財政白書』と並び、日本経済の現状を知るのに有用な出版物である。とくに貿易や世界経済の状況を分析している。
(10) 国家主導型の開発戦略は開発独裁や開発主義と呼ばれることもある。ただし、日本では独裁体制であったわけではない。
(11) ただし、2017 年 1 月に、米国のトランプ大統領が TPP 協定から離脱するための大統領令に署名した。その後は 11 ヵ国での協定発効を目指すこととなった(日本以外の国は、オーストラリア、ブルネイ、カナダ、チリ、マレーシア、メキシコ、ニュージーランド、ペルー、シンガポール、ベトナム)。
(12) 子どもの貧困率は、世帯人数で調整後の可処分所得の中央値の半分の額を貧困線として、その貧困線に満たない子ども (17 歳未満) の割合。厚生労働省『平成 28 年国民生活基礎調査の概況』によると、子どもの貧困率は 2000 年の 14.4% から、2012 年には 16.3% へと高まるとともに、同年では子どもに限らない相対的貧困率を上回った。ただし、2015 年には 13.9% であり低下がみられた。
(13) GDP における寄与度とは成長率に対する各項目がどれくらい寄与したのかをみるもので、各項目の成長率とそれぞれの構成比率を掛け合わせて求められる。各項目の寄与度を合計するとちょうど成長率に等しくなる。
(14) 転入超過数とは、転入者数から転出者数を差し引いた値である。ここでの統計は総務省統計局『住民基本台帳人口移動報告』に基づいている。
(15) 総務省統計局『労働力調査年報』による。
(16) ここでは通称に従い、国際収支というが、現在の統計上は経常収支にあたるものである。国際収支表には経常収支と金融収支があり、経常収支は貿易収支、サービス収支、第 1 次所得収支、第 2 次所得収支からなる。
(17) 神武天皇は神話の時代の天皇であり、実存は確かではない。2017 年時点の今上天皇(きんじょうてんのう)は 125 代である。
(18) マネーストックとは、主に現金通貨と預金(普通預金や定期預金)からなるものである。郵政民営化後は、郵便貯金を含む M3 が主な統計指標だが、当時はそれを含まない M2+CD という指標が

参照されることが多かった。
(19) 公定歩合とは、日本銀行が民間金融機関に資金を貸し付けるときの金利である。現在は基準割引率および基準貸付利率となり、公定歩合という名称は使用されていない。また、政策金利もコール・レートに変更になっている。
(20) ワーキングプアとは低賃金で雇用が安定的でない状況に置かれている労働者のことをいう。とくに若者は、バブル経済崩壊後、新卒就職が就職氷河期と呼ばれるような厳しさに直面した。非正規職員は、その後も正規職員になりにくい。そのような状況が長く続いたため、社会問題化した。
(21) リストラクチャリング（再構築）の略語だが、日本では企業経営の再構築というよりは、中高年齢者の整理解雇の意味合いが強い。

[演習]

1. 1910〜30年代頃の日本でも産業構造の転換がみられた。その特徴や要因を議論せよ。
2. 1945年の戦後直後からのインフレについて、その要因を考えよ。
3. 戦後の経済改革で日本の経済構造は大きく変化した。それが現代までどのような影響を与えているのか議論せよ。
4. 1971年まで日本の円ドル為替レートは360円に固定された。このことについて、その後の日本経済に与えた影響を議論せよ。
5. 1950年代半ばからの高度成長期では、若者の人口移動が見られた。これを最近の中国の状況と比較しながら、議論せよ。
6. なぜ日本は高度成長を実現できたのかを議論せよ。
7. 石油ショックにより、原油のほとんどを輸入する日本はコスト高に直面したが、一方でその後に輸出が増加する。それはなぜか考えよ。
8. 1985年のプラザ合意により、円高となる。その影響をバブル経済と金融政策から論ぜよ。
9. 日本的な企業経営と日本経済の発展にはどのような関係があるのか、あなたなりに考えてみよ。
10. 1990年代以降の長期不況期に、日本は少子高齢化にも直面している。その影響を議論せよ。

【参考文献】

〔1〕浅子和美、飯塚信夫、篠原総一編 [2015]．『入門・日本経済 [第5版]』有斐閣．
〔2〕梅村又次、赤坂敬子、南亮進、高松信清、新居玄武、伊藤繁 [1988]．『長期経済統計1―推計と分析　国民所得』東洋経済新報社．
〔3〕大川一司、高松信清、山本有造 [1974]．『長期経済統計1―推計と分析　国民所得』東洋

経済新報社。
〔4〕経済安定本部総裁官房調査課編 [1948].『我国経済の戦争被害』。
〔5〕財務省 [各年版].『国債統計年報』。
〔6〕財務省 [各年版].『貿易統計』。
〔7〕総務省統計局 [2006].『日本長期統計総覧』日本統計協会。
〔8〕内閣府 [2017].『平成 29 年版経済財政白書』。
〔9〕釣雅雄 [2014].『入門日本経済論』、新世社。
〔10〕吉野直行、マイケル・ラクトリン、中馬宏之、麻生良文、中東雅樹、中田真佐男 [2009].
　　　『英語で学ぶ日本経済 The Postwar Japanese Economy』有斐閣。
〔11〕Flath, David [2014]. *The Japanese Economy 3rd* edition, Oxford University Press.
〔12〕Ito, Takatoshi [1992]. *The Japanese Economy*, MIT Press.
〔13〕Maddison, Angus [2008]. *Statisticson World Population, GDP and Per Capita GDP.*

第5章　日本経済が直面する様々な課題について

下井直毅（多摩大学大学院経営情報学研究科教授）

はじめに

　現在、日本経済は多くの課題に直面している。ここでは、そのうち4つのテーマを取り上げて、これまでの推移や議論の方向性を概観する。ここでいう4つのテーマとは、人口減少と今後の経済成長、貿易の自由化の動き、為替レートの動き、社会保障と財政再建への道である。

　日本は少子高齢化が進んでおり、総人口に占める65歳以上人口の割合である高齢化率は、急激な上昇傾向にある。こうした人口構成の変化は、経済の停滞をもたらすとされるが、今後の経済成長として、どのようなことに留意すればいいのかを探る。

　また、2017年にアメリカではドナルド・トランプ大統領が就任したが、2017年1月には、環太平洋経済連携協定（TPP）から「永久に離脱する」とした大統領令に署名したり、カナダとメキシコとの間で再交渉を進める北米自由貿易協定（NAFTA）についても、同年8月には破棄も辞さない姿勢を示したりするなど、貿易の自由化に対しては後ろ向きである。こうした日本を取り巻く貿易自由化の流れを追う。

　また、為替レートの動きについては、2012年12月に第2次安倍晋三内閣が発足し、日本銀行の総裁として黒田東彦氏が就任して以来、大幅な金融緩和の下で、急激な円安ドル高が進行している。急激な為替レートの変化は企業や人々に大きな影響を及ぼすが、その際の留意すべき点について考察する。

　さらに、増加する一方である日本の社会保障給付費と財政再建のあり方について探っていく。

I 人口減少と今後の経済成長

　日本の総人口は、1億2,709万人である（2015年10月の国勢調査）。この統計は、5年に1度実施される国勢調査によるものであるが、1920年の調査開始以来、初めて減少に転じた。また、65歳以上の人口は3,346万人で、全体の26.6％にものぼり、高齢化率はさらに上昇し、超高齢社会となっている。日本の将来推計人口によれば、総人口は今後長期の減少過程に入るとされている。それによれば、2026年に人口1億2,000万人を下回った後も減少を続け、2048年には1億人を割って9,913万人となり、2060年には8,674万人になると推計されている(2)（図5-1）。

　少子高齢化が進行している中で、日本の総人口が減少すれば、経済規模は小さくなる。人口構成の変化が経済の停滞をもたらす状態を「人口オーナス」という(3)。これは日本だけが抱えている問題ではなく、中国や韓国でも同様の傾向

図5-1　日本の将来推計人口の推移

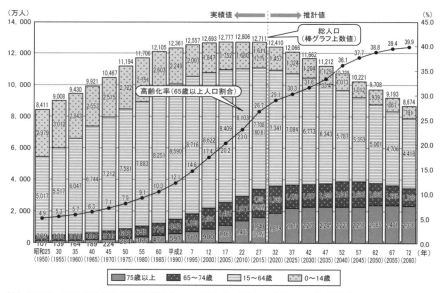

（注）1950年〜2010年の総数は年齢不詳を含む。高齢化率の算出には分母から年齢不詳を除く。
（資料）2010年までは総務省「国勢調査」、2015年は総務省「人口推計（平成27年国勢調査人口速報集計による人口を基準とした平成27年10月1日現在確定値）」、2020年以降は国立社会保障・人口問題研究所「日本の将来推計人口（平成24年1月推計）」の出生中位・死亡中位仮定による推計結果。
（出所）内閣府『高齢社会白書』（平成28年版）

にある。一般的に、働き手が減少すれば、生産が低下する。また、働き手の減少は、家計の収入を低下させることで、消費が減少する。それぞれ供給と需要を低下させることで、市場が縮小してしまうというわけである。しかし、ここで重要なのは、一国の経済規模を表す指標であるGDP（国内総生産）が小さくなっても、それを総人口で割った「1人当たりGDP」の伸び率がプラスであれば問題ないということである。GDPは、1人当たりGDPに総人口を掛け合わせた数字でもあるが、総人口が増加すれば、GDPは大きくなる。それに対して、一般に豊かさを表す指標とされている1人当たりGDPは、総人口の大きさとはあまり関係がないといえる。このことを表5-1で確認してみよう。この表は、人口の多い国（トップ10）のGDPや1人当たりGDPの大きさを見たものである。人口が多い国は、10ヵ国中6ヵ国でGDP規模も大きいが、1人当たりに換算すると、順位が大きく後退しており、人口の大きさと1人当たりGDPの大きさとは、あまり関係がないことが分かる。

それでは、1人当たりGDPが大きい国はどこだろうか。表5-2は、OECDに加盟している34ヵ国の1人当たりGDPの順位を見たものである。ノルウェーやオーストラリアは、それぞれ原油や鉄鉱石等を産出していて、資源大国でもある。また、ルクセンブルクは、鉄鉱石等の資源にも恵まれているということもあるが、金融産業も発達している。人口が少ないにも拘わらず、付加価値の高い財・サービスを産出しているため、1人当たりGDPが高くなっているのである。今後、日本経済においても、高付加価値の製品を作り続けることで、1人当たりGDPを高めることは十分に可能である。

表5-1　人口順位（トップ10、2016年）

人口順位	総人口（万人）	名目GDP規模（10億ドル）		1人当たり名目GDP（ドル）	
1位　中国	138,271	11,232	（2位）	8,123	（75位）
2位　インド	129,980	2,264	（7位）	1,742	（146位）
3位　米国	32,330	18,624	（1位）	57,608	（8位）
4位　インドネシア	25,871	932	（16位）	3,604	（117位）
5位　ブラジル	20,610	1,799	（9位）	8,727	（72位）
6位　パキスタン	19,356	279	（42位）	1,441	（152位）
7位　ナイジェリア	18,364	405	（27位）	2,208	（137位）
8位　バングラデシュ	16,151	228	（46位）	1,414	（153位）
9位　ロシア	14,344	1,283	（12位）	8,946	（71位）
10位　日本	12,696	4,937	（3位）	38,883	（22位）

（注）2016年の推計値。カッコ内は順位。
（出所）International Monetary Fund, *World Economic Outlook Database*, October 2017.

表 5-2　1人当たり GDP ランキング（2016年、ドル）

順位	国・地域名	1人当たり GDP	順位	国・地域名	1人当たり GDP
1	ルクセンブルク	104,095	19	ドイツ	42,177
2	スイス	80,346	20	ベルギー	41,248
3	ノルウェー	70,533	21	英国	40,050
4	マカオ	69,559	22	日本	38,883
5	アイルランド	64,782	23	ニュージーランド	38,278
6	アイスランド	59,629	24	フランス	38,178
7	カタール	59,514	25	イスラエル	37,192
8	米国	57,608	26	アラブ首長国連邦	35,384
9	デンマーク	53,745	27	プエルトリコ	30,790
10	シンガポール	52,961	28	イタリア	30,507
11	オーストラリア	51,737	29	韓国	27,535
12	スウェーデン	51,125	30	ブルネイ	26,935
13	サンマリノ	46,433	31	スペイン	26,565
14	オランダ	45,658	32	クウェート	26,245
15	オーストリア	44,233	33	マルタ	25,329
16	香港	43,561	34	バーレーン	24,146
17	フィンランド	43,482	35	バハマ	23,671
18	カナダ	42,225	36	キプロス	23,352

（注）2016年の推計値。
（出所）International Monetary Fund, *World Economic Outlook Database*, October 2017.

　また、GDPは一国の生産規模を表したものだが、一国の所得規模の大きさを表したものともいえる。人口減少は、国内市場を縮小させ、生み出される所得規模も小さなってしまうことから、悪くなるだけだと思いがちだが、必ずしもそうではないといえる。少子化になる一方で、ペットの数が増えたり、クルージングで旅をする人が増えたりして、新規需要が生まれる可能性があるのだ。また、より高い品質の教育サービスやより高級な品物が購入される等、経済的な「量」が減っても、「質」が高まる可能性があり、付加価値が高い財・サービスが産み出される可能性がある。さらに、こうした需要サイドだけでなく、働き方を変える等、制度変革等の供給サイドに着目し、生産性を高めて、生産量を増大させることもできる。1人当たりGDPが高いスウェーデンやデンマークなどの福祉大国では、重い税金にも拘わらず高い所得水準にあるのだ。また、経済成長率では、1％程度の日本が再び成長に転じるには、領土問題などで近隣諸国と対立するのではなく、中国・韓国や東南アジア諸国などの急成長が見込まれているアジア諸国との結びつきを強め、日本の成長にどう結びつ

けていくかという視点が大切なのではないだろうか。

Ⅱ　貿易の自由化の動き

1　自由貿易圏の拡大の動き

　近年、様々な地域で自由貿易協定（FTA、Free Trade Agreement）あるいは経済連携協定（EPA、Economic Partnership Agreement）が締結されている。こうした貿易協定は、地域貿易協定（RTA、Regional Trade Agreement）と呼ばれ、その経済圏は自由貿易圏といわれる。

　まず、FTA は、特定の国・地域の間で財・サービスにかかる関税や障壁などを削除・撤廃する協定である。また、EPA は、FTA を柱にして、関税の撤廃のみならず、人的交流の拡大や投資規制の撤廃など、貿易以外の広範な分野（人や知的財産の保護等）における連携をふくめた幅広い経済関係の強化をはかる協定である。環太平洋パートナーシップ協定（TPP）[5]は、EPA の 1 つである。日本を取り巻く環境をみても、広域的な EPA が注目されている。

　これまでの RTA の推移は、図 5-2 に示されている。RTA は 1990 年代に入って急激に増加している様子が分かる。本来、WTO（世界貿易機関）には、自

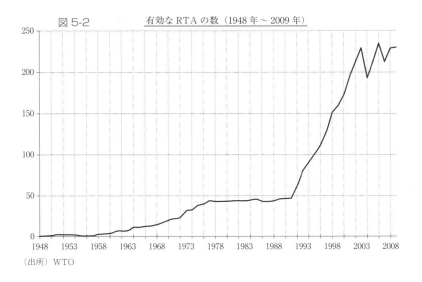

図 5-2　有効な RTA の数（1948 年～ 2009 年）

（出所）WTO

由化の原則と無差別原則とがある。自由化の原則とは、関税や数量制限を行なわず、自由貿易を推進するというもの。また、無差別原則は、特定の国を差別したり優遇したりせず、全ての国に対して同様に扱うことを求める「最恵国待遇の原則」と、外国製品に対しても国内製品と同様の待遇をしなければならない（輸入品にのみ不利な措置をとることを禁止する）という「内国民待遇の原則」とが存在する。しかし、一方でWTOは、自由化を一部先行させる形で、無差別原則の例外として、RTAを認めている。(6)

2　日本のFTA・EPAの動き

　日本のこれまでのFTA・EPAの取り組み状況は、表5-3に示されている。1990年代では、日本はそれほどこうした締結には熱心ではなく、WTOを中心とした多角的貿易交渉を重視してきた。しかし、多角的貿易交渉では、まとまるまでに時間がかかるため、2000年代に入ってからは、日本もFTA・EPAの締結に向けて積極的に歩みを進めている。2002年にシンガポールとEPAを締結して以降、その数を増やし、2016年6月現在、16ヵ国・地域と発効済、1ヵ国と署名済、6ヵ国・地域と交渉を行っている。

　特に、日本としてはアジア太平洋地域において、APEC参加国・地域の間で、

表5-3　日本のFTA・EPAの取り組み状況（2017年7月現在）

	発効済・署名済（16の国・地域）	
1	シンガポール	2002年11月発効
2	メキシコ	2005年4月発効
3	マレーシア	2006年7月発効
4	チリ	2007年9月発効
5	タイ	2007年11月発効
6	インドネシア	2008年7月発効
7	ブルネイ	2008年7月発効
8	ASEAN全体	2008年12月発効
9	フィリピン	2008年12月発効
10	スイス	2009年9月発効
11	ベトナム	2009年10月発効
12	インド	2011年8月発効
13	ペルー	2012年3月発効
14	オーストラリア	2015年1月発効
15	モンゴル	2016年6月発効
16	TPP（署名済み）	2016年2月署名

	大枠合意/実質合意/交渉中	
1	日EU・EPA（大枠合意）	
2	日ASEAN・EPAの投資サービス交渉（実質合意）	
3	コロンビア（交渉中）	
4	日中韓（交渉中）	
5	RCEP（交渉中）	
6	トルコ（交渉中）	

その他（交渉延期中または中断中）
GCC
韓国
カナダ

注）GCC（湾岸協力理事会）：アラブ首長国連邦、オマーン、カタール、クウェート、サウジアラビア、バーレーンの6ヵ国で構成されている。
（出所）外務省

第 5 章　日本経済が直面する様々な課題について

図 5-3　FTAAP への道筋

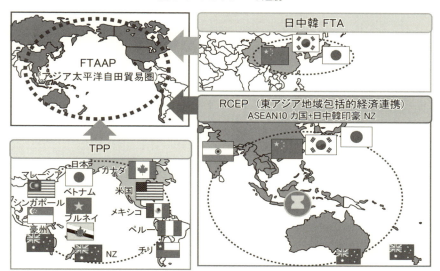

（出所）経済産業省『通商白書』（2014 年版）

　アジア太平洋自由貿易圏（FTAAP（エフタープ））の実現が目指されていて、その道筋として、TPP、日中韓 FTA、東アジア地域包括的経済連携（RCEP（アールセップ））等の広域的な取り組みがなされている（図 5-3）。ただ、TPPについては、2017 年 1 月 23 日に、トランプ米大統領が「永久に離脱する」とした大統領令に署名したため、米国を含めた TPP の締結は難しくなっている。今後、米国としては日本に対して 2 国間 FTA の締結を模索するという見方が広がっている。一方 TPP については、2017 年 11 月に、米国を除く 11 ヵ国で大筋合意となった。2019 年に発効が目指され、もし実現すれば、アジア太平洋をまたぐ初のメガ自由貿易協定（FTA）となるとされている。

　RCEP は、日本、ASEAN10 ヵ国（ブルネイ、カンボジア、インドネシア、ラオス、マレーシア、ミャンマー、フィリピン、シンガポール、タイ、ベトナム）、中国、韓国、オーストラリア、ニュージーランド、インドの 16 ヵ国が交渉に参加している RTA である。2011 年 11 月に ASEAN が提唱したもので、日本も積極的に進めようとしている。これが実現すれば、人口は世界の約半分、GDP は世界全体の約 3 割に達する。

　また、FTAAP は、APEC 加盟国（21 の国と地域が参加している経済協力の

143

枠組み）をメンバーにした、米国が提案したRTAである。これが実現すれば、人口は世界の約4割、GDPは世界の約6割に達する。

これらに共通する東アジアの地域貿易協定の特徴は、地理的に離れている国や途上国が加わるなど、構成国が多様化している点が挙げられる。

3 RTAのメリットとデメリット

RTAのメリットは、関税が撤廃されることで価格が低下し、貿易量が増大するため、国民の福祉の向上につながることである。この場合の貿易量の増大は、輸出だけではない。むしろ輸入が増大することで、これまで国内で生産及び消費できなかった財・サービスを消費することができるため、国民の福祉の向上につながるのである。

また、自由貿易によって分業の利益を享受できる点もメリットである。分業の利益とは、「比較優位の原則」によって、自国が相対的に得意としている（比較優位を持つ）産業に資源を投入して生産を行ない、それを輸出する一方で、自国が相対的に不得意としている（比較劣位を持つ）産業からは資源を撤退させて輸入することで、両国で貿易前よりもより多くの財・サービスを生産できることによる利益である。自国も他国もお互いに比較優位な産業に特化することで、分業の利益が生じ、経済全体でより豊かになるのである。

一方、RTAのデメリットとして指摘されているのは、まず、経済のブロック化につながるおそれがあるということである。RTAは、加盟していない第3国に対して、関税障壁を設け、加盟国間のみの経済活動を保護した経済制度である。過去の歴史では、1929年の世界大恐慌をきっかけに、1930年代は本国と植民地とで形成された閉鎖的なブロック経済の樹立が見られた[7]。これが第2次世界大戦を引き起こしたという背景もある。

また、RTAによって貿易障壁が撤廃されても、マイナスの効果もありうる。一般に貿易障壁を撤廃することで、加盟国間の貿易は増える。このプラスの効果は「貿易創造効果」と呼ばれる。ただ、域内の製品の生産が非効率的であった場合、すなわち域外でより効率的な生産が行われていた場合、RTAによって域外に対して関税が課されるため、域外の効率的な製品が選択されなくなるおそれもある。このマイナスの効果を「貿易転換効果」という。

4　今後、日本が目指すべき道について

　今後も日本は、アジアを中心とした自由貿易圏の創設に積極的にかかわっていくべきであろう。そのメリットとしては、第1に、自由貿易が促進されることが挙げられる。輸出の増加は人々の雇用機会の増大をもたらす。また、輸入の増加も幅広い財・サービスの消費機会を高めることから、人々の福祉の向上につながる。また、第2に、国内で競争が生まれることで、生産性が上昇し、輸出産業も輸入産業もその効率性が高まる。比較劣位の産業から比較優位の産業に生産がシフトすることで、経済全体の所得水準を高めることができるのである。さらに、第3に、アジア及び太平洋地域における共通のルール作りに参画することが重要な意味を持つ。今日では、財（形のある商品）の貿易だけでなく、サービス（形のない商品）貿易や投資の自由化、さらには特許権や著作権の保護期間を決める知的財産分野の交渉、国有企業の不公平な優遇措置の見直しを議論する競争政策分野等、ルールの対象分野は幅広くなっている。貿易以外の結びつきが強まっている今日では、重要な課題が多く、そうした課題をいかに解決するかということについて、積極的に発言していくことが日本だけでなく、世界全体にとっても有益である。

　一方で、貿易の自由化によって、例えば海外から多くの食料を輸入したとき、食品の安全・安心が脅かされるのではないか、あるいは食料自給率が極端に低くなると、輸入が止められた場合、日本の生存が危うくなるのではないかと言われることが多い。こうした食料自給率の問題は、安全保障の問題と絡めて議論されることがあるが、これは、食品安全基準や輸入食品の監視のあり方の問題である。エネルギーに関しても同様であるが、危機管理でどう対応するかということであり、自由貿易によるデメリットとは異なる問題である。

Ⅲ　為替レートの動き

1　円ドルレートの推移

　為替レートとは、各国通貨間の交換比率をいう。例えば1ドル100円であれば、日本の100円と米国の1ドルとが交換されるというわけである。為替レートの動きは、一国の輸出入に影響し、国内の経済成長率にも大きな影響を及ぼ

す。長期的にみると、通貨が安くなれば（円安になれば）、輸出価格が低下し、輸入価格が上昇するので、輸出は増大し、輸入は減少する。一方、通貨が高くなれば（円高になれば）、輸出価格が上昇し、輸入価格が低下するので、輸出は減少し、輸入は増大する。

表5-4　1日当たりの為替取引額
(2016年4月)

No.	国・地域	取引額 (10億米ドル)	シェア (％)
1	英国	2,426	37.1
2	米国	1,272	16.4
3	シンガポール	517	7.9
4	香港	437	6.7
5	日本	399	6.1
6	フランス	181	2.8
7	スイス	156	2.4
8	オーストラリア	135	2.1
9	ドイツ	116	1.8
10	デンマーク	101	1.5
	世界全体	6,514	100.0

(出所) "Triennial Central Bank Survey" Bank for International Settlements, September 2016.

　為替レートは、外国為替市場と呼ばれる外国通貨の取引が行われる市場で決定している。その国の通貨に対する需要が増大すれば、その通貨は高くなる。一方、その国の通貨に対する需要が低下すれば、その通貨は安くなる。例えば、日本の円に対する需要が増大すれば、円高になり、円に対する需要が低下すれば円安になるというわけである。

　外国為替市場における外国為替の取引は、もっぱら電話やインターネット回線を通じて行われているが、その市場規模はきわめて大きい。表5-4には、1日あたりの為替取引額が示されている。日本市場での取引は、1日当たり3,990億ドルとなっている（2016年4月）。日本の輸出入総額は、年間で輸出額が約6,449億ドル、輸入額が約6,076億ドル、総額は約1兆2,525億ドル（2016年）なので、約3日の為替取引で日本の年間貿易額の大きさに匹敵する金額がやり取りされていることになる。いかに為替取引の規模が大きいかが分かる。

　また、世界で大きな外国為替市場としては、英国（ロンドン）、米国（ニューヨーク）、シンガポールがあるが、英国と米国、特に英国が著しく大きな市場を形成している。アジアでは、シンガポールや香港の勢いが強く、2016年4月の統計では、シンガポールが日本市場を抜いて、世界第3位となり、さらに香港にも抜かれる結果になった。

　こうした外国為替市場で様々な通貨が取引されるが、円ドルレートの推移を見たものが図5-4である。1971年8月15日にニクソンショックがあり、当時の米国大統領ニクソンが、金とドルの交換を停止すると発表した。これは世界に衝撃を与え、米国のドルは信用を失い、大量に売却されたため、一気に急落

第5章　日本経済が直面する様々な課題について

図5-4　名目為替レートの推移（1971年1月－2017年10月）

（出所）日本銀行

し、円ドルレートも1ドル＝360円のそれまで固定的な為替相場制度（固定相場制）から、その年の12月には308円へと大幅な円高になった。このニクソンショックによって、固定相場制から変動相場制になし崩し的に移行したのである。

　円ドルレートは、1971年以降、基本的には一貫して円高基調で推移してきたが、1985年9月22日に当時G5（米国、日本、英国、西ドイツ、フランスの先進5ヵ国蔵相・中央銀行総裁会議）によって、ニューヨークのプラザホテルで発表された「プラザ合意」が一層の円高をもたらした。これは、当時の米国の双子の赤字の1つである貿易収支の赤字を縮小するために行われた協調的な為替介入政策であった。ドル安（円高）にすることで、米国の輸出品の競争力が高まり、米国の貿易収支が改善することが期待されたのである。これによって、さらに円高が進んだ。国内企業の生産拠点がコストの安い海外へ移転し、「産業の空洞化現象」が問題になったのもこの時期からである。その後、日本銀行は、1985年時点では5％だった公定歩合の水準を急激に引き下げ、87年2月には2.5％にまで下がった。この金融緩和が、日本を長く苦しめるバブル経済を生むことになったのである。

147

また、2008年9月のリーマンショック後も、円高が進んでいる様子が分かる。2010年5月のギリシャショック以降も2012年末の第2次安倍内閣の成立まで、円が急激に上昇しているが、円高基調で推移した背景には、海外要因が大きかったと考えることができる。欧州危機によってユーロ通貨の価値が下がったこと、米国ではドル安政策を是認していたこと、新興国ではリスク回避の資金の流れが生じて通貨価値が下がったこと等、複数の要因によって、円が買われたと考えられる。

　しかし、この円高の動きが2013年に入ると一転し、急激な円安に向かった。第2次安倍内閣の成立によって、デフレ脱却のために、黒田東彦（くろだはるひこ）日銀総裁が2年間で2％のインフレ目標を達成するために、大胆な金融緩和を行うことを発表したからである。

2　重要なのは実質為替レートの動き

　為替レートの問題を考えるとき、実質為替レートと名目為替レートの違いはとても重要である。名目為替レートは、一般に新聞やニュースで取り上げられる数値である。それに対して、実質為替レートは、両国の物価水準を加味して算出した数値である。

　例えば、1ドル＝100円で、米国の物価水準が10％上昇したとする。すなわち、それまで1ドルで購入できた財の量（これを1単位とする）と同等の量を購入しようとすると、1.1ドルかかってしまうことになる。この場合、物価上昇後は、1ドルでは0.9単位（≒1÷1.1）しか購入できないことになる。つまり、100円では0.9単位の米国の財しか購入できないため、実質的にはドルが10％上昇（ドル高円安）したことになるのだ。

　一般に、外国の物価水準が上昇すると、実質為替レートは自国通貨安（日本の場合は円安）になり、逆に外国の物価水準が低下すると、実質為替レートは自国通貨高（日本の場合は円高）になる。一方、自国の物価水準が上昇すると、実質為替レートは自国通貨高（日本の場合は円高）になり、逆に、自国の物価水準が低下すると、実質為替レートは自国通貨安（日本の場合は円安）になる。

　実質為替レートは、両国の財の交換価値を表したもので、輸出入を決定する上で大きな影響を及ぼす指標（例えば、日本の財が相対的に米国の財よりも安ければ、日本の財を購入するので、その場合は日本から米国への輸出が行われることになる）のである。図5-5は円ドルレート（名目為替レートと実質実効為替

第5章 日本経済が直面する様々な課題について

図 5-5 名目・実質実効為替レートの推移（1980年1月－2017年9月）

（出所）日本銀行

レート）の推移を見たものである。

　実質実効為替レートというのは、実効為替レートを実質化（物価水準を加味）したものである。実効為替レートというのは、ドルやユーロや元など複数ある通貨に対して、その国の通貨（日本の場合は円）が全体としてどのくらいの強さを持つかということを表した指標である。この図を見ると、1995年当時の円高は、名目為替レートでも一時79円台にまでなったが、実質実効為替レートで見てもかなりの円高水準にあったことが分かる。それに対して、2002年から2008年のリーマンショックまでの水準を見ると、名目為替レートはそれほど変化していないように思われるが、実質実効為替レートの水準はかなりの円安水準になっていたことが分かる。日本経済は、2002年から景気の回復局面に入ったが、実質的に為替レートが円安であったことが、この期間の輸出を大きく伸ばしたといえる。

　さらに、2013年以降の実質実効為替レートを見ても、大幅な円安の状態であることが分かる。2016年に入ってから円高に推移しているが、それまでは、名目為替レートは円安で推移しており、さらに実質実効為替レートで見ても円安傾向に推移していたことが分かる。これによって、日本の輸出が大きく伸び、日本の経済成長に寄与していた様子を見てとることができる。

149

3　円高や円安のメリットとデメリット

　為替レートの変動は、輸出企業や輸入企業の利益に影響を及ぼす。円高は、長期的には、日本の輸入企業にとっては、安く海外から輸入できることから、メリットとなる。他方、輸出企業にとっては、海外への輸出品の価格が上昇し、輸出量が減少してしまうことから、デメリットとなる。逆に、円安は、輸入企業にとっては輸入品の価格が上昇し、デメリットとなるのに対して、輸出企業にとっては輸出品の価格が低下するので、輸出量が増加し、メリットとなる。

　2008年のリーマンショックから2012年にかけて、為替レートは急激な円高になった。日本の貿易収支は、2011年の東日本大震災前までは黒字で推移し、輸入総額よりも輸出総額のほうが大きかったこともあり、全体としては、円高はデメリットだったといえる。ただ、東日本大震災以降、日本では原子力発電が停止し、原油や天然ガス等の資源エネルギーの輸入を大幅に増やした結果、輸入総額が輸出総額を上回り、2011年の貿易収支は、暦年ベースで1980年以来31年ぶりの赤字となった。大幅に原料を輸入していることもあり、全体的に、円高はメリットをもたらしたともいえる。

4　円高が長期的に日本経済に及ぼす影響

　2012年12月26日に第2次安倍内閣が成立して以降、それまでの円高の動きが一転して急激な円安になったが、いつ再び円高が襲ってくるか分からない。

　円高が長期的に日本経済に及ぼす影響として、まず、日本の貿易構造を変化させることが挙げられる。円高によって、輸出価格が上昇する結果、輸出産業は高付加価値化され、技術集約度の高い製品にシフトせざるを得ないものとなる。一方、輸入価格は低下するので、国内製品が輸入品に代替される動きが進んでいく。

　また、円高は、企業の生産拠点の海外への移転を促進すると考えられる。過去の歴史を振り返ると、1985年9月のプラザ合意によって急激な円高がもたらされ、この時期から安い労働力等を求めて海外へ生産拠点が移転する産業の空洞化問題が生じるようになった。確かに円高は、国内生産の減少や雇用の流出等といったマイナス面を持つ。しかし、国内に高付加価値の部品・素材や製品がとどまっていれば、国内の生産や雇用の拡大につながる可能性もある。円

高自体の動きは、製造業の生産性の高さを反映した結果であり、いわば日本経済の強さのあらわれでもある。海外へ生産拠点が移っても、円高によって海外の企業の買収等も進むだろうし、一層のグローバル化につながっていくと考えることもできる。こうした動きは、必ずしも日本経済にとってデメリットではない。

5　円高時代あるいは円安時代にやるべきこと

円高時代にやっておくべきこととは、海外への積極的な投資といえる。円高の時こそ、将来の円安の時期も視野に入れた海外への投資を行うべきで、グローバルな資源戦略として海外の鉱山や天然ガスの権益を取得して、長期的な視点に立った資源投資を拡大させていくべきだといえる。実際、円高を背景に、日本企業による海外企業に対するM&A（合併・買収）は、金額や件数ともに2012年では過去最高となっている（図5-6）。武田薬品工業によるスイスの製薬大手（ナイコメッド）の買収や、キリンホールディングスによるブラジルのビール大手（スキンカリオール）の買収等がその例である。

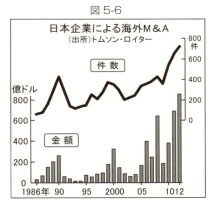

出所）服部暢達「海外M&A成功の条件(上)」経済教室、日本経済新聞、2013年1月23日

一方、円安時代にやっておくべきことは、円高に対応する力をつけておくことであろう。図5-7は、日本の輸出企業の採算レートと実際の名目為替レート及び実質実効為替レートの推移を示したものである。これによれば、1986・87年度、93～95年度、2009～12年度の各期間では、名目為替レートのほうが輸出企業の採算レートよりも数値が小さくなっており、この各期間では、輸出企業の採算レートを上回る円高が進行していたことが分かる。さらに、この各期間では、実質実効為替レートが急激に円高になった時期と重なっていることも分かる。このグラフから読み取れるもう1つ興味深い点は、2013年度以降では、輸出企業の採算レートを上回る円安傾向が続いており、さらに実質実効為替レートで見ても、急激な円安になっている点である。こうした時期にこそ、

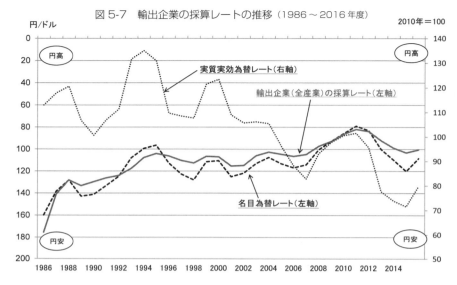

図 5-7 輸出企業の採算レートの推移（1986〜2016年度）

（出所）内閣府『企業行動に関するアンケート調査』各年版、日本銀行.

今後、円高になった時でも対応できるように、新商品の開発戦略や原材料の調達先の確保のための海外生産拠点の整備などをはかるべきであろう。

Ⅳ　社会保障と財政再建への道

1　日本の財政赤字と社会保障費の拡大

　現在、社会保障給付費の総額は約115兆円にのぼり、そのうち保険料でまかなわれているのは67兆円程度で6割弱となっており、残りの約48兆円については、税金（公費）が投入されている状況にある。高齢化の進展等に伴って、社会保障関連への支出は年々1兆円以上増え続けていくと言われている。下の図は、社会保障給付費と社会保険料収入の推移を見たものである（図5-8）。これまでの推移を見ると、社会保険料収入の伸びが1990年代後半からほとんど変化していないのに対して、社会保障給付費が一方的に増加しており、その差が拡大している様子が分かる。人々の意識や景気の良し悪し等もあって、社会保険料はなかなかあげることができないのに対して、年金、医療、福祉、介護

第5章 日本経済が直面する様々な課題について

図5-8 日本の社会保障給付費と社会保険料収入の推移（1975～2015年度）

（出所）国立社会保障・人口問題研究所

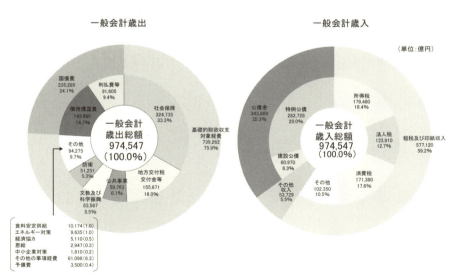

図5-9 2016年度一般会計歳入・歳出総額

（出所）財務省

図 5-10　一般会計歳出と税収の状況と公債発行額の推移（1975〜2016 年度）

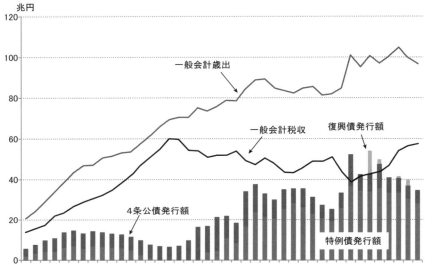

（出所）財務省

などの社会保障関連支出は増加する一方となるためである。

　社会保障給付費が増大を続ける一方で、日本の財政はどのようになっているのだろうか。図5-9は、日本の2016年度の一般会計予算が示されている。

　これを見ると、総額約97.5兆円の予算のうち、税収等は6割弱の約57.7兆円でしかなく、残りの4割弱は、将来世代の負担である公債金収入に依存している状況であることが分かる。

　次に、一般会計歳出及び税収を時系列で見てみよう。この差が借金である公債金である。それを示したのが図5-10だ。日本の税収は、バブル崩壊直前の1990年がピークであった。90年代前半にバブルが崩壊して以降、景気の悪化や減税によって税収が低下する一方で、歳出は右肩上がりに伸びていった。ただ、歳出に関しては中身が変化している。90年代は、主に公共事業関係費の増加によるものであったが、2000年代以降は高齢化の進展等に伴って社会保障関係費の増加や地方財政の悪化に伴う地方交付税交付金等の地方財源の補填の増加が主な要因となっている。歳出の伸びをワニの上あご、歳入の低下をワニの下あごとみなし、「ワニの口」が開く様子だという表現もある。

　日本では、1965年度以降、毎年公債を発行しており[11]、公債残高は年々増加

の一途をたどっている。2017年度末では、公債残高は865兆円にまで達する見込みとされ、一方的に上昇している。また、この数値は、国民1人当たり約688万円もの借金を負っているという計算になる。

2　財政赤字の問題点

　フロー変数である公債発行の増加は、財政赤字の拡大をもたらし、それがストック変数である債務残高の増大を引き起こす。こうした財政赤字の拡大や債務残高の増大は、①政策の自由度の低下、②世代間の不公平の拡大、③民間部門の資金調達の阻害、④財政の信任低下による金利の上昇（国債価格の下落）といった問題をもたらす。

　まず、①政策の自由度の低下については、2016年度の一般会計歳出において、社会保障費、国債費、地方交付税交付金だけで73.4％（約72兆円）も占めているが、こうした支出はなかなか削減することが難しく、公債発行の増加は、他の政策的な支出を一層圧迫してしまうのである。その結果、国民生活に必要不可欠な公的サービスの水準が低下し、本来、政府が果たすべき国民の厚生水準を高める、経済の安定化や公共財の提供といった役割を果たせなくなってしまうという問題がある。

　また、②世代間の不公平の拡大は、増え続ける公債によって、その返済の義務を負う将来世代の負担がますます多くなるというものである。特に、4条公債は、公共事業による道路や橋等の建設に使われる借金であり、将来世代も便益を受けると考えることができるので、将来世代に対してもある程度の負担を求めることが認められるものであるのに対して、特例公債は、いわば財政赤字の一時的な補填のために借金をするというものなので、将来世代にとってはまさに負担でしかないといえる。[12]

　また、③民間部門の資金調達の阻害というのは、公債発行の増加によって、政府部門が資金を吸収してしまうと、民間部門の資金調達を圧迫してしまい、投資の抑制を引き起こすおそれがあるということである。これによって、資本の蓄積が妨げられ、経済成長が阻害されてしまうおそれがある。

　さらに、④財政の信任低下による金利の上昇については、実際にユーロ圏に加盟している国の中で財政状況の悪化が懸念されている5ヵ国（ギリシャ、アイルランド、イタリア、ポルトガル、スペインの国々で、GIIPS諸国と呼ばれる）では、2010年以降、それぞれ財政支援の要請をして、債務問題が顕在化した後、

国債金利が急激に上昇したということがある。

3　財政赤字の維持可能性

財政赤字がどこまで維持できるのかということを考える上で、財政健全化の目標にも用いられている2つの重要な指標がある。

まず、ストックの指標として、「債務残高対 GDP 比」がある。これは、国や地方が抱えている債務残高を GDP で割った数値（＝債務残高／GDP）で、経済規模あるいは所得規模に対する国・地方の債務の大きさをはかった指標である。この後に出てくるプライマリー・バランスが均衡していれば、この数値が発散しない限り、財政赤字は維持可能となる。この数値の分母は、経済成長率に比例して増加するのに対して、分子は、金利の水準に比例して増加することから、経済成長率と金利水準の大小関係が重要となる。[13]

一方、フローの指標には、プライマリー・バランス（PB、基礎的財政収支）がある。PB とは、その時点で必要とされる政策的経費（債務償還費や利払費を引いた歳出の大きさ）が、その時点の税収等でどれだけまかなわれているかを示す指標であるが、現在の日本では、政策的経費が税収等を上回っているため、赤字となっている。図5-11 に、PB の状態のパターン図が示されている。

日本の財政健全化のフローの目標には PB の均衡が用いられているが、諸外国ではより厳しい財政収支均衡等が用いられている。財政収支均衡は、政策的経費に利払費を加えた大きさが、税収等の大きさに等しくなっている状態をい

図 5-11　PB の状態を示したパターン図

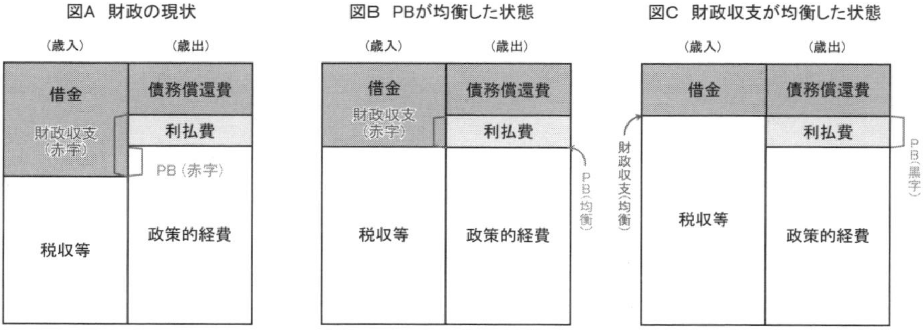

図A　財政の現状　　　　図B　PBが均衡した状態　　　図C　財政収支が均衡した状態

（注）債務償還費とは、借金（国債）の元本返済にあてられる費用。プライマリー・バランスが均衡していても、利払費分だけ債務残高の実額は増加している。
（出所）財務省『日本の財政関係資料』2014年2月

う（図 5-11 の図 C）。

　2013 年 6 月 14 日に閣議決定された「骨太方針（経済財政運営と改革の基本方針）の概要」によれば、日本の財政健全化目標は、国・地方の PB について、2020 年度までに黒字化し、債務残高対 GDP 比の安定的な引き下げを目指すとしている。

　こうした中で議論されているのが、消費税の増税である。歳入が低下する一方、歳出が増加していくのは財政の健全化からすると大変深刻な問題である。消費税の増税は、2014 年 4 月から 8％に引き上げられたが、その後、2015 年 10 月から 10％に引き上げられる予定になっていたが、2017 年 4 月に延期され、さらに、2019 年 10 月に再延期する税制改正関連法が、2016 年 11 月に可決、成立した。消費税率を 10％にするのを 2019 年 10 月とするという、この増税再延期は、①世界経済が不透明感を増していること、②増税すれば、内需を腰折れさせかねないという懸念のもとで決断された。

4　なぜ消費税増税なのか

　財政を健全化させるためには、増税をするか、歳出をカットするか経済成長を実現して税収の自然増をはかるか、あるいはこれらを組み合わせたものでしか解決できない。増税するにしても、所得や資産に対する課税も考えられるが、では、なぜ消費税なのだろうか。

　消費税が望ましい理由にはいくつかある。まず、消費税は、①税収が安定していることが挙げられる。所得税の税収は、1991 年をピークに半減しているが、一般的に景気に大きく左右されてしまう。所得税は、景気の変動による税収の振れ幅が大きい。景気が良ければ、所得が増加するため、所得税の税収は増える（その結果、景気の高まりを抑制する）。一方、景気が悪ければ、所得が減少するため、所得税の税収も減る（その結果、景気の冷え込みを抑えることができる）。こうした所得税の持つ、景気を自動的に安定化させる機能を「ビルト・イン・スタビライザー」という。それに対して、消費税は、「ビルト・イン・スタビライザー」の機能はないが、消費の動きが安定的であるため、景気の動きに左右されず、消費税の税収も安定的であるというメリットがある。また、②負担が世代間で公平である点も挙げられる。働いている現役世代だけでなく、すべての世代が負担するものだからである。さらに、③財源調達率が高い点も挙げることができる。

ただ、消費税にはこうしたメリットが存在する一方で、デメリットも存在する。それは「逆進性」があるという点である。一般的に、消費税は対象者が全員同一の税率に直面するので、「水平的平等である」とされる。現在の消費税率は8％（2014年9月）であり、いくら支出しようとも誰に対しても一律8％が適用される。このとき、所得の伸びよりも消費の伸びの方が小さいため、所得に占める消費税額の大きさは、低所得者のほうが、高所得者よりも大きくなってしまう（ただ、消費税額自体は、低所得者よりも高所得者のほうが大きい）。逆進性の問題は、低所得者ほど所得比で見た税負担が大きくなってしまうというものだが、これを解決する方法として、軽減税率（特定の品目の税率を下げる）や低所得者に現金を給付する等があるが、なかなか難しいとされている。

超高齢化社会にふさわしい財政構造とは、いったいどのようなものであろうか？　歳入側を見ると、今後、生産年齢人口が減少していく中で、社会保険料や所得税を伸ばすのは難しい。また、法人所得に課す法人税は、グローバル化が進んでいる時代に税率を高めるのは難しい。実際、法人税の税率は、世界的に低下傾向にある。そうなると、高齢者も含めた全員で薄く広く負担する消費税がふさわしいというわけである。

一方、歳出側については、1947年から1949年生まれの「団塊の世代」全員が75歳以上の後期高齢者となる2025年度において、社会保障給付費用は、2012年度の109.5兆円から148.9兆円に達すると推計されている。こうした中で、医療や介護の給付の増加をどうコントロールするかが課題といえる。高齢者は、1人当たり平均医療費が高いため、こうした高齢者の医療費や介護費をどのように効率化・重点化するかがポイントとなる。こうした点の改革は、「団塊の世代」が後期高齢者となり始める2020年代初め頃ではないかとされている。

おわりに

ここでは、日本が直面している大きな課題を4つ取り上げて見てきた。これらの課題は、日本だけでなく、今後アジア経済にも及ぶ問題といえる。

まず、貿易自由化の動きについては、韓国は特に積極的である。今後、ASEANの動きもより活発になり、グローバルな自由貿易圏の創設へと進んでいくと考えられる。また、為替レートの動きについては、韓国のウォンや中国の元もともに高い状況が続いている。通貨が高い時にはどのような対応をとる

べきか、検討すべきであろう。さらに、人口減少や社会保障と財政再建の問題については、中国では1人っ子政策の影響から、人口はピークを迎え、今後は人口減少や社会保障の問題に直面すると考えらえる。また、諸外国では、2008年のリーマンショック以降、多くの財政赤字を抱えている。

このように、日本が抱える課題というのは、広くアジアあるいは他の諸外国にも今後生じうる、あるいはもう既に生じている課題でもある。こうした課題に対して、アジアあるいは世界が一体となって「知恵」を共有する形で解決方法を模索し、取り組むことが益々必要となるだろう。

【注】
(1) 世界保健機構（WHO）や国連の定義では、7％を超えた社会を「高齢化社会」、14％を超えた社会を「高齢社会」、さらに、21％を超えた社会を「超高齢社会」としている。日本が高齢化社会になったのは1970年で、さらに1994年に高齢社会となり、2007年には高齢化率が21.5％となったことで、超高齢社会に入った。2016年の人口推計では、高齢化率は、27.3％にまでなっている。
(2) 2012年1月に国立社会保障・人口問題研究所が公表した「日本の将来推計人口」における出生中位・死亡中位推計結果に基づいた数値である。この推計では、合計特殊出生率（女性が一生に生む子供の数）が、2010年の実績値1.39で概ね推移し、その後2021年の1.33に至るまで緩やかに低下し、以後やや上昇して2029年の1.34を経て、2040年には1.35になると仮定している。
(3) 「オーナス（onus）」とは、「重荷、負担」という意味。
(4) ここでは、小峰隆夫「日本経済論の罪と罰」（日経プレミアシリーズ、2013年）や伊藤元重「経済を見る3つの目」（日経文庫、2014年）によっている。
(5) TPPは、日本、シンガポール、ニュージーランド、チリ、ブルネイ、米国、オーストラリア、ペルー、ベトナム、マレーシア、カナダ、メキシコが交渉に参加している（2014年9月現在）。ただ、米国のトランプ新政権は2017年1月20日に、TPPから離脱する方針を正式に発表したため、今後の行方は不透明となっている（2017年1月現在）。
(6) GATT24条では、域内の関税を実質的にすべて廃止することや域外諸国に対して、以前より制限的にならないことを条件に、最恵国待遇の原則の例外を認めている。
(7) 英連邦を中心とした経済圏では、通貨であるポンドを中心としたスターリング・ブロックがある。また、フランス経済圏では、フランを中心としたフラン・ブロック等がある。
(8) 双子の赤字とは、貿易収支の赤字と財政収支の赤字の2つの赤字をいう。1980年代当時は米ソ冷戦ということもあり、多額の軍事費が支出されていたことから、財政収支も大幅な赤字であった。
(9) 公定歩合（現在は、基準貸付利率と呼ばれる）とは、中央銀行（日本の場合は日本銀行（日銀））が市中銀行に貸出をするときの金利水準であり、当時は、これを操作することで金融政策を行なっていた。具体的には、公定歩合を引き下げると金融が緩和され、逆に引き上げると金融が引き締められる。この金融政策は、現在では行われていない。
(10) ただ、企業の買収は、単に円高による面だけでなく、内需中心の企業が内需縮小の事態を打開するために海外企業の大型買収を行う面もあるといわれる（日本経済新聞、2012年4月4日より）。
(11) 4条公債は1965年度以降、毎年発行されてきたが、特例公債は、1966～74年度、91～93年度の期間については発行されなかった。
(12) 4条公債は、財政法第4条第1項のただし書きに基づいて発行される国債で、建設国債と呼ばれる。これは、財政法第4条第1項で「国の歳出は原則として国債又は借入金以外の歳入をもって賄うこと」と規定されているものの、ただし書きによって公共事業費等の財源については、例外的に国債発行又は借入金によって調達することが認められている。それに対して、特例公債は、赤字

国債とも呼ばれるが、公共事業費以外の歳出にあてる資金の調達目的のために特別の法律を毎年つくって公債を発行している。
(13) 金利＞経済成長率であれば、債務残高対 GDP 比は増加し、金利＝経済成長率であれば、債務残高対 GDP 比は一定で推移し、金利＜経済成長率であれば、債務残高対 GDP 比は減少する。
(14) それに対して、所得税は累進的であり、所得に応じて税率が異なる。2007 年分からは、所得の大きさによって 5 ～ 40％の間で 6 段階（5％、10％、20％、23％、33％、40％）に分かれている（2015 年分以降は、5％から 45％の 7 段階）。所得が低ければ、それだけ税率が低くなっている。こうした累進的な所得税は、「垂直的平等である」といわれる。
(15) 軽減税率では、どの品目の税率を下げるのか、所得の給付では、どのように所得を捕捉するのか、どの程度給付するのか等、様々な問題がある。

[演習]

1. 人口減少社会に向けて、経済成長にとって何が重要となるだろうか。
2. 日本が最初に FTA・EPA を締結したのは、いつでどの国か。
3. 自由貿易を拡大することのメリットは何か。
4. 自由貿易のデメリットは何か。
5. 為替取引額が最も大きい市場はどの国か。
6. 円高時代にやるべきことは何か。
7. 円安時代に輸出企業がやるべきことは何か。
8. プライマリー・バランス（PB、基礎的財政収支）とは、どういう指標か。
9. 財政赤字の問題点は何か。
10. 財政赤字の維持可能性をはかる指標には何があるか。

【参考文献】

〔1〕 伊藤元重 [2014].『経済を見る 3 つの目』日本経済新聞出版社。
〔2〕 経済産業省 [2014].『通商白書（2014 年版）』。
〔3〕 国立社会保障・人口問題研究所 [各年版].『社会保障費用統計（各年版）』。
〔4〕 小峰隆夫 [2017].『日本経済論講義』日経 BP 社。
〔5〕 小峰隆夫 [2013].『日本経済論の罪と罰』日本経済新聞出版社。
〔6〕 財務省 [各年版].『日本の財政関係資料（各年版）』。
〔7〕 内閣府 [各年版].『企業行動に関するアンケート調査（各年版）』。
〔8〕 内閣府 [2016].『高齢社会白書（2016 年版）』。
〔9〕 フェルドマンロバート [2015].『フェルドマン博士の日本経済最新講義』文藝春秋。

第6章　現代中国の経済発展と構造変化

藤田賀久（グローバルスタディーズ学部非常勤講師）

はじめに

　経済大国となった中国は、今後いかなる方向に向かうのか。急激な経済成長は中国に新たな問題を課している。例えば「体制移行の罠」、労働集約型から知識集約型産業への転換、深刻な公害問題など、解決すべき問題は多い。政治的・軍事的にも存在感を増しつつある。書店やネット上には、中国に関する多くの議論が氾濫しており、中国脅威論や崩壊論といった極端な主張も少なくない。

　しかし我々は、極端な議論や感情論とは一線を画して、中国の現在と将来を冷静に考えたい。そのためには、なによりも中国経済の来歴に向き合うべきであり、本章の目的もこの点にある。

　1949年10月1日の建国から今日に至る間、中国は2度の壮大な挑戦を試みた。第1の挑戦は社会主義経済の建設（1949-1978年）であり、第2の挑戦は1978年以降の改革開放路線である。後者ではイデオロギーより実利主義を優先し、広く海外に門戸を開き、市場原理を国内に導入した。こうして経済発展の道を進み、2010年には日本を抜き、世界第2位の経済大国へと躍進した（図1参照）。このダイナミックな中国経済の来歴を、東アジア国際関係の文脈から論じていきたい。

I　社会主義への壮大な挑戦

　1949年10月1日、中華人民共和国が建国された。目指したのは社会主義の理念に基づく平等社会であり、その実現に向けて政治経済の構造や人々の生活、そして思想にまで及ぶ壮大な挑戦が行われた。本節では建国前後から60年代後半にかけて中国が歩んだ道程を見ていく。

図 6-1　建国以来の中国の GDP の推移

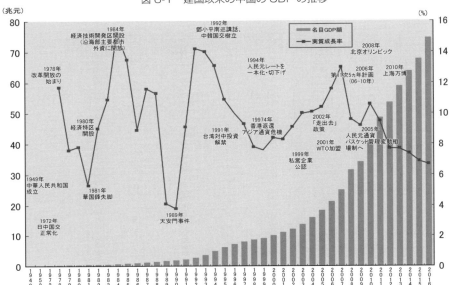

出所：中国国家統計局 [各年版]。

1　「新中国」建国期の内外情勢

　天安門広場に集まった 30 万人ともいわれる群衆を前に、毛沢東は誇り高く新国家成立を宣言した。しかし、当時の中国は内憂外患の中にあった。中国の苦境を知るために、以下では同時期の日本と比較してみたい。

　日本の戦後は焼野原からの出発であった。日本中の街は空襲で焦土と化し、終戦時の工業生産は戦前の 3 分の 1 に下落していた。また、記録的な凶作に加え、海外から軍民 630 万人が引き揚げたことで食糧不足に拍車がかかった。しかしその一方で、軍事機密として長らく禁じられていた天気予報が終戦 2 日後に再開されるなど、平和の到来は日々実感できた。

　連合国軍最高司令官総司令部（GHQ）は、非軍事化と民主化を日本占領の方針に据え、財閥解体や公職追放、戦争犯罪人の逮捕など懲罰的な政策を実施した。その一方では食料・経済支援（ガリオア資金・エロア資金）で日本の苦境を救った。当時の学校給食で口にした輸入脱脂粉乳（の不味さ）を覚えている人は今も多い。

日本占領の方針は、冷戦の進行によって修正される。ロイヤル陸軍長官が「日本を反共の砦にする」と発言したように、当初の懲罰的な要素は次第に薄れ、日本を西側陣営の一員として復興させる方向に向かうのである。1950年6月に朝鮮戦争が始まると、アメリカは日本に大量の軍需物資を発注した。この「朝鮮特需」は日本の産業を大きく蘇らせ、後の高度経済成長への礎となった。

　では中国の戦後はどのようなものであったか。長年中国を苦しめた「抗日戦争」は日本軍の降伏によって終止符が打たれ、中国は勝利した。しかし中国人民は平和を享受できなかった。国民党と共産党の内戦（国共内戦）が勃発するからである。

　国共内戦は共産党軍（人民解放軍）が終始優勢であった。1948年後半の三大戦役（遼瀋戦役、淮海戦役、平津戦役）で連勝し、1949年4月に中華民国の首都南京を占領、10月1日に共産党は北京を新首都として中華人民共和国を建国した。しかし、建国後も国民党の勢力は依然として大陸に存在しており、10月末の厦門の戦い、金門島の攻防戦（古寧頭戦役）、11月〜12月の西南戦役など激しい戦闘が継続した。1950年5月の海南島占領でようやく大規模戦闘は一段落したが、台湾に拠点を移した国民党は対岸から「大陸反攻」を唱えて中国大陸を睨み続けるのである。

　6月に勃発した朝鮮戦争は中国にとっても試練であった。米軍は台湾海峡の中立化を名目に海軍を派遣し、実質的に台湾防衛に寄与した。また、中国が北朝鮮を援助するために義勇軍を派遣すると、アメリカは中国との経済交流を遮断し、ココム（COCOM：対共産圏輸出統制委員会）に加えて新たにチンコム（CHINCOM：中国輸出統制委員会）を設立、軍事転用可能な戦略物資や技術が中国に流入することを厳しく規制したのであった。

2　ソ連の経済・技術協力

　長引く内乱によって国内経済を混乱させ、さらにアメリカをはじめとする西側諸国と対立した中国にとって、頼ることができるのはソ連であった。1949年12月、毛沢東はスターリン生誕70周年祝賀式典の参加を名目としてモスクワを訪問、翌年1月には周恩来も到着した。そして「日本または日本の同盟国」を仮想敵とする中ソ友好同盟相互援助条約を締結した。また、借款供与協定を締結してソ連の資金と技術を導入する道筋を作った。社会主義建設のモデルであり、資本や技術援助を求める相手としても、「向ソ一辺倒」は当然かつ

唯一の選択肢だった。

　1950年代前半は中ソ友好関係の頂点であった。1万人超のソ連の専門家が中国に技術を提供し、中国も多数の実習生、科学者、留学生をソ連に派遣した。ソ連の援助のもと、中国は石炭・電力発電所、鉄工所、化学・国防関係のプラント設備など重化学工業を建設した。鞍山・武漢・包頭の3大鉄鋼コンビナートや、第一汽車（自動車）工場設立はその代表例である。第一汽車は、ソ連の自動車メーカー・ジルの協力で設立された中国最初の自動車メーカーであり、1956年7月13日には記念すべき中国国産車第一号「解放」が誕生している。こうして中国は急速な工業化を進め、1956年には総生産額で工業が農業を超えた。

　中ソ友好関係は貿易面にも表れた。1955年の中国輸出の48％、輸入の57％はソ連が占めた。同時期の中国貿易の70％は社会主義国が相手であり、わずかな資本主義国との取引も主に香港経由であった。

　しかし、中ソ蜜月時代は長く続かなかった。1956年のフルシチョフによるスターリン批判を発端とする激しいイデオロギー論争が中ソ間で戦われたからである。論争は相互不信を招いた。中国は、ソ連に経済面や技術面で過度に依存することを嫌い、ソ連も中国の技術的・経済的発展に懸念を感じた。そして1960年、遂にソ連は中国との諸協定を破棄し、専門家を帰国させた。

　1969年3月には、ウスリー江ダマンスキー島の国境線を巡る対立が原因で中ソ間に武力衝突が発生した。こうして中ソ対立は決定的となった。すでに西側諸国と敵対関係にあった中国にとって、ソ連との対立は国際社会でのさらなる孤立を意味した。

3　計画経済の導入と集団化——社会主義経済体制の確立

　建国以降の中国の政治経済には毛沢東の思想が強く反映された。彼が著した膨大な『毛沢東選集』の第1巻には「誰が我々の敵か、誰が我々の友か、この問題は革命のもっとも主要な問題である」という有名な一節がある。敵味方を区別する基準は階級であり、外国の帝国主義、封建勢力、官僚資本等などの支配階級が敵であった。

　革命とは、支配階級を打破して農民と労働者の利益を確保する社会を創ることであった。その先導的役割を担うのが中国共産党である。共産党は工場・教育機関・村落に至るまで党支部や党委員会を設け、政治や権力とは無縁であっ

た人民を革命に参画させた。

　向ソ一辺倒の時代である1953年に始まった第1次5ヵ年計画では、ソ連の経済・技術援助のもとで重工業化を進めた。また、ソ連の社会主義モデルを参考に、土地や生産手段の共有化を進め、国家計画委員会を設けて各産業が生産に必要な物資を配分した。市場原理に基づく経済を排除し、何をどれだけ生産するか、生産資源や人員はどのように配分するかといった点は、すべて国家が決定する計画経済体制を構築したのである。

　また、農村でも土地など生産手段の共有と集団化が進められた。具体的には集団耕作を行う「合作社」（40戸程度までの自然村落に造られた初級合作社、160-70戸からなる高級合作社）が設営され、56年末までにほぼ全農村が集団化された。農村の他にも、商人は商業合作社に、手工業者は手工業生産合作社に組織化され、私企業の生産手段も国有化が進められた。

　1958年は第2次5ヵ年計画が開始される年であった。しかし、1956年以降の中ソ対立により、ソ連の技術指導や資金に頼ることができなくなり、自力で重工業化を目指す必要に迫られた。また、前年の政治闘争（反右派闘争）の影響で、急進的な社会主義建設が進められた。こうした中、人民公社の創設と大躍進運動が始まるのである。

4　大躍進と文化大革命の混乱

　毛沢東の理想は「最も完全で最も純潔な社会主義社会」であった。この理想に至るために目指されたのは「分業を消滅させる社会」「商品を消滅させる社会」「三大差別（工業と農業、都市と農村、頭脳労働と肉体労働の差別）の縮小」であった。

　こうした理想を実現すべく1958年より人民公社が創設された。これは高級合作社を合併した農村の集団生産組織であり、財産・食料・労働などあらゆるものが共有化された。人民公社は学校や医療、行政機能も備わる集団生活の場でもあった。食事も共同食堂で取られた。そこでは誰もが「大鍋飯」（大鍋で調理した飯）を平等に取ることができたのであり、社会主義の理想の姿とされた。

　1958年には鉄鋼大増産に象徴される「大躍進」も始まった。発端は「15年以内にアメリカの工業生産を追い越す」とのフルチショフの言葉（1957年）であった。毛沢東はこれに対抗して「15年後に鉄鋼生産でイギリスを追い越

す」と宣言し、さらに15年という期限を3年に短縮した。この無謀な目標を達成するため、全国の農村には小高炉が設けられ、農民が鉄鋼生産に動員された。

しかし、専門知識に欠ける農民が原始的な小高炉で鉄鋼を生産しても、品質はもとより望めない。原料や燃料も不足していた。それでも、地方幹部は過大な成果を北京に報告し、中には生産額を水増しするために農機具や機械を溶かすことも横行した。農民は農業に専念できず、1959年から3年間の農業総生産は減少し、多数の餓死者が発生した。

劉少奇や鄧小平は大躍進の修正を図った。しかし毛沢東は彼らを「走資派」と批判し、政治・社会・文化・思想の全てに及ぶ改革運動を展開して反対派を追放した。これが1966年から中国を大混乱に陥れた文化大革命である。

文革初期には紅衛兵と呼ばれる若者がすべての権威を否定すべく職場や学校の指導者を攻撃し、政府機関や企業も機能不全に陥った。工場の生産活動は著しく停滞し、燃料や資源といった重要物資の輸送も滞るなど経済は大打撃を受けた。国内の混乱とソ連との対立は、中国を閉塞感の中に閉じ込めたのである。

5　アメリカと日本との関係改善

こうした閉塞感を打破する機会が訪れた。1971年4月、名古屋の第31回世界卓球選手権で、あるアメリカ人選手が誤って中国選手団のバスに乗り込んだ。これをきっかけにアメリカ人選手と中国人選手が親密になり、ついには中国がアメリカ人選手を自国に招待することになった。

この「ピンポン外交」は長年の米中対立を緩和させ、同年7月にはキッシンジャー大統領補佐官が極秘訪中して周恩来と会談した。そして翌年2月、ニクソン大統領の訪中が実現した。

反共主義者ニクソンが中国との関係改善を望んだのは、米中両国が連携してソ連に対抗するためである。また、泥沼化したベトナム戦争を解決するためにも中国との関係を改善したかった。訪中したニクソンは周恩来に対し、「あなた方が自らの理念を深く信じていることは承知している。我々は自らの理念を深く信じている。我々はあなた方に理念の譲歩を求めないし、あなた方も我々に対し理念の譲歩を求めることはないだろう」と語り、イデオロギー対立を回避した。

中国も、やはりソ連に対抗するため、そして文革で疲弊した経済を回復し、

科学技術の遅れを取り戻すためにも、アメリカとの関係改善を望んでいた。周恩来は、中国に必要なのは革命や階級闘争ではなく、近代化（中国では「現代化」）だと考えていた。こうして米中両国の現実主義者が米中和解を選択し、2月28日発表の「米中コミュニケ」（上海コミュニケ）によって敵対関係の終結を世界に伝えた。

日本は米中接近の動きを知らされておらず、突然のニクソン訪中に驚いた。1972年7月に首相に就任した田中角栄は日中国交正常化に積極的に動き、早くも9月25日、大平正芳外相と北京を訪問した。そして29日に日中共同声明を調印して国交正常化を実現した。

日米両国は、中国と国交正常化を実現する一方で、中華民国（台湾）と断交した。さらに1971年10月の国際連合総会は、安保理常任理事国の座を台湾から中国へと変更することを可決し、台湾はこれに抗議して国連から脱退した。こうして1970年代前半の中国は、国際社会における立場を著しく向上させたのである。

II　改革開放路線という挑戦

1976年に毛沢東が死去し、文革は終結に向かった。後継者の華国鋒は、日本をはじめとする資本主義国からの技術導入やプラント輸入を望んだが、既存の社会主義体制の枠組みを変更する意図はなかった。

1978年、共産党第11期中央委員会第3回全体会議（11期3中全会）は、国内改革と対外開放を意味する改革開放路線を取り入れた。従来の計画経済のもとで排除した市場経済の要素を取り入れ、西側の資本や外国技術を導入する、建国以来の大転換であった。本節は、改革開放路線を強力なリーダーシップで推進した鄧小平に光を当てつつ論じていきたい。

1　市場経済の導入──国営企業改革

改革開放の第1の注目点は国営企業改革である。その要点は、いわゆるインセンティブの導入である。

そもそも国営企業には、市場原理に基づく経営方針や、経営の合理化を促進する要素が存在していなかった。投資や生産に関する事項は国家計画委員会が

決定し、原材料やエネルギーの調達も国家物資部が決めていた。また、利潤が発生すると国に納め、損失が出た際には国が補てんしていた。そのため、たとえ企業が優れた業績を上げ、従業員が好成績を収めても、事業計画や報酬に反映されることはなかった。

また、経営者も監督官庁が任命し、従業員の雇用も労働局が決めた（「分配」）。従業員は解雇されることはなく（「鉄飯碗」）、減給もなかった（「鉄工資」）。医療費や年金、退職金、住宅も提供されていた。こうした特徴からも、従業員や企業が生産性を向上させるインセンティブが働く余地はなかった。

しかし1979年頃から、徐々に市場原理を導入する試みが見られる。まずは、利潤発生時に従業員の福祉やボーナス、生産活動への投資を認めるなど、一定の経営自主権を与えた。また1986年頃には所有と経営を分離する請負制が導入された。これにより、国が経営権・所有権を有する「国営企業」とは別に、所有権は国だが経営権は企業が有する「国有企業」の存在が認められることになる。そして1993年、国有企業に法人財産所有権と経営責任を与えた。つまり、政府はいわば出資者として企業の自主的経営を認めたのである。

さらに1999年9月には、国有企業の範囲を「国家の安全にかかわる産業、自然独占および寡占産業、重要な公共財を提供する産業、基幹産業とハイテク産業の中核企業」と限定した。そしてこれ以外の産業や企業に対しては民営化が推進された。

市場原理の導入は人々の意識にも変化を与えた。例えば人民公社時代に生まれた「大鍋飯」は、誰もが必要に応じて食べることができるという平等主義の象徴であったが、次第に余剰人員や働きの悪い者も同じ報酬を受け取る悪平等を指す否定的なニュアンスに転じた。今では国営企業を揶揄する際にも用いられる。また「鉄飯碗」も今では倒産がない職業を指す言葉となった。

もっとも近年では国有企業改革の滞りが議論に上がる。国有企業は政治的・法的に特権的な地位を有することから、市場原理から逸脱する過度な投資や雇用、さらなる変革を阻止する動きも見られる。これらの問題は第7章を参照されたい。

2　鄧小平のリアリズム──西側先進国からの技術導入

市場経済の導入と並ぶ改革開放の特色は、対外関係の大胆な転換である。鄧小平は毛沢東時代と決別して自ら日米両国をはじめ西側先進国に向き合った。

鄧小平は1978年10月22日～29日に日本を訪問し、23日には福田赳夫首相と日中平和友好条約の批准書を交換した。総理主催歓迎会では、秦の徐福が不老不死の秘薬を求めて日本に渡った故事に触れ、「今の中国が求める秘薬とは先進技術と経営管理だ」と語った。また記者会見では「容貌が醜いのに美人のようにおしゃれしてはいけない」と中国の後進性を認めた。

鄧小平の態度は一貫していた。新日鉄君津製鉄所の視察では「先端技術や経験を中国人に教えて欲しい」と表明し、日産座間工場では1年間に1人当たり94台生産していると聞くと「中国最高の長春第一汽車製造廠より93台多い」と答え、「現代化とはどういうことか初めて分かった」と話している。また新幹線で大阪に向かい松下電器の松下幸之助とも意見を交わした。

また1979年1月28日～2月5日にはアメリカを訪問し、ジョンソン宇宙センター、フォード社やボーイング社などを視察した。訪米中の鄧小平の姿はテレビを通じて中国の家庭に映し出された。その際、アメリカの高層ビルや高速道路、工場や交通網、大きく快適な中流家庭の様子も映り、中国人はアメリカの豊かさを目にした。

鄧小平は中国を技術や生産力で劣る貧しい国だと認めた。そのうえで、日米両国の先進技術や生産管理ノウハウを貪欲に吸収しようとした。イデオロギーに囚われず、実利主義に徹し、諸外国の進んだ技術を謙虚に学ぼうとする鄧小平の態度こそが改革開放路線の原動力であった。

3　経済特区と先富論

1979年、広東省と福建省に大幅な対外経済活動が認められた。翌年には広東省深圳、珠海、汕頭、そして福建省厦門の4都市が経済特区となった。これらの地域は香港・マカオ・台湾に隣接していることから、将来の統一に向けた緩衝地帯だというのが当初の説明であったが、鄧小平の本音は、先進地域と隣接する地理的条件を生かした資金・技術の導入や人材交流を図る点にあった。1984年には沿岸14都市を特区に準じる経済技術開発区に指定し、1988年には省に格上げされた海南島を5番目の経済特区とした。これらの地域は「技術・知識・管理・対外政策の4つの窓口」として先進技術を持つ企業を誘致し、輸出志向型産業の育成を目指した。

鄧小平の思想に「先富論」がある。これは、豊かになる条件のある者や地域を先に豊かにさせるという方針であり、従来の中国の経済建設の根底にあった

毛沢東の「均富論」からの抜本的な転換であった。均富論は、工業・農業間、都市・農村間、精神労働・肉体労働間にある格差を消滅させて平等社会を目指す考え方である。しかし、競争がなく経済的に非効率であり、「等しく貧しい社会」を生み出した。

経済特区の実験は功を奏し、当初は在外華僑・華人ネットワークの外資が集まった。さらに 1985 年 9 月のプラザ合意で円高ドル安となると、日本企業は労働集約型産業の中国移転を加速させた。こうして特区や経済技術開発区は、中国の豊富な労働力と低賃金を武器に「世界の工場」のステージとなった。

改革開放路線は決して順風満帆ではなかった。最大の危機は 1989 年の天安門事件（六四事件）で西側諸国が一斉に経済制裁を課した時であろう。また、資本主義や西側文化の流入を快く思わず、社会主義体制を平和裏に転覆させる「和平演変」だと非難する保守派も存在した。外資を新たな植民地経済とみなす批判や、特区・開発区とそれ以外の地域との経済格差を非難する声も根強かった。

こうした中、鄧小平は 1992 年初頭より武漢・深圳・珠海・上海で「南巡講話」と呼ばれる一連の発言を行った。そして、社会主義と資本主義間のイデオロギー対立を払拭し、国家と国民が経済発展に一丸となって邁進することを求めた。深圳では「深圳の発展は実際に基づいて仕事をした結果」であり「発展が絶対的道理だ」と述べ、珠海では「改革開放に反対する者は誰であろうと失脚する」と断言した。こうして改革開放路線を堅持し、保守派の批判を封じ込めた。

4　深圳の成功

ここで改革開放の象徴である広東省深圳を紹介したい。人口約 3 万人の農村に過ぎなかった深圳は、1980 年に経済特区指定を受ける。すると、仕事を求める人々が中国全土から集まり、2015 年には 1,100 万人を擁する大都市へと成長した。「深圳に来た人はすなわち深圳人だ」（来了就是深圳人）という言葉も生まれた。

深圳経済は、1994 年から 2004 年の 20 年間に平均 28％という驚異の経済成長を遂げた。2005 年の深圳からの輸出は 1,015 億ドルであり、これは中国全体の 13％を占めている。1991 年 10 月に開港した深圳国際空港は 2015 年には 4,900 万人の利用客を数えた。現在では多くのハイテク企業が集まり、その大

半は民間企業である。

　経済発展に伴って深圳の賃金や土地価格が上昇すると、労働集約型産業のメリットが薄れた。すると深圳は、ハイテクやサービス産業など産業の高度化を模索した。2009年からはバイオ医薬、インターネット、新エネルギー、新素材、ICT、文化創意という新興産業の発展を目指し、2013年には生命健康産業、海洋産業、航空宇宙産業を、そして2014年には省エネ・環境保護産業の振興方針を立てるなど、外資による労働集約型産業から脱皮して新たな付加価値を創造する産業の創出を目指している。

　多くの企業もこの地で生まれた。例えば招商銀行（1987年創業）は中国初の民営商業銀行であり、20年で4万人の行員を抱える巨大企業となった。2009年は米ウォールストリートジャーナル「中国で最も信用される企業トップ10」の第1位に躍り出た。また、ファーウェイ（華為、1988年創業）も深圳で設立された。従業員持ち株制の民間企業であり、携帯端末、通信機器の研究開発やソリューション分野で急成長を遂げた。2008年には国際特許出願件数で世界第1位、従業員は17万人を超える。他にも中国最大のインターネットサービスである騰訊（Tencent、1993年創業）、電気自動車の開発を進めるバッテリーメーカー比亜迪（BYD、1995年創業）など、深圳は多くの世界的企業を生み出している。

5　「世界の工場」モデルの臨界点に達した中国

　中国の1人当たりGDP（名目）は1980年の195ドルから2015年には8,069ドルに飛躍した。日本の34,474ドル、アメリカの56,207ドルと比較すれば依然低水準であるが、25年間で約41倍の成長は、同時期の日本の3.7倍、アメリカの4.4倍と比べると驚異的である。先進国の資本と技術を導入し、労働集約型の製造業を育成して「世界の工場」へと成長した成果である。

　特に外資は安価かつ豊富な労働力に魅力を感じて中国に工場を設立した。1980年代後半から90年代には、膨大な数の人々が農村部から仕事を求めて都市に出てきており、「盲流」（現在では「民工潮」）と呼ばれて社会問題にもなった。彼らが安価な労働力となって中国経済をけん引したのである。

　しかし安価かつ豊富な労働力は、今では過去の話となりつつある。現在の中国では深刻な失業問題は発生しておらず、完全雇用を迎えたといえる。さらに1979年に始まったいわゆる「1人っ子政策」（独生子女政策）は、現在の少子

高齢化を招く結果となった。2014年の60歳以上人口は総人口の15.5％（2億1,200万人）であり、豊かになる前に高齢化社会が到来した（未富先老）。そのため、社会の高齢化対策は不十分である。2015年10月、1人っ子政策は正式に撤廃されたが、家計所得が増すにつれて出生率が低下するのは多くの国に共通していることから、中国も出生率の劇的な増加は望めそうにない。

余剰労働力の減少と少子化は、労働市場を逼迫させて人件費を押し上げる。そのため、外国企業が中国で製造するメリットは薄れ、特に繊維産業や製造業で中国工場の規模縮小や撤退の動きがみられる。例えば2012年にはアディダスが中国の自社工場を閉鎖し、より人件費の安い東南アジア生産にシフトしている。

豊富な労働力と低賃金という「世界の工場」を支えた強みが薄れつつある今、中国は労働集約型から知識集約型産業の転換を図るが、そのためにはイノベーションを促進する教育や、技術開発、知的財産の保護等の強化が必要となる。自由な情報交換も欠かせないが、メディアは依然として国家の管理下にある。

Ⅲ　東アジアにおける中国

鄧小平が推進した改革開放路線は、中国の門戸を文字通り外に大きく開き、経済成長に必要な先端技術や資本を海外から導入した。この路線が成功を収めた要因として、技術力や経済力で欧米諸国と比肩する日本、日本に次いで高度経済成長を果たしていた「アジア四小龍」（香港・シンガポール・韓国・台湾）が中国に隣接していた意味は大きい。中国経済は、これらの国や地域との関係改善と並行して発展したのである。本節では、戦後中国と韓国・台湾・日本との関係をそれぞれ俯瞰する。

1　中韓関係のパラダイム・シフト

日本は貿易立国と言われる。しかし、2013年における韓国の輸出依存度はGDP比で42.9％（同時期の日本は14.5％）、輸入依存度は39.5％（日本16.9％）であり、貿易依存度は日本よりはるかに高い。

現在、韓国の貿易相手国として最も存在感があるのは中国である。2003年以降、中国は韓国最大の輸出先であり、また2007年には日本を抜き最大の輸

入元となった。2015年には韓国の対中貿易は全貿易額の25％を占めている（総務省統計局「世界の統計2016」）。中韓間の人的交流も活発であり、中韓両国を結ぶ直行便は週1,500便、1日に2万7,000人が往来している（2013年12月時点）。

　しかし中韓関係は1992年8月23日の国交正常化以前は全く様相を異にしていた。1948年8月15日に大韓民国が建国された時、初代大統領は激しい反共主義者の李承晩であり、朝鮮戦争では北朝鮮に義勇軍を送った中国と敵対した。韓国は安全保障面でアメリカと強固に結ばれ、1953年11月に締結した米韓相互防衛条約では在韓米軍の設置を認めた。つまり韓国と中国が関係を改善する余地はなかった。

　韓国は経済面でもアメリカに依存し、1965年の日韓国交樹立後は日本も韓国の主要貿易相手として浮上した。1970年の韓国は、輸出の47.3％がアメリカであり、日本が28.3％と続いた。実に輸出の76.6％を日米両国が占めたのである。また、同年の輸入先の首位は日本（41％）、次にアメリカ（29.5％）であった。一方で、韓国の対中輸出は0.8％、中国からの輸入は4.1％に過ぎず、このわずかな中韓貿易も香港や日本を経由する間接貿易であった。

　中国と韓国の経済交流が盛んになる契機は盧泰愚大統領が1988年2月の就任式で宣言した「北方外交」であった。理念と体制が異なる共産圏の国々と関係改善を図ることで東アジアの平和と繁栄に寄与し、南北和解の実現を目指すという方針である。背景にはソ連ゴルバチョフ大統領の「新思考」と米ソ緊張緩和があった。

　1990年9月30日、ソ連と国交を正常化した韓国は、中国とも関係改善に努めた。1991年に北京とソウルに領事機能をもつ民間貿易代表部を相互設置したのに続き、1992年8月にようやく国交を樹立して冷戦期の敵対関係を終結させた。翌月には貿易協定も発効し、ようやく直接貿易が可能となった。初期の中韓貿易は、韓国から中国へは工業製品が、中国から韓国へは資源（石炭、練炭、固形燃料等）や農産物が主な取引品目であった。

　両国間の貿易額は1991年の44億ドルから97年には237億ドル、2013年には2,289億2,000万ドルと驚くべき増加傾向を示した。中国がWTOに加盟した2001年前後からは、韓国の直接投資も急増し、2003年から2005年には対外直接投資の約4割が中国向けであった。例えば2002年には現代自動車が中国現地生産を開始、2008年に第2工場、2012年に第3工場を設けた。

　韓国にとって中国は市場としての魅力も増していった。例えば2013年にお

ける現代自動車の地域別販売台数は中国102.7万台、アメリカ72.1万台、韓国64.1万台であり、中国販売が首位となっている。

貿易関係の拡大と並行して、中韓両国は「21世紀に向けた中韓協力パートナーシップ」(1998年11月)、「包括的協力パートナーシップ」(2003年7月)、「中韓戦略的協力パートナーシップ」(2008年5月)と、韓国大統領が変わる度に深化を重ねた。2013年6月には朴槿恵大統領と習近平国家主席との間で「中韓戦略的協力パートナーシップの充実」が結ばれ、互恵的協力関係の一層の充実が図られた。さらには中韓自由貿易協定（FTA）が2015年12月に発効した。これによって、品目ベースで韓国から中国への輸出の約20％、中国から韓国への輸出の約50％の関税が撤廃された。このように、1992年の国交正常化が転機となり、中韓経済関係は急速に拡大と深化を遂げたのである。

しかし、中国との経済関係の深化は米中間のジレンマに立たされるという課題を韓国に突き付けた。韓国は、安全保障面では依然としてアメリカと同盟関係にあるからである。最近の例では、2016年に韓国が決定したアメリカ製高高度ミサイル防衛（THAAD）システムの導入に対する中国の反発がある。ロッテグループのゴルフ場がTHAAD配備用地と決まると、中国内のロッテ百貨店が消防法違反等の嫌疑を受け営業停止状態に追い込まれ、韓国製品の輸入規制や韓流スターの放送禁止、そして中国人観光客の姿が韓国から消えるという事態が発生した。中国はTHAADの報復とは明言していないが、経済的に中国に依存する韓国としては大きな痛手となった。

また、2000年頃から言われ始めたいわゆる「日中サンドイッチ論」も韓国経済の懸念要因である。これは、韓国が最先端技術では日本に劣り、労働集約型産業では中国に劣ることを意味する。しかし近年では、中国企業の技術革新やマーケティング力の向上が著しく、韓国が得意としてきたスマートフォンやテレビ、半導体などの電子・電器産業業界で韓国企業を苦戦に追い込む場面が目立つ。中韓経済関係は新たな局面に達したのである（韓国経済の現状と課題に関しては第9章を参照されたい）。現在の韓国の国・地域別輸出入相手国・地域は、表6-1に示した。

2　台湾――対立と提携

1949年、国共内戦で敗北した国民党政権は台湾に移転した。共産党（中華人民共和国）と国民党（中華民国）は、共に自らが中国を代表する唯一の正統

表6-1　2016年の韓国の国・地域別輸出入（通関ベース）

国・地域	輸出 (FOB)		輸入 (CIF)	
	金額 (100万ドル)	構成比 (%)	金額 (100万ドル)	構成比 (%)
中国	124,433	(25.1)	86,980	(21.4)
ASEAN10	74,518	(15.0)	44,319	(10.9)
香港	32,782	(6.6)	1,615	(0.4)
米国	66,462	(13.4)	43,216	(10.6)
EU28	46,610	(9.4)	51,902	(12.8)
日本	24,355	(4.9)	47,467	(11.7)
台湾	12,220	(2.5)	16,403	(4.0)

注：　ASEAN10は、ブルネイ、カンボジア、インドネシア、ラオス、マレーシア、ミャンマー、フィリピン、シンガポール、タイ、ベトナム。
出典：　日本貿易振興機構[2017]。

政府だと主張して譲らず、中国大陸の共産党は台湾解放を、台湾は大陸反抗を唱えた。このため中台関係は常に緊張し、1954～55年と1958年には軍事衝突が発生している。経済関係は香港等を経由したごくわずかな間接貿易に留まった。

改革開放路線を導入した翌年の1979年元旦、中国は「台湾同胞に告げる書」を発表し、これまでの「武力解放」を「祖国の平和統一」に置き換え、通商、通便、通航、学術・文化・体育・科学技術の交流（「三通四流」）を呼びかけた。そして中国は既述の通り1980年に台湾対岸の厦門を経済特区に指定して台湾との経済交流を意図した。

一方の台湾は「三不政策」（中国に対して接触せず、交渉せず、妥協せず）を堅持したが、1985年になると中国との間接貿易を事実上許す「新三不政策」を取り、徐々に両岸交流が始まった。1987年には台湾居住者の中国大陸への親族訪問が解禁された。

1988年1月に成立した李登輝政権は交流をさらに進めた。改革開放路線や広大な中国市場、労働力、天然資源、共通の言語等は台湾企業にとって魅力的であり、1990年には商用目的の中国訪問を解禁した。さらに、両岸関係の窓口として台湾は「海峡交流基金会」（1990年11月）を、中国は「海峡両岸関係協会」（1991年12月）をそれぞれ設立した。そして、「1つの中国」を堅持しつつもその解釈は各自異なることを認める「九二共通認識」（1992年）は、政治的対立を棚上げして経済交流を促進する枠組みとなった。

しかし両岸関係に再び緊張が走る。1996年3月、台湾初の直接民選選挙で

独立志向が強い李登輝が優勢となると、中国は台湾近海で軍事演習を実施し、基隆沖にミサイルを撃ち込んで威嚇したのである。しかし、却って中国に対する警戒心と反感が高まり、李登輝は過半数を制して勝利した。就任後は対中経済交流に対する「戒急用忍」（急がず忍耐強い）政策を打ち出し、1997年には台湾企業の中国投資額に上限を定め、公共インフラやハイテク投資を制限した。また、東南アジアへの投資を促進する「南向政策」を提唱して対中経済依存の抑制を図った。

2000年5月に民進党の陳水扁政権が樹立すると、ITバブル崩壊による不況への対応などから中国との経済交流を促進する「積極開放、有効管理」政策を打ち出し、2001年9月にはハイテク産業を含む台湾企業の対中進出を緩和した。同年には台湾の金門島・媽祖と中国福建省を結ぶ通商、通郵（郵便）、通商の「小三通」が試験導入された。

両岸交流が深まる一方で、中国と台湾はそれぞれの立場に基づく行動を取り、その都度緊張が走った。例えば2005年3月、中国は「反国家分裂法」を制定して台湾の独立志向を封じようとした。台湾は国家統一綱領（大陸に対する中華民国の基本原則）の停止、正名運動（台湾で用いられている「中国」「中華」という名称を「台湾」へと置き換える運動）等など「脱中国」の動きを見せた。

2008年5月に誕生した国民党の馬英九政権は両岸の距離を一気に縮める動きに出た。7月に中国人観光客の台湾訪問解禁と中台間の定期直行便の運航を実現し、12月には海運の直行便も可能とした。いわゆる「三通」（中台間の通商・通信・通航の直接化）の実現である。2009年6月には中国による対台湾直接投資を限定的に解禁し、台湾企業の対中投資の規制緩和も進められた。

ちなみに三通が実現するまで、中国は台湾路線を持つ航空会社に自国乗入れを禁じていた。そのため、例えば日本航空は台湾便のための別会社（日本アジア航空、1975年設立）を運営していた。諸外国の航空会社も同様に子会社を設立した。例えばブリティッシュ・アジア・エアウェイ、KLMアジア、スイスエア・アジア、エア・フランス・アジア等である。しかし2008年の中台直行便開設に伴い、中国は外国の航空会社に中台双方の乗り入れを許したため、日本アジア航空はこの年に運航を終えた。2013年6月時点で週616往復の直行便が台湾海峡両岸を結んでいることを考えるとまさに隔世の感がある。

2010年9月には「海峡両岸経済協力枠組協定」（ECFA）が発効した。これにより経済・貿易・投資面の関係強化、経済協力の拡大と協力メカニズムの構築などが目指されることとなった。また、この協定に基づいて電子商取引や医

表6-2　2016年の台湾の国・地域別輸出入（通関ベース）

国・地域	輸出 (FOB)		輸入 (CIF)	
	金額 (100万ドル)	構成比 (%)	金額 (100万ドル)	構成比 (%)
中国	73,879	(26.4)	43,991	(19.1)
ASEAN10	51,291	(18.3)	27.155	(11.8)
香港	38,398	(13.7)	1,331	(0.6)
米国	33,523	(12.0)	28,597	(12.4)
EU28	24,581	(8.8)	24,264	(10.5)
日本	19,551	(7.0)	40,622	(17.6)
韓国	12,788	(4.6)	14,650	(6.4)

出典：日本貿易振興機構 [2017].

療・金融・建設・旅行業などの市場を相互開放する「海峡両岸サービス貿易協定」が2013年6月に調印された。

しかし、急速な経済交流の拡大と深化は、台湾が中国経済に飲み込まれる恐怖を惹起した。また、中国の経済攻勢が台湾の中小企業や雇用に悪影響をもたらすとの懸念も広まった。特に海峡両岸サービス貿易協定に関する立法院審議は拙速との批判から、2014年3月には学生と市民が立法院を占拠する「ひまわり学生運動」が発生し、発効が延期されて中台経済交流に一定の歯止めがかかった。

2016年5月に総統となった蔡英文は、両岸関係の現状維持と中国経済との共存を模索している。また2017年からは「新南向政策」として東南アジア諸国やインド、オーストラリアやニュージーランドとの関係強化を図っている。これにより中国経済に対する過剰依存を軽減しようとしている（表6-2参照）。中国は経済関係の深化を通じて統一を実現させたいが、台湾は現在の実質的な独立状態の維持を欲している。そのため、さらなる経済や文化交流の深化が見られようとも中台間の政治的緊張は依然として継続するであろう。

3　日中貿易の進展と日本の技術協力

1990年、日本の貿易総額において中国は僅か3.5％に過ぎなかった。しかし2015年には21.2％へと急拡大した。上記の韓国や台湾と同様、日本にとっても中国経済の存在感は急速に拡大したのである。

日本にとって中国は、戦前から大きな経済的価値があった。1934年から

36年には、日本が輸出した機関車の98.8％、客車及び貨車の98.4％、自動車の92.2％、織機の85.3％、紡機の78.1％が中国（旧満州国含む）向けであった。しかし、中国はこうした日本の経済攻勢を「経済侵略」と否定的に見ていたことは留意すべきであろう。

　戦後の日中経済関係は、やはり多くの政治的障壁があった。1951年9月、日本はサンフランシスコ講和会議で主権を回復するが、中国と台湾はともに参加せず、翌年に日本は台湾（中華民国）と日華平和条約に調印した。したがって中国と国交はなく、共産主義国に対する貿易制限も存在したため、日中間には僅かな民間貿易が細々と続けられるにとどまった。

　この僅かな貿易も1958年5月の「長崎国旗事件」で危機に瀕した。これは、長崎市内のデパートで開催された「中国切手・切り紙展覧会」で中国国旗が引きずり降ろされた事件である。警察は、中国を国家承認していないとして外国国章損壊罪を適用しなかった。これに中国は抗議して日中貿易を停止した。日本は政治的理由で経済関係が阻害されるべきではないと「政経分離」を主張したが、中国は「政経不可分」を譲らなかった。

　しかし中国は、1950年代後半に顕在化した中ソ対立や大躍進の失敗という難局を打破すべく、西側諸国との関係改善を模索していた。日本も中国との貿易を望んだため、1960年に再開された。その際に中国は（1）中国を敵視しない（2）2つの中国を認めない（3）日中両国の正常化を妨げないという政治三原則を条件とした。貿易の担い手は、中国が友好的だと認める日本の貿易会社に許された。こうした会社は「友好商社」と呼ばれた。友好商社の社員は、年2回開かれる広州交易会（中国広州出口商品交易会）で商談を行うことが通例だったが、国交がない日中間に直行便は飛んでいないため、香港経由で広州に向かった。

　1962年11月には「日中長期総合貿易に関する覚書」（LT覚書）が交わされた。LTとは中国側代表の廖承志（りょうしょうし）と日本側代表の高碕達之助（たかさきたつのすけ）の頭文字である。LT覚書は長期総合貿易の発展を謳い、1963年から1967年までの貿易総額を年平均約3,600万ポンドと定め、中国側からは、石炭、鉄鉱石、大豆、とうもろこし、豆類、塩、スズ等を、日本側からは鋼材（特殊鋼材を含む）、化学肥料、農薬、農業機械、農具、プラント等を輸出した。特に日本政府保証や日本輸出入銀行の融資付きのプラント輸出が見られるなど経済交流は拡大した。

　1964年4月20日には「日中両国の貿易事務所の設置と常駐記者の交換に関する覚書」が調印された。LT覚書の期限が過ぎた1968年以降は、1年更新の

覚書貿易（MT貿易、メモランダム・トレード）が始まる。しかし中国では文化大革命が進行中であり、毎年の更新時は困難を極めた。このように日中貿易は政治的要因に翻弄された。日本では台湾との関係を優先して中国への接近を警戒する声も強く、中国側も文革中であったため安易な日本接近は難しかった。

1972年に日中国交正常化が実現し、1974年に「日中貿易協定」が締結されると、ようやく正式な国交の上に立つ経済交流が可能となった。日本は台湾断交を余儀なくされたが、中国も日米安保条約や尖閣諸島（中国名「釣魚台」）の争点化を回避することで日本との国交回復を優先した。

国交正常化より数年後、日中両国は上海宝山鋼鉄総廠（現・宝山鋼鉄股份有限公司）の宝山製鉄所建設工事という大規模プロジェクトに合意した。周恩来の「4つの現代化」（今世紀内に農業、工業、国防、科学技術の全面的な近代化を実現し、中国の国民経済を世界の前列に立たせる）方針の下、中国の年間粗鋼生産量が3,178万トンであった1978年に600万トン規模の生産が可能な最新鋭製鉄所を、第一高炉の火入れまで約2年という最短工期で建設する中国建国以来最大のプロジェクトであった。稲山嘉寛会長率いる新日鉄は全面協力し、最新鋭技術や管理手法を中国側に提供した。

工事は苦難の連続だった。1978年3月に建設が始まったが、途中でいわゆる中国側の契約未発効問題や、「洋躍進」（対外開放による経済建設計画）に対する批判などが発生し、建設工事の中断も見られた。現場で働く日中技術者や労働者も衝突した。特に中国側は、日本軍の残虐な行為に対する恨みと技術者として日本の最新技術を学びたいと欲する複雑な感情を抱いていた。日本から到着した杭が錆びていると「日本は不良品や中古品を売りつけた」と抗議するなど衝突は頻発した。日本側は中国人を納得させるために粘り強く説明したという。

本プロジェクトでは多い時で日本人700人が上海に滞在した。技術や管理方法を学ぶために訪日した中国人は延べ3,000人を数えた。日中両国人が相互に相手国に赴き、共働する中で信頼関係を醸成したことが中国の現代化に大いに貢献したのである。

現在の日中関係の諸課題は第10章に譲るが、ここでは日中関係のトレンドとして近年話題になっている訪日中国人に関して言及したい。訪日中国人数は、中国人団体観光客の来日が始まった2000年には僅か385,296人であったが、2016年には6,373,564人へとこの16年で17倍近く増加した（図6-3）。

その理由としてビザ発給条件の緩和や中国の経済成長の恩恵がよく挙げられ

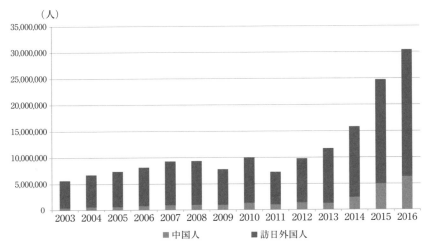

図 6-2 訪日中国人数の推移

出所：日本政府観光局（JNTO）。

るが、日本に対する中国人の関心の増加も視野に入れるべきであろう。例えば、中国内の日本語教育機関数、教師数、そして学習者数はすべて上昇傾向を見せている。日本語を学ぶ中国人は 2012 年には 104 万 6,500 人であり、2009 年から 26.5％の増加である（国際交流基金）。この数字は教育機関で学ぶ生徒数であり独習者は含まれていない。

2015 年における中国人観光客の 1 人当たりの旅行支出は 283,842 円であり、訪日外国人の中で 1 位を記録している（日本政府観光局 JNTO）。また、中国人の観光スタイルも観光バスを連ねて「爆買い」をする団体旅行から、次第に多種多様な個人旅行に変化しつつある。観光立国を目指す日本にとって最大の顧客であり、ホスピタリティ産業を充実させる上で無視できない存在である。

しかし、両国民の相互不信は依然として根強い。71.9％の日本人、78.2％の中国人が現在の日中関係を「悪い」と判断している（言論 NPO「第 12 回日中共同世論調査　2016 年」）。日本は、史上最多の来日中国人数を相互理解を促進する絶好の機会として活用する知恵が求められている。

おわりに

本章を終えるにあたり、中国経済発展の意義を改めて考えておきたい。既述

の通り、中国は1949年の建国時から多くの困難に遭遇した。1958年から61年の大躍進時代には餓死者が3,600万人という主張もある（『毛沢東大躍進秘録』）。これは決して遠い過去の話ではない。

1日1.9ドル以下を貧困ラインと定義する世界銀行の基準（2015年改訂）に従うと、1990年の中国人は66.6％が貧困層に入る。しかし、2013年には1.9％に減少した。経済発展の副作用を指摘する意見は多いが、まずは中国の貧困率が劇的に改善した功績を強調しておきたい。貧困からの脱却は、そこに住む人々の人生に可能性を与えるからである。

中国の経済発展は一国では到底達成できなかった。改革開放政策は海外先進国の資金や技術を求めた。西側諸国、特に東アジア諸国・地域と政治的な対立を超えた協力関係がなければ、改革開放の掛け声は徒労に終わっていたかもしれない。中国と東アジアは対立を超えて「共通善」を追求した過去を共有しているのである。

[演習]

1. 1世代前、2世代前、3世代前の中国人が見た中国社会と、各世代が抱いた世界観を考え、世代間の差異を指摘せよ。
2. 中国建国後の社会主義路線はなぜ理想とされたのか。その功罪を考えよ。
3. 改革開放政策の成功要因を考えよ。
4. 相互利益と平和共存を軸とする東アジア経済のあるべき姿について論ぜよ。

【参考文献】
〔1〕天児慧 [1999].『中華人民共和国史』岩波書店。
〔2〕中国国家統計局 [各年版].『中国統計年鑑』。
〔3〕高原明生、前田宏子 [2014].『開発主義の時代へ 1972—2014』岩波書店。
〔4〕寺島実郎 [2012]『大中華圏——ネットワーク型世界観から中国の本質に迫る』NHK出版。
〔5〕日本貿易振興機構 [2017].『世界貿易投資報告（2017年版）』。
〔6〕服部龍二 [2011].『日中国交正常化——田中角栄、大平正芳、官僚たちの挑戦』中央公論新社。
〔7〕毛利和子 [1989].『中国とソ連』岩波書店。

〔8〕渡辺利夫、小島朋之 [1994]. 『毛沢東と鄧小平』NTT 出版。
〔9〕南亮進、牧野文夫編 [2016]. 『中国経済入門　第 4 版　高度成長の終焉と安定成長への途』日本評論社。
〔10〕Vogel, Ezra [2011]. *Deng Xiaoping and the Transformation of China,* Cambridge : Harvard University Press.
〔11〕Mahbubani, Kishore [2008] .*The New Asian Hemisphere: The Irresistible Shift of Global Power to the East,* New York: Public Affairs.
〔12〕Kissinger, Henry [2011]. *On China*, New York: The Penguin Press.

第7章　中国経済の現状と課題

巴特尓／バートル（多摩大学経営情報学部准教授）

はじめに

2017年10月、中国共産党第19回全国代表大会（以下、第19回党大会）が北京で開催され、党の新指導部が発足し習近平政権が2期目を迎えた。

2003年に発足した胡錦涛・温家宝体制発は「和諧社会の実現」「科学的発展観」のスローガンを掲げ、江沢民時代の経済成長至上主義がもたらした社会の歪みの是正に取り組んだ。発足当初の2年間こそ7％のGDP成長率を目標に掲げたが、その後2005年から2011年まで7年連続で「保八」（GDPの8％成長を堅持）の目標を掲げ、2010年には中国は日本を追い越しGDP総額世界第2位の経済大国となった。しかし、高度成長の代償として、貧富の格差拡大、環境汚染、政治の腐敗などの社会的課題が顕在化したのも事実である。

2012年11月に開催された中国共産党第18回全国代表大会（第18回党大会）では、次期党最高指導機関となる政治局常務委員のメンバーが選出され、習近平総書記を中核とする党の新しい指導体制が確立した。さらに、2013年3月の全国人民代表大会で新首相として李克強氏が選出され、習近平・李克強体制が正式に発足してから早5年の年月が経とうとしている。

習近平・李克強新体制にとっては、中長期的に見れば、胡錦涛政権時代に未解決のまま先送りされてきた各種課題を押し付けられた結果となり、舵取りが難しい船出となったといえる。2015年3月、李克強首相は全国人民代表大会での政府活動報告において、中国の経済成長率目標を7％前後に引き下げ、「中国経済状況が新常態（ニューノーマル）に入った」と位置づけ、1978年の改革開放以来の30年の中国の高度経済成長に終わりを告げた。

「新常態」の経済状況のもとで、中国政府は従来の投資と輸出依存から投資・輸出・内需のバランスの取れた経済発展（「量」よりも「質」へ）を目指す大きな政策方針の大転換を図るとしていたが、果たして新しい指導体制のもとで実現したのだろうか。

図 7-1　中国の GDP 総額と成長率推移

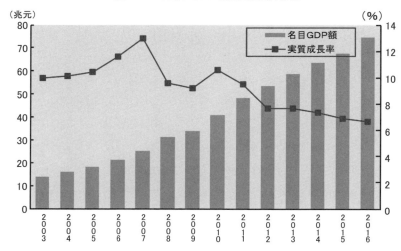

出所：中国国家統計局［各年版］のデータをもとに筆者作成。

　今秋の第 19 回党大会において、習近平政権は建国 100 周年にあたる 2049 年を目処に、「社会主義現代化強国」「総合的な国力と影響力で（国際社会）を主導する国家」を建設すると宣言した。

　以下、第 1 期の習近平政権下の中国経済の状況を振り返りながら、2018 年 3 月の全国人民代表大会を経て本格的に始動する第 2 期習近平体制の課題を中心に今後の中国経済の行方を展望してみたい。

I　中国経済の現状

1　経済規模

　国内総生産額（GDP）は、2003 年 1.6 兆ドルから 2016 年は 11.2 兆ドルと約 7 倍増加し、2010 年には世界第 2 位の経済大国となった（図 7-1 参照）。1 人当たり GDP も 2003 年の 1,293 ドルから 2016 年は 8,113 ドルと 6 倍以上増加し、既に中所得国の仲間入りを果たしている。一方、IMF の為替の影響を排除した購買力平価（PPP）ベースの GDP では、中国は 2016 年（21.2 兆ドル、米国 18.6 兆ドル）において世界最大となっている。

図 7-2 中国の対外貿易額の推移 (単位:100万USドル)

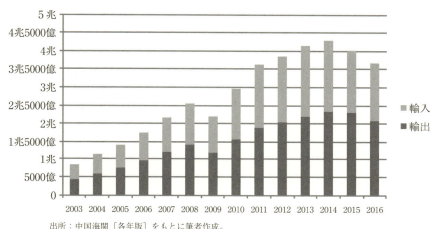

出所:中国海関[各年版]をもとに筆者作成。

2 対外貿易

対外輸出入総額は、2003年の8,510億ドルから2016年は3兆6,849億ドルと4倍以上増加した。特に2013年は輸出入総額が4兆ドルを超え、米国を抜いて世界最大の貿易大国となった(図7-2参照)。2016年の主要輸出地域では北米(4,126億ドル)、欧州連合(EU、3,390億ドル)、東南アジア諸国連合(ASEAN、2,520億ドル)、南米(1,139億ドル)、アフリカ(922億ドル)、オセアニア(475億ドル)の順となっており、主要輸出相手国・地域では、米国(3,852億ドル)、香港(2,884億ドル)、日本(1,292億ドル)、韓国(935億ドル)、台湾(404億ドル)の順となっている。

3 対内外投資

対内直接投資額は、2003年535億ドルから2016年は1,260億ドルと2倍以上増加した。一方、2002年の第16回党大会で中国企業の海外進出促進策(「走出去」)が打ち出された結果、中国企業による対外投資2003年の28億ドルから2016年は1,700億ドルへと急拡大した。一方、国際連合貿易開発会議が発表した「2017年世界投資報告」によると、中国の2016年の対外投資は44%

図 7-3　中国の対内・対外直接投資額推移

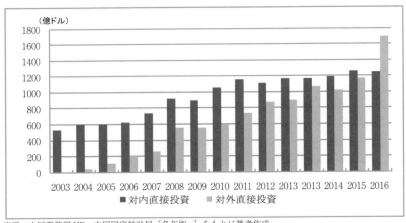

出所：中国商務部 HP、中国国家統計局［各年版 a］をもとに筆者作成。

図 7-4　中国の新車販売台数の推移

単位：万台

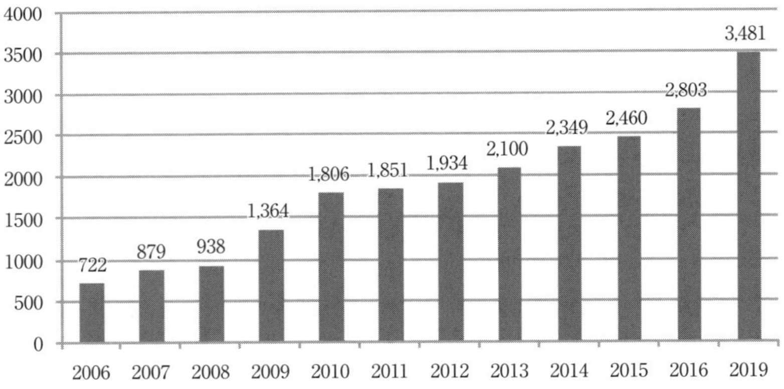

出所：中国汽車工業協会統計をもとに筆者作成。

増の 1,830 億ドルに達し、米国に次いで世界第 2 位の投資大国となっている（図 7-3 参照）。

4　世界最大の自動車市場

2009 年から 2016 年に至るまで 8 年連続で世界最大の自動車市場を維持し、2016 年の新車販売台数は 2,803 万台にまで上った。フロス＆サリバン社の予

測によると、2019年の中国の新車販売台数は3,400万台を超え、世界全体の販売台数の約40%近くを占めるとしている。

中国は2009年に米国を抜いて世界最大の自動車販売市場となったが、EV（電気自動車）の販売台数においても単年では2015年に、累計では2016年に米国を上回り、世界最大の市場となっており、本格的なモータリゼーションの時代に突入した（図7-4参照）。

2015年、中国政府は「中国製造2025」を打ち出し、自動車産業を含め先端技術などを擁する高付加価値型製造業を育成し、欧米や日本など先進国並の製造強国を目指す国家戦略を明らかにした。2017年の第19回党大会の活動報告において、習近平総書記は「中国経済の質的優位性を著しくたかめなければならない」と発言し、今後EV（電気自動車）やAI（人工知能）などハイテク産業分野において世界レベルの先進的製造業クラスターを形成する考えを示した。中国は今後、自動車分野において世界市場の流れを左右する存在になるであろう。

II　習近平第2期体制の課題

1　経済構造の転換

第1の課題は、経済構造の転換による持続可能な経済成長を目指すことである。投資と輸出依存から投資・輸出・内需のバランスの取れた「量」よりも「質」を重視した経済発展への構造転換が求められている。

中国経済は、過去30年に亘って年平均約10%の高成長を続けたが、その歪みともいえる格差問題や富の偏在、環境破壊など諸問題が表面化しており、経済構造の転換を図らなければならない局面に差し掛かっている。今後、持続可能な経済成長を実現するためには、これまでの投資・輸出依存型の成長モデルから内需主導型成長モデルへの転換に加え、労働力や資本など投入量の拡大から生産性の向上に力点を置いた生産方式への転換が必要不可欠である。とりわけ、内需主導型成長モデルへの転換は、所得分配制度の改革や社会保障制度の充実、産業構造の転換（工業からサービス業へ）、生産性の向上（戦略的新興産業の促進による高付加価値産業や技術集約型産業の育成と集積）を図ることで経済構造の転換を急がなければならない。2016年のGDP成長率（6.7%）に対す

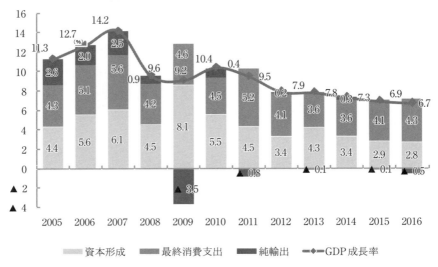

図 7-5　GDP 成長率に対する需要項目別寄与度

出所：中国国家統計局発表データをもとに筆者作成。

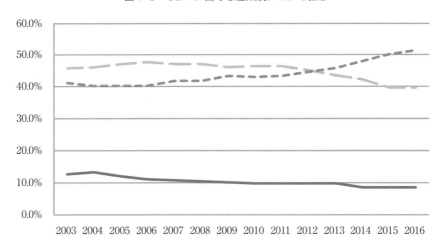

図 7-6　GDP に占める産業別シェアの推移

出所：中国国家統計局発表データをもとに筆者作成。

る需要項目別寄与度は、資本形成が 2.8、最終消費支出が 4.3、純輸出は -0.5 となっており、2009 年以降、資本形成が大きく減少したものの、最終消費はそれほど伸びていないため、今後一層拡大する必要があろう（図 7-5 参照）。

また、GDP に占める産業別シェアでみると、2013 年は第 3 次産業が GDP の 56.1% を占め、初めて第 2 次産業の 43.9% を上回った。2016 年の第 3 次産業の比率は 51.6% に低下したものの、第 2 次産業の 39.8% を大きく上回っている（図 7-6）。一方、GDP の構成比でみる中国の個人消費は 2012 年の 36% から 2014 年はわずかに増加し 37.9% となり、2015 年は更に 39.5% まで拡大したものの、第 3 次産業や個人消費の比率がいずれも 60%〜70% 以上を占める先進国に比べ、なお取り組むべき課題が多いと考えられる。

2 「国進民退」の克服

第 2 の課題は、「国進民退」の克服による経済効率の改善である。

改革開放政策が実施されて以来、中国経済に占める民営経済のプレゼンスが拡大し国有企業のシェアが縮小したものの、金融やエネルギー、通信、インフラなど主要産業分野における国有企業による独占・寡占状態が続いており、民間企業の参入が難しく、主要産業において市場競争原理が働いていないのが現状である。米経済誌フォーチェンが発表した「2012 年世界トップ 500 社」では、中国企業が 73 社ランク入りしたものの、そのほとんどを国有企業が占めている。

2008 年 9 月のリーマンショックとそれに対応するための政府による大型景気対策の実施を受けて、それまでの「国退民進」（国有企業のシェア縮小と民営企業のシェア拡大）とは逆に、一部では「国進民退」（国有企業のシェア拡大と民営企業のシェア縮小）という傾向が目立っている。

民営企業にとって、参入障壁の高い業種に属す国有企業が好業績を維持できるのは、その企業の経営者と従業員の努力と能力よりも、独占力と政府の優遇策によるものである。国有企業は、商品価格の支配をはじめ、低コストでの資源調達、政府からの財政補助金の交付、実質上国から無償で資金の供与を受けることができるため、資本コストの面において、民営企業よりはるかに有利な立場にある。その弊害として挙げられるのは、消費者利益が損害を被るだけでなく、競争原理の導入や市場の開放の妨げとなり、社会的不平等な状態を生み出すことである。

とりわけ 2008 年の世界金融危機に続き、昨今の欧州債務危機を受けて、広東や浙江省など沿海部における輸出主導型の中小民営企業は外需低迷の影響で業績の悪化による倒産が相次ぎ、大量の失業者を生み出し、中国国内で大きな社会問題となった。

第 18 回党大会では、大手国有企業幹部が中央委員（CNPC、中国銀行など）や中央委員候補（宝鋼集団、海爾集団など）に選ばれているが、民営企業家の党の要職への登用は実現されていない。今後、経済効率の改善と市場競争原理の導入は必要不可欠であり、そのためには国有企業の民営化、金融自由化などが重要な政策課題となろう。国有企業は、これまで利益の大半を国に収めず内部保留しているため、過剰投資や労働分配率の低下をもたらした（図7-7 を参照）。

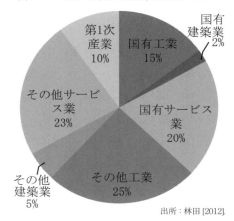

図 7-7　GDPに占める国有経済のシェア

出所：林田 [2012].

一方、民営企業への支援に関しては、国務院が 2010 年発表した「民間投資の健全な成長の奨励と誘導に関する若干の意見』（「新 36 条」）の実施細則において、民営企業の国有企業による独占業種への資本参加など、投資領域の拡大と多様化及び投資効率の向上を目的としている。（表 7-1 参照）が、今後習近平体制の下で国有企業の改革と民営企業向けの支援策が着実に実施されるのか、注目される。

前述したように中国政府が打ち出した「中国製造 2025」という国家戦略は、先端技術などを擁する高付加価値型製造業を育成し、欧米や日本など先進国並の製造強国を目指すというものだが、今後国有企業の改革に加え、民間企業の活力を引き出しイノベーション力やブランド力を強化につながるような政策転換が必要不可欠であろう。

3　格差是正

第 3 の課題は、格差是正による社会の公平性を実現することである。
これまでの「改革・開放」政策は国民の働く意欲の喚起に重点を置いてきたが、

表 7-1 「新 36 条」の概要

分野	具体的業種
①基礎産業とインフラ設備	①交通運輸部門（鉄道、道路、港湾、民用空港などの建設）、②水利建設、③電力事業（火力・水力・原子力発電所の建設）、④石油・天然ガス開発事業（探査・輸送設備の建設）、⑤電信事業、⑥土地整理と鉱物資源開発事業、への事業参入
②公共事業と政府保障型住宅建設	①都市部の水・ガス・熱供給と汚水・ゴミ処理、②公共交通、③都市緑化、④政府保障型住宅建設などの分野への事業参入
③社会文化事業	①医療事業（病院や各種医療サービス機関の設置運営）、②私立教育機関（幼稚園・小中高校などの設立）、③社会福祉事業（養老施設など）、④文化事業（広告、演芸、娯楽、映像、アニメ、出版などに関わる制作やサービス、博物館や図書館、映画館、スポーツ関連施設、観光レジャー施設の建設など）への事業参入
④金融サービス	①商業銀行への出資（金融機関への出資比率の制限を緩和し、民営企業による株式の取得・出資などによる事業参入を促す）、②金融サービス機関の設立（村鎮銀行、消費者金融会社、農村資金互助社など）
⑤商業物流	①卸小売り事業、②現代物流事業（チェーン店や電子商取引など）への参入
⑥国防科学技術	①軍需産業（軍民両用技術の開発と産業化、軍需品の生産と研究開発など）への参入
⑦その他	①国内における企業買収や合併を促す、②国有企業の企業再編への関与、③民営企業のイノベーションの向上、④戦略的新興産業への事業参入、⑤国際競争力の向上による企業買収促進など

出所：国家発展改革委員会の発表資料をもとに筆者作成。

その経済発展の成果を公平に分配する制度的枠組みが用意されていない。それゆえに、国民の多数は経済成長の恩恵を十分に享受しておらず、社会の不安定化をもたらす一因となっている。高成長の歪みとして貧富の格差や都市・農村の格差（3倍強）及び地域格差が広がるなか、国民の不満が高まっており、習近平新体制にとっては格差の是正と公平な富の分配が至上命題である。都市と農村の所得格差は拡大傾向にあり、2002年から2013年までの所得格差は3倍強で続いており、2014年からは若干改善されたものの、それでも2.7と高止まりの状況が続いている（図7-8参照）。

図 7-8 都市と農村の 1 人当たり所得格差の推移

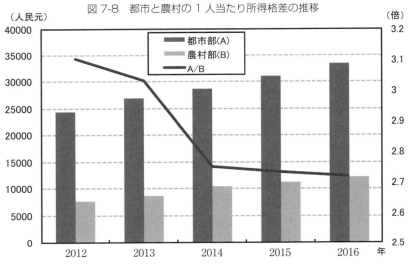

出所：中国国家統計局発表のデータをもとに筆者作成。

図 7-9 都市農村別人口比率の推移

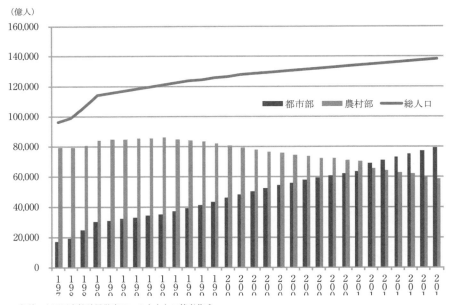

出所：中国国家統計局発表データをもとに筆者作成。

また、中国の都市人口は2011年に初めて農村人口を上回り、2016年の都市人口の比率は57.6%となっている。農村から都市へ流れる農村人口の増大により都市化が急速に進んでいるものの、戸籍問題や地域の発展格差由来の様々な問題が都市部へ波及し、大きな社会的課題となりつつある。中国政府は、内需拡大の対策として農村から中小規模の都市への移住と就業を進めているが、上述のように今後は戸籍問題をはじめ、雇用や年金医療保険など社会保障システムの整備・普及を急がねばならない状況にある（図7-9参照）。

所得格差の問題を是正するために、中国政府は現在社会保障システムの充実、個人所得税法の改正、所得倍増計画を実施している。

第12次5ヵ年計画（2011～15年）では、都市養老保険加入者数を2.57億人から3.57億人へ拡大させ、一方農村地域の養老保険加入者数を1億人から4.5億人へ増加させ、同時に社会保障カード発効数を1億枚から8億枚に増やし、全人口の60%をカバーする目標を掲げている。第13次5ヵ年計画（2016～20年）においては、基本養老保険加入率を2015年の82%から2020年までに90%まで上げる目標を掲げている。

更に、2011年9月から個人所得税の改正を行い、給与や賃金所得の累進課税について、最低税率をこれまでの5%から3%とし、また、現行9段階としている税率区分のうち、15%と40%の区分をなくし7段階とした。各税率の

表7-2　個人所得税法の改正（2011年9月1日より施行）

旧			新		
級数	課税所得月額	税率(%)	級数	課税所得月額	税率(%)
1	500元以下	5	1	1,500以下	3
2	501元以上　2,000以下	10	2	1,501元以上　4,500以下	10
3	2,001元以上　5,000以下	15	3	4,501元以上　9,000以下	20
4	5,001元以上　20,000以下	20	4	9,001元以上　35,000以下	25
5	20,001元以上　40,000以下	25	5	35,001元以上　55,000以下	30
6	40,001元以上　60,000以下	30	6	55,001元以上　80,000以下	35
7	60,001元以上　80,000以下	35	7	80,001元以上	45
8	80,001元以上　100,000以下	40			
9	100,001元以上	45			

出所：「『中華人民共和国個人所得税法』改正に関する全人代常務委員会の決定」をもとに筆者作成。

課税所得額の範囲も変更され中低所得者の税負担が軽減されるように改正されている（表7-2参照）。

2012年11月に開催された第18回党大会では、「2020年までにGDP総額と国民1人当たりの所得を2010年比（GDP：7.3兆ドル、都市住民の可処分所得：19,109元、農村住民の純収入：5,919元）で倍増させ、小康社会（ややゆとりのある社会）を実現する」という数値目標が打ち出された。

国民の所得を倍増させるという具体的な定量目標を初めて掲げたが、目標達成のためには、税・財政制度改革（所得税率の引き上げや固定資産税の導入、農村や内陸部への財政支援など）、都市・農村戸籍の一体化、都市化の推進（都市化率は統計上50％超であるが、実質35％）や中西部地域の経済発展などによる格差問題の抜本的改善が求められている。

4　人口対策と生産性の向上

第4の課題は、人口対策と生産性の向上である。

中国では、1979年から実施された「1人っ子政策」により、少子高齢化が急速に進んでいる。中国は2002年に高齢化社会（総人口に占める65歳以上の人口比率が7％を超える）に突入したが、約10年後の2011年の高齢化率は9.1％となり、2016年末現在では10.8％にまで拡大し、65歳以上の人口は1億人を超え、1億5,003万人に上っている。近い将来においては高齢社会（総人口に占める65歳以上の人口比率が14％を超える）を迎えることになろう。一方、総

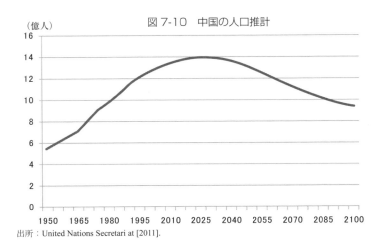

図7-10　中国の人口推計

出所：United Nations Secretari at [2011].

人口は 2033 年に、生産年齢人口は 2015 年にそれぞれピークを迎えそれ以降減少局面に入ると予想されている（図 7-10、図 7-11、図 7-12）。

今後、短期的には労働力不足の事態への対応に迫られ、中期的には労働力の質的向上のために教育水準の高度化と労働技能の向上が求められることが予想されよう。

2010 年 11 月 1 日に中国で実施された第 6 回人口センサスの結果と前回 2000 年の人口センサスを比較してみよう。

① 総人口：13 億 3,972 万人（2000 年の調査より 7,390 万人増加、年平均増加率 0.57%）

図 7-11　中国に人口ピラミッド（2012 年）

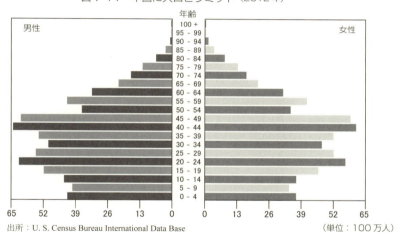

出所：U. S. Census Bureau International Data Base
（単位：100 万人）

図 7-12　中国に年齢別人口推計　中国の年齢別人口推計

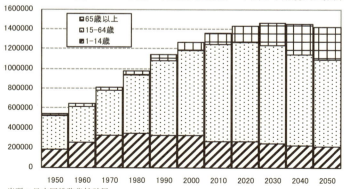

出所：日本国総務省統計局

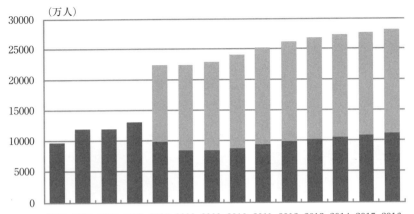

図 7-13 農民工（出稼ぎ労働者）の人口推移

出所：2008年までは『中国統計年鑑』、2009年からは人力資源社会保障部発表データをもと筆者作成

② 年齢別：
* 0～14歳→2億2,246万人（総人口の16.6%）→2000年は22.9%
* 15～59歳→9億3,962万人（総人口の70.3%）→2000年より1億人増加
* 60歳以上→1億7,765万人（総人口の13.3%）→2000年は10.3%
* 65歳以上→1億1,883万人（総人口の**8.87%**）→2000年は6.96%

一方、2016年末の年齢別人口構成は以下に示したように上記の人口統計と比較すると、中国の少子高齢化問題は極めて深刻であるといえる。

① 総人口：13億8,271万人
② 年齢別：
* 0歳～15歳→2億4,438万人（総人口の17.7%を占める）
* 16～59歳→9億747万人（同65.6%）
* 60歳以上→2億3,086万人（同16.7%）
* 65歳以上→1億5,003万人（同10.8%）

また、農民工（2016年現在、2億7,395万人。図7-13）に加え、大卒者数（2017年は795万人。図7-14）の増加が顕著となっており、職業訓練や社会保障システムの整備、雇用問題などが喫緊の課題の1つとなっている。

こうした状況に対し、政府は次のような人口政策をとっている。

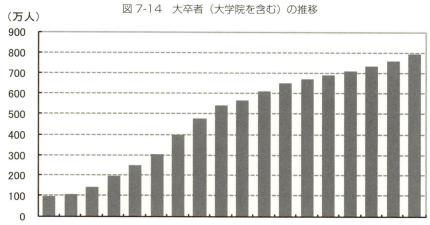

図7-14 大卒者（大学院を含む）の推移

出所：中国国家統計局［各年版b］（2008年まで）、人力資源社会保障部発表データ（2009年から）。

① 中国政府は、第12次5ヵ年計画期間（2011～15年）中の人口増加率を毎年7.2%に抑制し、2015年時点での総人口を13億9,000万人以内に抑える目標を掲げている。

② 中国政府は、これまで「1人っ子」政策の廃止に関し否定的であったが、2014年より全国規模で1人っ子同士の夫婦の二人目の子供の出産が認められたほか、夫婦二人の片方が1人っ子の場合でも二人目の子供の出産を認めるなど、一部で緩和の動きも見られる。また、一部地域では、定年年齢の延長などの施策も講じられており、生産年齢人口の確保に向けて取り組んでいる。

国家統計局が2013年1月に発表したデータによると、中国政府が「生産年齢人口」とする15～59歳層の人口は、2012年に中国建国以来初めて前年を下回った。2012年の生産年齢人口は9億3,727万人と、前年より345万人減少したことから、一部の専門家は経済成長の推進力の1つだった「人口ボーナス」期間の終了を意味する数字と指摘している。

少子高齢化の進展に伴う労働力不足、国内の投資・消費の縮小などが問題視されている中、中国政府は、2016年1月より「1人っ子政策」を撤廃し、すべての夫婦に2人目の子供を持つことを認める政策転換を実施し、社会の少子高齢化に歯止めをかけようとしているが、果たして短期的な効果は期待できるのか疑問が残る。

表 7-3　主要国の GDP 成長と CO_2 排出量

| | GDP（10億ドル） | | CO_2 排出量（億トン） | | CO_2/GDP（KG/USD） | |
	2005年	2009年	2005年	2009年	2005年	2009年
中国	2257	4990	50.9	68.7	2.26	1.38
米国	12623	13939	58.0	51.9	0.46	0.37
日本	4552	5033	12.2	11.5	0.27	0.23
ロシア	763	1222	15.5	15.4	2.03	1.26
インド	809	1265	4.2	16.0	0.52	1.26
世界合計			271	290		

出所：国家エネルギー局発表資料をもとに筆者作成。

5　エネルギー需給問題と環境対策

　第五の課題は、エネルギー需給問題と環境対策である。中国は経済発展に伴いエネルギー消費量が急増し、その結果 2007 年に米国を抜き世界最大の CO_2 排出国となった（表 7-3）。2015 年現在の中国の CO_2 排出量は世界全体の（322億トン）の 28％ を占める（図 7-15 参照）。

　経済発展に伴うエネルギー消費量の拡大と共に海外からのエネルギー資源の輸入量も急増しており、今後も消費量の拡大が予想される（図 7-16 参照）。

　中国国家統計局によると、2010 年の中国の 1 次エネルギー消費量は石油換算で 22 億 8,000 万トンに達し、2009 年に続き世界最大のエネルギー消費国となった。1 次エネルギーの中でも、原油の消費量は前年比 13.1％ 増の 4 億 3,900 万トンと初めて 4 億トンを突破した。また、原油の輸入量は 2 億トンを超え 2 億 3,931 万トンに達し、海外からの原油輸入依存度は 2009 年に続き 2 年連続で 50％ を超え 53.8％ に達した。

　中国石油天然ガス集団の経済技術研究院が 2017 年 1 月に発表した報告書によると、中国の 2016 年の石油製品の見掛け消費量は前年比 2.8％ 増の 5.56 億トン（輸入量は 3.8 億トン）に

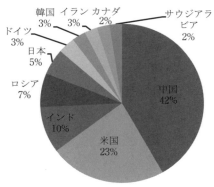

図 7-15　世界主要 CO_2 排出国の割合
（％、2015 年）

出所：IEA の発表データをもとに筆者作成。

図7-16 中国の石油・天然ガス・石炭・原子力・水力消費量の推移

出所：BP [2010]

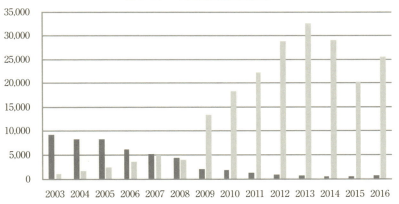

図7-17 中国石炭輸出入状況

出所：中国海関総署統計。

達し、国内生産量が2億トンを下回ったことにより、対外依存度は65%を超えている。原油輸入量は、3.81億トンに達し、原油の輸入に加え、石炭の輸入量も近年急増している。2010年は石炭の純輸入量が初めて1億トンを超え2016年では2億5,551万トンに達し、中国はかつての輸出国から輸入大国へと変貌している（図7-17参照）。中国は、エネルギー安全保障の観点から現在原油の調達先の多様化も進めており、2016年の輸入状況から見ると、OPEC（石油輸出国機構）加盟国からは2.15億トン、ロシアやブラジルなど非OPEC加

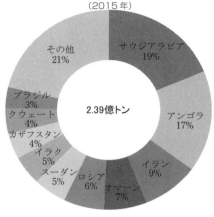

図7-18 中国の主要原油輸入先別割合（2015年）

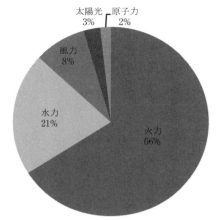

図7-19 中国の発電設備構成（2015年）

盟国からの輸入量は1.65億トンとなっている。（図7-18参照）。

中国の1次エネルギー消費見通しについて、日本エネルギー経済研究所の予測によれば、今後年率3％で増加し、2030年には石油換算で31億3,000万トンにまで拡大する。1次エネルギーの中でも、石油の消費は高い経済成長を背景に2020年に約6億トン、2030年には約8億トンに増加するのに対し、国内生産量はいずれも2億トンの水準にとどまるため、海外からの輸入量は2020年に約4億トン、2030年に約6億トンにまで拡大すると予測されている。一方、電源別の割合では、石炭火力発電は最近まで全体の70％以上を占めていたが、2015年は約66％までにわずかに減少した。中国政府は低エネルギー効率による環境汚染への影響を懸念しており、第12次5ヵ年計画に続き第13次5ヵ年計画でも再生可能エネルギーや非化石燃料の消費拡大を図るとしてい（図7-19参照）。

環境対策では、第12次5ヵ年計画をもとに、次の内容を目標にしている。

① 国際公約（2005年を基準として、2020年までにGDP単位当たりの二酸化炭素排出率を40～45％削減するという宣言）となった重要な指標を国内環境政策においても打ち出し、2015年までに2010年比17％二酸化炭素排出量を削減する目標を立てた。

② 2014年9月末に開かれた国連気候変動サミットに出席した中国の張高麗副首相は、「できるだけ早い時期」に温室効果ガスの二酸化炭素排出量

を頭打ちさせることを表明し、中国として初めて総量規制に踏み込む可能性を示唆した。2015年12月にパリで開催された国連気候変動枠組み条約締約国会議（COP21）において、中国政府は「2030年までに2005年比でGDP単位当たりの二酸化炭素の排出量を60-65%削減」という目標を公表すると共に、1次エネルギーに占める非化石燃料の比率を約20%に引き上げたうえ、再生可能エネルギーの普及にも意欲を示すなど、国際社会に向けて中国政府の環境問題への強い取り組み姿勢を印象づけた。

③ 期待値（所期性）目標ではあるが、都市部の汚水処理率を85%、都市部ごみの無害化処理率を80%に定めているのも新しく、注目される。耕地保有率は、都市化の進展にも拘わらず、現状維持を目標に掲げ、食料自給率が低下することのないように配慮している。森林カバー率も現状の20.36%から21.66%に伸長させる目標。

④ 中国における省エネ・環境保護分野の市場規模は、2012年には2兆8,000億元（1元=12.16円）2020年には5兆元を超える見込みである。都市下水処理・廃棄物、排煙脱硫設備に対する投資額は、6,000億元以上に達し、関連するサービス業の投資規模も同額以上になるといわれる。第

表7-4　第12次5ヵ年計画 （2011-2015）

指標		指標の種類	目標	新規
GDP単位あたりの省エネ率		拘束値	-16%	
GDP単位あたりの二酸化炭素（CO_2）排出量		拘束値	-17%	○
1次エネルギー消費量に占める非化石燃料の比率		拘束値	-11.4%	○
主要汚染物質排出量の削減	二酸化硫黄（SO_2）	拘束値	-8%	
	化学的酸素要求量（COD）	拘束値	-8%	
	窒素酸化物（Nox）	拘束値	-10%	○
	アンモニア性窒素	拘束値	-10%	○
単位工業付加価値あたりの用水削減率		拘束値	-30%	
農業灌漑用水の有効利用係数		期待値	0.53	
工業固定廃棄物の総合利用率		期待値	72%	
都市部の汚水処理率		期待値	85%	
都市部ごみの無害化処理率		期待値	80%	
耕地保有量（億ムー：ムーは15分の1ha）		期待値	18.18億ムー（現状維持）	
森林被覆率		拘束値	21.66%	
森林蓄積量		拘束値	143億㎥	○

出所：中国政府発表「中華人民共和国国民経済・社会発展第12次5ヵ年規画綱要」をもとに筆者作成。

表 7-5 中国の第 13 次 5 ヵ年計画（2016-2020）環境分野の目標

種　類	指　標	2015 年	2020 年	年平均増減率	
資源・環境	GDP 1 万元当たり水使用量削減	—	—	23%	拘束目標
	単位 GDP 当たりのエネルギー消費量削減	—	—	15%	拘束目標
	1 次エネルギー消費に占める非化石燃料比率	12%	15%	3%	拘束目標
森林・空気	GDP 単位当たりの CO_2 排出削減	—	—	18%	拘束目標
	国土の森林被覆率	21.66%	23.04%	1.38%	拘束目標
	国土の森林蓄積量	151 億㎥	165 億㎥	14 億㎥	拘束目標
	地級以上都市の空気の質の優良日数比率	76.7%	80%	—	拘束目標
	微小粒子状物質（PM2.5）基準未達の地級以上都市の濃度削減	—	—	18%	拘束目標
地表水	Ⅲ類またはそれ以上の水の比率	66%	70%	—	拘束目標
	劣Ⅴ類水（Ⅴ類水基準を上回る水）比率	9.7%	5%	—	拘束目標
主要汚染物質	化学的酸素要求量 COD	—	—	10%	拘束目標
	二酸化硫黄 SO_2	—	—		拘束目標
	アンモニア性窒素	—	—	10%	拘束目標
	窒素酸化物 Nox	—	—	10%	拘束目標

注：PM2.5 の未達は年平均値が 35 ミリグラム /㎥超を指す。Ⅲ類は生活飲用水、Ⅴ類は農業用水のことを指す。
　　年平均増減率は 5 年間累計値。
出所：中国政府発表「中華人民共和国国民経済・社会発展第 13 次 5 ヵ年計画要綱」より筆者作成。

　12 次五ヵ年計画における戦略的新興産業の 1 つに、省エネ・環境産業は位置付けられていたが、第 13 次 5 ヵ年計画でも継続して取り組むとしている（第 12 次と第 13 次 5 ヵ年計画の概要は表 7-4、表 7-5 参照）。

6　地方経済と地方債務問題

　第 6 の課題は、経済成長の阻害要因となり得る地方政府の債務問題の解決である。

　リーマンショック後、中国政府が打ち出した 4 兆元の緊急景気対策後急激に増加し、2010 年末には 10.7 兆元（約 130 兆円）にまで膨れあがった。4 兆元景気対策のうち、中央政府は 1.18 兆元を負担するが、地方政府が直接に 1.25 兆元、間接的に（銀行・企業経由）1.57 兆元負担する。リーマンショック後の中国の金融機関の新規貸出額を見ると、やはり 2009 年から 2010 年にかけて新規貸出額が大幅に増加したことが分かる。

　中国の地方債は、一般債、特別債、借換地方債の 3 つに分けられているが、地方政府財政の赤字は法的に容認されておらず（財政均衡主義）、原則地方債

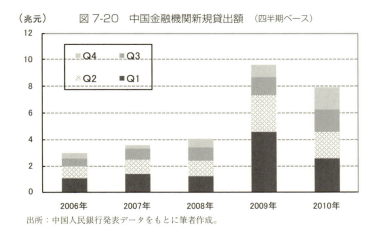
図7-20 中国金融機関新規貸出額 (四半期ベース)
出所:中国人民銀行発表データをもとに筆者作成。

の発行も許されていない。ところが、地方政府傘下の融資プラットフォーム（法人や学校、病院など公益・社会サービス事業関連機関）が暗黙の政府保証のもと、金融機関を通じて短期・高金利の資金調達の役割を担い、結果的に地方政府の債務を急増させた主因となった（図7-21参照）。

このため、地方政府の債務満期を迎えるに伴い、地方政府に融資を行った銀行にもリスクが高まるという構図となっている。大半の地方政府は融資プラットフォームを設立する際に少ない自己資金で行い、必要な運営資金は銀行からの融資を受ける。国内不動産市場が過熱していた時、土地使用権の売却で財政力を強化して債務償還に充ててきた。しかし、現在では不動産価格抑制政策で土地への需要が低迷し始めており、地価が大幅に下落することで、地方政府のデフォルトリスクが高まることが懸念されている。また、地方債務に加え、2013年に入ってから理財商品や信託の形を取って集めた資金の影の銀行による貸付が不良債権化し、経済問題として浮上した。いわゆるシャドーバンキングである。2010年から実施された金融引き締め政策を受けて、一部企業や地方政府傘下の投資会社が銀行からの融資を受けられなかったため、「理財商品」と呼ばれる金融商品を発行し、高い利回りで投資家に販売。投資資金を集め都市開発に充てたが、その資金の一部が不良債権化したのである。

2011年6月の中国審計署の発表によると、2010年末時点の地方政府の債務残高は10.7兆元（約130兆円）である。そのうち、地方政府が償還の責任を負う債務は6.7兆元で、全体の62.6％を占めており、また担保の責任を負う債務は2.3兆元で、全体の21.8％を占めている。政府が一定の救済責任を負う他の

表7-6 地方政府の債務状況（2010年末現在）

地方政府債務内訳	金額	全体に占める比率
地方政府が償還責任を負う債務	6兆7,109億元	62.6%
担保責任を負う債務	2兆3,370億元	21.8%
地方政府が一定の救済責任を負う債務	1兆6,696億元	15.6%
地方債務合計	10兆7,175億元（約121億円）	100%

出所：中国審計署の発表データをもとに筆者作成。

図7-21 地方政府債務残高の借入主体別シェア（2013年6月末）

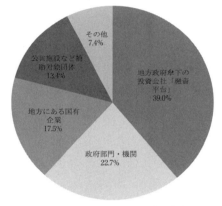

出所：中国審計署発表データをもとに筆者作成。

関連債務は1.6兆元で、15.6%を占める（表7-6参照）。償還責任を負う債務の地方政府の総合財政力に占める比率、すなわち負債比率は52.3%である。

中国審計署の発表によると、2013年6月末時点で地方債務残高は17.9兆元（約320兆円）、2014年は15.4兆元（約240兆円）、2015年は16兆元（約280兆円）と依然高い水準を推移している。

2013年に習近平体制発足以降、地方政府債務リスクの解消に向けて「改正予算法」（2014年8月）、「地方政府債務の管理強化に関する意見」（2014年9月）、「地方政府債務の予算管理編入による整理・審査規則」（2014年10月）、「地方政府一般債務発行・管理の暫定規則」（2015年3月）などの法規を相次いで公布し地方政府の財政健全化に注力した。

中国政府は、地方政府の債務問題の経済や金融分野への悪影響の懸念を払拭すべく、2013年3月より銀行業管理監督管理委員会が融資プラットフォーム、不動産、過剰設備関連融資のリスク、シャドーバンキングの拡大に伴うリスク等の管理強化に乗り出した。一方、中国人民銀行は同年7月よりシャドーバンキングへの監督を強化する対策を講じている。現状では、習政権の一連の対策によりリスクはある程度抑制され、政府のコントロール下に置かれていると見られているが、今後引き続きリスクが顕在化しないためには、適切に対処すると共に、既存債務の処理や財政改革による地方政府の財政健全化を図ることが重要であろう。同時に、潜在的リスクに対して手を打つ一方、本格的な金融自

由化に向けた金融市場を整備する必要性にも迫られている。

7　金融改革

　第7の課題は金融改革である。
　中国は輸出依存による高成長から、内需拡大による成長持続を目指していかねばならない。政策としては、為替レートの固定制からバスケット通貨制へ移行することと、経済成長維持のため内需の中に成長の柱を作ることが重要になる。内需は消費だけでなく、住宅投資、公共投資があり、政府消費として教育、年金、医療、社会保障も増加が見込まれ、各分野で適切な政策対応が必要となる。為替レートは、バスケット通貨のウェイトを徐々に変える調整が適当である。自国通貨と他国通貨との交換開始という形で取引を拡大していくべきであろう。
　金融制度の分野では、改革の推進が必要である。金融制度の基本的な役割は家計部門の貯蓄を企業部門に仲介することである。しかし、国有企業の融資が国有企業に集中しているため、マクロ経済の効率向上が妨げられている。人民元の為替改革の遅れも懸念される。2001年、中国は世界貿易機関（WTO）に加盟し実体経済の対外開放が進んでいるが、人民元の為替の自由化が大幅に遅れている。為替レートは、国際貿易の交易条件を調整する役割を果たすが、為替の自由化が遅れることは国際貿易不均衡の是正が遅れることを意味する。
　2012年3月の全人代後の記者会見で、温家宝前首相は人民元の（2005年7月の為替制度の改革以来）中国の実効レートは既に30％以上上昇（8.28／ドルから6.33／ドル）し、均衡した水準に近づいたかもしれないと発言した。そして、制度の改革を続け、上下両方向に変動が大きくなるよう取り組んでいくことを表明した。その後、中国人民銀行は、2012年6月よりそれまでの「1日の基準値からの変動幅±0.5％」を「1日の基準値からの変動幅±1.0％」に拡大している。
　2014年7月、中国人民銀行（中央銀行）の周小川総裁は「金利自由化のタイムスケジュールは各種外国為替、国際・国内経済情勢に依存する。しかし、それでも我々は2年以内には自由化を実現できるはずであると考えている」と記者会見で述べ、金利の自由化に向けて前向きに検討していることを示唆した。
　こうしたなかで、IMFは人民元の信用力向上を目指す中国の要請を受入れ、2015年11月に加盟国（189ヵ国）に配分する仮想通貨「特別引き出し権

(SDR)」への人民元の採用を決定し、2016年10月1日付でSDRに人民元を加えた。経済規模で世界2位となり、貿易量と取引の自由度が一定水準に達したことで、人民元はドルや円などに続く5番目の国際決済通貨としての「お墨付き」を得たのである。上述したように金融改革の遅れと信用力などの課題もあり、当面人民元が国際的に急拡大することは考えられないが、今後金融・資本取引の自由度の拡大に向けた中国政府の改革への取り組みが求められている。

おわりに

　中国経済の今後を展望する際に、多くの中国研究者の間で議論されるのは、中国が「中所得国の罠」に陥ることなく、先進国の仲間入りを果たすことができるかどうかである。

　「中所得国の罠」とは、1人当たりGDPが中所得の水準に達した後、それまでの成長パターンの転換に失敗し、成長率が低迷することを指す。中国の1人当たりGDPは現在8,000ドルと、IMFの発表データによれば、世界191ヵ国中、第75位であり、既に中所得国の仲間入りを果たしたといえる。しかし、これまで見てきた中国経済の課題の多くは、「中所得国の罠」に陥った国々と共通（余剰労働力の減少、産業高度化の停滞、貧富の格差拡大、環境破壊、官僚の腐敗問題など）しているのも事実であろう。

　その意味では、現在の中国の経済や社会は大きな転換点を迎えており、2期目に突入した習近平体制にとっては中国が抱える諸課題を今後いかに克服し解消していくかが最優先課題となる。その成否は中国が今後「中所得国の罠」に陥るのか、それとも先進国の仲間入りを果たすのかを見極める重要なカギを握っており、習近平体制の手腕が問われている。

　2012年12月4日、習国家主席が主宰した政治局会議は「内需を積極的に拡大し、経済の構造調整を加速する」と共に「持続的で健全な成長の実現」を2013年の経済政策の運営方針として掲げた。この党の方針を踏まえ、2013年3月の全人代では「内需拡大を経済発展の長期的な戦略方針」と位置付け、内需の柱である個人消費を拡大するため、「都市と農村の発展の一体化」を推進し、発展の遅れた農村地域における都市化により農民の収入の底上げ、都市住民との格差是正を図るとしている。

　中国共産党は2013年11月、第18期中央委員会第3回全体会議（三中全会）を開始し、「改革の全面深化における若干の重大問題に関する決定」と題する

表 7-7 三中全会で示された経済分野の改革方針

土地制度	①都市と農村の統一的な建設用地市場を構築 ②農村集団経営の建設用地の譲渡、賃貸を許可 ③農業請負経営権の抵当、担保の権利を認める。
金融	①人民元レートの市場化メカニズムの改善 ②金利市場佳、資本取引自由化の実現の加速 ③預金保険制度、破綻処理制度の整備
戸籍制度	①小都市への移住制限を全面的に開放 ②常住人口全てに都市基本公共サービスを提供 ③都市部の農民を社会保障システムに組み入れる。
国有企業	①国有企業の投資事業に非国有企業の出資を許可 ②国有独占業種で行政・企業機能を分離 ③公有制は主体的地位、非公有制も支持
人口政策 社会保障	①夫婦の一方が1人っ子なら2人目出産許可 ②段階的に定年退職年齢の引き上げを検討 ③国有企業の国庫納付拡大、社会保障財源へ
税財政	①増値税改革の推進、不動産税の立法作業加速 ②地方税体型の改善 ③中央と地方の収入区分を調整
価格政策	①水、エネルギー、交通、通信などで価格改革 ②市場で価格形成できるものは市場に任せる ③農産物の価格形成メカニズムを改善
対外開放	①金融、教育などサービス分野で投資規制緩和 ②上海自由貿易区を通じた改革の深化 ③周辺地区を基礎としたFTA戦略の加速

出所：中国新華社などの報道をもとに作成。

表 7-8 中国国民が最も望む改革

順位	2012年	2013年	2014年
1	社会保障	社会保障	社会保障
2	所得分配	所得分配	腐敗・汚職撲滅
3	医療改革	腐敗・汚職撲滅	食品・薬品安全
4	社会安定	住宅価格	所得分配
5	教育問題	医療改革	官僚の仕事意識・姿勢
6	三農問題	物価安定	計画生育
7	腐敗・汚職撲滅	食品・薬品安全	環境問題
8	物価安定	法治中国	教育問題
9	食品・薬品安全	行政改革	住宅価格
10	住宅価格	国防整備	新型都市化

出所：中国人民日報他各種報道をもとに筆者作成。

文書を採択し、2022年まで続く政権の基本方針を示した。経済分野においては、市場機能の強化を通じて経済活動の効率化を図る「市場化改革」を軸に包括的な改革方針を示した（表7-7参照）。

一方、中国人民日報など中国メディアの調査によると、中国国内の一般国民が最も望む改革については、「社会保障」、「所得分配」、「医療改革」「教育問題」「腐敗・汚職撲滅」などが3年連続で上位を占めており、中国政府は国民の要望にしっかり応えることが求められている（表7-8参照）。

2017年秋に開催された第19回党大会で第2期習政権の指導部が発足した。冒頭でも触れたように習国家主席は建国100周年にあたる2049年を目処に、「社会主義現代化強国」、「総合的な国力と影響力で（国際社会）を主導する国家」を建設すると宣言した。習国家主席は第19回党大会の活動報告において「中国経済の質的優位性を著しくたかめなければならない」と発言し、今後EV（電気自動車）やAI（人工知能）などハイテク産業分野において世界レベルの先進的製造業クラスターを形成する考えを示した。戦後の日本が「中所得国の罠」に陥らずに、経済発展を遂げ先進国の仲間入りを果たした大きな理由の1つは、製造業における持続的なイノベーションにあると言われている。習国家主席は、今後国有企業は「強く、優れ、大きく」あるべきとの方針を示しているが、それは国有企業を中核としてイノベーションを推進するということなのか、あるいは国有企業に民間資本を入れて経営の効率化と産業力の強化のためなのか、はたまた国有企業に対する中国共産党の指導強化のためなのか、まだ不透明な部分が多い。

2018年3月の全国人民代表大会を経て第2期習近平体制がいよいよ本格的に始動するが、どのような舵取りを繰り広げながら「中所得国の罠」に陥らず、宣言した通りに建国100周年までに「社会主義現代化強国」を目指していくのか、正念場を迎えている。

[演習]
1. 中国は、なぜ「世界の工場」「世界の市場」と言われているのか整理せよ。
2. 中国は世界最大の自動車市場となり、本格的なモータリゼーションの時代に突入しているが、悪い影響はあるのか、自動車産業のイノベーションは必要だろうか、議論せよ。

3. 中国で農民工問題は、なぜ大きな社会問題となっているのか整理せよ。
4. 中国では労働力不足の状況が今後顕著になることが予想されるなか、なぜ大卒者の雇用問題は解消されないのか考えよ。
5. 中国の少子高齢化問題の解決策について議論せよ。
6. 中国は現在産業構造の転換を進めているが、何が最も重要だと思われるのか議論せよ。
7. 中国政府が上海自由貿易区を設置した目的は何かまとめよ。
8. 中国の五ヵ年計画とは何かまとめよ。
9. 「中所得国の罠」とは何か、なぜ中国は懸念しているのか。過去の事例分析を通じて議論せよ。
10. 日本は課題先進国と言われているが、中国が現在抱えている諸問題のなかで日中両国が協力できる分野はあるのか議論せよ。

【参考文献】
〔1〕関志雄 [2013].『中国2つの罠』日本経済新聞社。
〔2〕関志雄 [2015].『中国「新常態」の経済』日本経済新聞社。
〔3〕高原明生他編 [2014].『社会人のための現代中国講義』東京大学出版会。
〔4〕寺島実郎 [2012].『大中華圏』NHK 出版。
〔5〕林田雅博 [2012].「中国が抱える課題『格差拡大』は解決できるのか」中央学院大学、http://www2.cgu.ac.jp/kyouin/yamada/link/kyou13/1302haya.pdf
〔6〕真家陽一 [2013].『中国新時代の経営戦略』ジェトロ。
〔7〕三浦祐介 [2015].「対策が進む中国の地方政府債務問題」みずほ総合研究所。
〔8〕三井物産戦略研究所 [2012].『アジアを見る眼』共同通信社。
〔9〕三井物産戦略研究所 [2017].「2049年の強国実現を見据え、始動する中国・第2期習政権」。
〔10〕中国海関 [各年版].『中国海関統計』。
〔11〕中国国家統計局 [各年版 a].『中国対外直接投資統計公報』。
〔12〕中国国家統計局 [各年版 b].『中国統計年鑑』。
〔13〕BP [2010]. *BP Statistical Review of World Energy.* June, 2010.
〔14〕United Nations Secretari at [2011]. *World population Prospects; 2010.*

第8章　韓国経済の発展と構造変化

具　正謨（江原大学教授／韓国経済学会会長）

はじめに

　韓国の経済は、1945年に日本から解放された後、朝鮮戦争（1950-1953年）以降大きく立ち後れていたが、5・16軍事クーデター（1961年）によって政権を得た朴正煕が経済開発を掲げたことによって大きな転換点を迎えた。当時、国内総生産はソ連を真似て計画経済を押し進めていた北朝鮮が上回っていて、朴政権の韓国も五ヵ年計画方式の計画経済を導入することとなる。また、朝鮮戦争により壊滅的打撃を受け、1人当たりの国民所得は世界最貧国グループであった韓国経済がベトナム戦争参戦と、日韓基本条約（1965年）を契機とした日本からの経済・技術援助を要因に漢江の奇跡と呼ばれる成長を遂げた。その後、ベトナム戦争で培った施設設営のノウハウと中東に影響力を持っていたアメリカとの良好な関係をバネに1970年代の中東の建設ブームに乗ることになった（図8-1参照）。

　韓国がベトナム派兵を開始した1965年からベトナム戦争が終結する1975年までの十年間に、韓国の国民総生産（GNP）は14倍、保有する外貨および外国為替などの総額は24倍、輸出総額は29倍に、いずれも驚異的な伸びを示した。この間の韓国経済の成長率は年平均10%前後だった。韓進グループや現代財閥、大宇財閥等の韓国を代表する財閥が形成されたのも、韓国の南北を結ぶ京釜高速道路が開通したのも、浦項製鉄所ができたのも、全てベトナム参戦と日本との国交正常化以降のことである。

　更に韓国経済が飛躍するための踏み台が2つ用意された。1つは、韓国製品に対するアメリカの輸入規制の大幅緩和である。これによって、韓国製品がアメリカ市場になだれ込んだ。もう1つは、アメリカの全面的な軍事援助で、その結果、本来ならば国防費に当てるはずの国家予算を重工業などへの投資に回すことができた。こうして、韓国経済は急成長を遂げ、国力で北朝鮮を逆転し、国民所得を10倍にするという朴正煕政権の公約を目標より3年早く達成した。

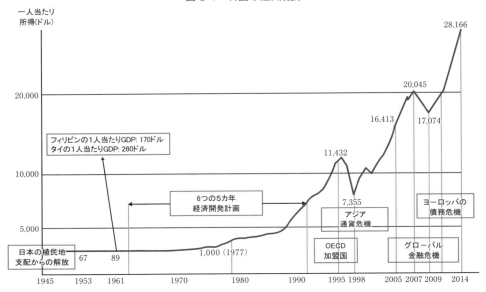

図 8-1　韓国の経済成長

　そして、この政策によりソウル大都市圏への人口・産業の集積が進み、プライメイトシティとなった。問題点は、海外進出する上でのスケールメリットを生かすため、韓国政府は独占取引権を付与するなどして積極的に新興韓国財閥を育成したが、その後、国内に強権的な体制が残ることになり、セマウル運動などを通じて農村の活性化を行ったものの、都市部への人口集中や産業構造においても経済成長から農村や中小企業が取り残されるなどの歪んだ形成をすることになったことである。

　1979 年の朴正熙大統領暗殺後の 1980 年、一時的にマイナス成長に転じるが、1981 以降急回復し、1988 年のソウルオリンピックを成功させソ連崩壊を経て、1997 年のアジア通貨危機で経済が崩壊寸前になり IMF に介入されるに至るまで高い経済成長を続けた。2008 年の GDP は世界 11 位であった。主要な産業は IT、造船、鉄鋼、自動車などだ。新興工業経済地域（NIEs）の 1 つに数えられた時期を経て、1996 年にアジアで 2 番目の OECD（経済協力開発機構）加盟国になった。

　第 8 章では、韓国経済の発展過程と構造変化をもたらした要因と政府の経済開発政策を中心に考えてみよう。

I 韓国経済の黎明期と経済開発政策の推進

1 韓国経済の黎明

　韓国は、分断国家として出発し、朝鮮戦争を経験しただけでなく、冷戦勢力が対立する最前方に位置し、地の利に恵まれなかった。韓国は、1948年の政府樹立からわずか2年の間に「戦争」という大きな危機に見舞われ、経済基盤が焦土化した。朝鮮戦争によって150万人の民間人が死亡し、産業施設の40-50％が破損するなど、韓国の経済力は1940年以前の水準にまで回帰したのである。休戦後も北朝鮮の局地的な挑発とテロが続き、朝鮮半島は資本主義と共産主義の二大勢力が先鋭に対立した。また、経済開発に乗り出してからも、天然資源の絶対的な不足と劣悪化した社会システムによって、幾度にわたる危機を経験した。

　しかし、韓国は、不利な環境に挫折、あるいは安住せず、これを機会として捉える戦略的な知恵を発揮した。北朝鮮からの安保リスクによる「絶えず存在を脅かされる状態（state of siege）」が、常時の危機感を高め、生き残りに向けた経済発展の背景として働いた。韓国は、1948年の政府発足直後、1人当たりの国民所得が67ドル（1953年）の典型的な最貧国だった。当時の韓国の所得水準は、中進国だったウルグアイ、アルゼンチンなど南米諸国だけでなく、アフリカのコンゴ、ガボン、ガーナなどにも及ばなかった。

　一方、韓国政府は、戦禍の中で1954年に制憲憲法（大韓民国憲法）を改正し、自由市場経済システムを導入した。社会民主主義的な「均衡経済」の理念に基づき、国有化の範囲を拡大し、私有財産権の自由な行使を制限していた制憲憲法と対比される。自由市場経済システムは、米国の援助を最大化させるために受動的に受け入れたものだが、1960年代以降の韓国経済発展の滋養分として働いたことは評価すべきである。韓国と北朝鮮は、援助経済と輸入代替戦略でスタートラインを同じくしたが、開放的な市場経済と閉鎖的な社会主義という異なる経済システムを追求した結果、発展の差が顕著に表れることになった。韓国において自由市場経済システムの導入は、経済発展の枠組みを整える契機になった。また、このような制度の下で環境変化に対応し、主要政策を適切に選択した結果、目を見張る成長を成し遂げた。

2　経済開発政策の推進

　韓国は、「春の端境期」(米がなくて麦でしのぐ厳しい春)からの脱出、政治・軍事的な安定に向けて、1962年の「第1次経済開発5ヵ年計画」を皮切りに、本格的な経済開発を進めた。4回にわたる経済開発5ヵ年計画と3回にわたる経済社会発展5ヵ年計画は、輸出主導の高度成長戦略を根幹に推進された。韓国経済70年の歩みの結果、1950年代の戦災の復興と安定化を基本目標に掲げた「対内向けの経済システム」から「輸出主導型の経済システム」へとパラダイムシフトした。輸出から成長のモメンタムを追求した理由は、狭い国内市場、天然資源の不足などによる。韓国は、従来の経済安定と輸入代替中心の工業化政策から比較優位のある労働集約的な軽工業製品の輸出主導型戦略に転換し、その後、重工業へと徐々に対象を広げた。

　韓国政府は、工業化に向けた制度構築と各種社会インフラの整備に力を入れた。経済企画院の設置、貨幣改革、韓国銀行法の改正、特殊銀行の設立、為替管理制度の改革、輸出振興策の推進など各種制度を整備した。特に、韓国政府は、電力や輸送施設など輸出を支えるための社会間接資本(SOC)の拡充に努めた。

　このような経済開発計画を基点に、「政府主導の対外志向的な工業化の発展」という韓国経済システムの大きな枠組みが形成された。第二次世界大戦後、輸入代替政策を通じて産業化に成功した例は皆無であるが、韓国は、輸出志向的な産業化を通じて1960年代半以降、離陸(Take Off)の段階を迎えたと評価される。しかし、総量中心の量的成長を追求した結果、輸出と内需間、企業の規模別、地域別、階層別に不均衡が生じたことは、問題点として指摘される。

(1) 第1次経済開発5ヵ年計画 (1962～66年)

　官主導型資本主義の育成＝財閥の育成、輸入代替工業化を目指したが、食糧輸入のための外貨獲得の必要性に迫られ、1960年代半ばから輸出指向型工業化を推進した。当初は軽工業中心の輸出産業(繊維、衣類、木材・合板、電気製品、雑貨)であった。この時期、1963年5月から1ドル＝130ウォンという固定為替制度から、1ドル＝255ウォンを下限とする「変動為替制度」に転換し、輸出しやすい為替環境をつくった。同時に、輸出奨励制度を導入した。主なものは、①輸出用原材料や機械に対する免税と優遇利子の適用、②事業税、商品税の免税、③輸出による利潤に対する事業税減税(50%)、④輸出用機械

設備に対する加速償却、⑤電力、輸送料金に対する優遇価格の適用、⑥政府機関（KOTRA＝韓国貿易振興機関や在外公館）の輸出協力などである。その結果、製造業の生産と輸出の伸びは急拡大した。

(2) 第2次経済開発5ヵ年計画（1967～71年）

製造業の重点が消費財から中間財、耐久消費財および資本財に展開されていった。基本目標は「産業構造を近代化し、自立経済の確立をいっそう促進すること」におかれた。内容的には、①食糧自給化の促進、②化学、鉄鋼、機械工業の振興と工業生産の倍増、③輸出の増進と輸入代替の促進による国際収支の改善、④雇用の増加と人口増加の抑制、⑤国民所得の向上、特に農業所得の向上、⑥科学および技術の振興と生産性の向上、などである。

具体的な重点産業は、化学繊維、複合肥料、合板、塩酸、カーバイド、尿素、プラスチック加工、石油化学製品、圧延鋼材、鋼管、家電製品、電子工業、自動車などである。この時期には一連の産業振興法が整備された。これらは、1967年の機械工業、繊維産業、造船業、1969年の電子産業、1970年の石油化学、鉄鋼業、1971年の非鉄金属といった7産業育成法であり、財政資金の投入などが盛り込まれていた。日韓国交正常化協定が1965年6月22日に締結されたことも、日本からの借入金導入に拍車をかけることとなった。無償3億ドル、有償2億ドルの「供与」が決められた。1970年1月に「輸出自由地域設置法」が制定され馬山輸出自由地域（工業団地）が設置された。ここには日系企業が大挙して進出したが、その大部分が失敗した。原因は労働争議であった。また、日本の協力によって「浦項製鉄所（POSCO）」の建設も1970年からスタートした。1970年には、農村開発にも力をいれ、セマウル（新しい村）運動を開始した。この運動によって農民層にある程度の所得の再配分が行われ、財政赤字は増加したが、国民経済的には国内需要を増加させるという成果をもたらした。

(3) 第3次経済開発5ヵ年計画（1972～76年）

総合製鉄所（浦項製鉄所）と石油化学と4大核心工業（重機械、造船、特殊鋼、鋳物鉄）を基幹産業として育成・発展させることを目標としていた。すなわち、「重化学工業育成計画」ともいうべきものであった。「漢江の奇跡」といわれるほど、大きな実績をあげたのはこの時期であった。しかし、当時は北朝鮮の工業力がはるかに韓国を上回っていると考えられていたのである。輸出も

急増し、1971年10.7億ドルから72年16.3億ドル、1973年32.2億ドル、1974年44.6億ドルと急増していった。輸出の増加を支えた商品は工業製品であった。輸出先は米国と日本に集中していた。この時期、韓国経済は2桁成長の「高度成長期」にあった。重化学工業化の過程で財閥育成が促進され、国家資金が投入され、外国からの技術・設備輸入による資本集約型産業が大々的に導入された（鉄鋼、石油化学、造船、自動車、電子、非鉄）。金融面と租税面からの優遇措置に加え、1973年から国民投資基金（NIF）により、重化学工業のための長期資金融資制度が整備された。同時に極端な輸出志向政策が採られ、為替の安め誘導による一貫した切り下げと輸出補助金制度が長期間採用された。

また、最終財の輸出が生産財の国産化をもたらした（衣類輸出－化学繊維、造船－鉄鋼）。重化学工業のための工業団地が政府によって建設されたが、その多くが「慶尚道」に位置していた（鉄鋼関連＝浦項、石油化学＝蔚山、総合石油化学＝麗川、機械工業＝昌原、非鉄金属工業＝温山、中規模造船所＝玉浦、電子工業＝亀尾など）。これらの一連の政策は「不均衡型開発戦略」ともいうべきものであり、政治権力と財閥の癒着関係が強化された一方、経済の底辺部分を構成すべき中小企業の育成はなおざりにされたと言えよう。この時期に、韓国経済を揺るがした最大の事件は、1973年10月から始まった「第1次石油危機」であった。このとき、原油価格は1バーレル2ドル台から11ドル台にまで、4倍の水準となった。韓国では貿易収支の赤字が急増したが、輸出のいっそうの拡大と、海外（特に中近東）の建設工事の受注により何とか乗り切った。韓国にとって幸いしたのは「オイルダラー」がふんだんに出回り、ユーロ市場からの多額の借入が可能となり、資本集約型の設備投資が可能になった点であった。これによって大手財閥は積極的に多角化をおこないながら規模を拡大していった。しかし、借入金依存の拡大であり、財務体質は脆弱なままであった。

(4) 第4次経済開発5ヵ年計画（1977〜81年）

1976-78年の3年間は景気の過熱状態にあった。これは輸出の急増にその根本原因があった。77年には輸出は100.4億ドルに達し、1975年の50.8億ドルからたった2年でほぼ倍増した。第4次計画の基本目標は：①自立的な経済構造確立のための成長、②社会開発による均衡、③技術革新と能力の向上であった。特に③の「技術革新」政策では科学技術投資を81年までにGNPの1％にまで引き上げるという目標が掲げられた。09年の第2次石油ショックにより

韓国経済は大きな打撃を受けた。直後に起こった逆オイルショックでは、中近東に進出していた建設会社が大打撃を蒙った。1980年にはついにマイナス成長（-2.1％）を記録した。韓国経済の課題は重化学工業偏重投資の是正と、インフレ抑制にあった。また、この頃から経済の自由化政策が採用され始めた。

(5) 第5次経済社会発展5ヵ年計画（1982～86年）

「科学と技術を通じて80年代中に先進国になる」というスローガンのもとに、科学技術の発展が強調された。1980年にはGNPの0.2％であったR&Dの比率を1986年には2％にまで高める目標を掲げた。この間、政府は3,340億ウォン（約4億6,388万ドル）を支出し、民間は2,170億ウォンを投入するという計画であった。これには外国から買う「技術」も当然含まれていた。韓国としても、より賃金の安い国からの追い上げを徐々に背後に感じていたため、工業生産のレベル・アップを目指したものである。

従来の韓国の工業化は外国から技術を買うことに主眼が置かれ、ロイヤリティの支払いも、1962~71年までは1,704万ドルであったものが、1972-1981年の間には5億4800万ドルに達した。1962-1982年の間の外国からの投資は12億7600万ドルであった。政府としては外資の受け入れより、技術輸入のほうを選好した。しかし、実際はハイテク企業の投資には優遇措置が与えられた。1980年代の前半は米国のレーガノミックスによる輸入急増のおかげで韓国経済は何とか生き延びることができた。輸出に占める重工業製品の比率は1983年には50％を超えた。1983年から1985年にかけて「10大戦略産業」を育成する方針をとり、その中には自動車や一般機械産業が含まれ、半導体やコンピューターなども戦略産業としての位置付けを与えられた。

II 韓国経済の発展過程の特性

1 重化学工業の育成と大企業集団の形成

韓国経済は、1970年代初めに危機に直面した。第1次オイルショック後の世界的な不況の中、労働集約的な軽工業製品に対する先進国の輸入規制が強化されたうえ、後発途上国の追い上げも加速化した。軽工業中心の成長戦略の限界を認識し、韓国政府は、重化学工業の育成に乗り出した。そして、重化学工

業に集中投資するために国内外の資源を動員し、戦略部門別の産業基地の建設、社会間接資本（SOC）の拡充などを本格的に進めた。韓国企業は、豊富な労働力と政府の全面的な金融支援を基に、日本など先進国から生産施設と技術を導入した。

長期にわたる重化学工業育成策は、過剰な重複投資、インフレなどの問題をもたらしたことは否めないが、重化学工業の割合が1970年の39.2%から1980年には53.6%に急増したうえ、総輸出に占める重化学工業の割合も1970年の12.8%から1980年には41.5%に増加するなど、産業と輸出の高度化に貢献した。特に、多角化が成長の原動力となった韓国の大企業は、韓国政府の全面的な支援を背景に石油化学、鉄鋼、セメント、造船、機械産業などに進出した。つまり、規模の経済が不可欠な重化学工業の育成は、本格的な大企業の成長の契機となった。

2　IT産業への集中

韓国は、1983年にDRAM半導体分野に進出したが、1998年以降には先発国である日本を追い越し、DRAM部門で世界トップに躍り出た。また、1986年には、韓国産の電子交換機（TDX: Time Division Xchange）の開通によって、情報通信産業発展の基盤が築かれた。半導体産業への進出成功と電子交換機の国産化は、韓国企業に「最先端分野でも熱心に取り組めば、世界トップと技術の自立が可能である」という自信を高める契機として働いた。DRAMの成功は1990年代のTFX-LCDへの進出に、TDXの成功はCDMA方式の携帯電話（1996年）、DMB（2005年）、携帯インターネットサービス（2006年）などの世界初の商用化につながり、名実ともにIT大国に跳躍した。IT産業は、重厚長大型産業とバランスを成し、新たな成長の原動力として浮上した。1960工業、1970年代の重化学工業、1980年代の組立加工産業に続き、1990年代にIT産業が主力産業に加わったことで、多角化が実現した。

3　経済の開放化

1980年代以降、対外環境が急変した。1980年代に入り、景気低迷に見舞われた米国など先進国が、自国市場の保護とともに、韓国をはじめとする途上国の輸入開放を強く求めた。1980年代後半には、韓国の対米貿易黒字の拡大に

よって、米国からの市場開放圧力が高まった。このような開放化の流れに対応し、韓国は、それまでの輸出による外部への制限された開放から脱し、輸入の自由化と資本の自由化など「経済の開放化」を積極的に進めた。

商品部門に限られていた開放は、1990年代半ばから資本の自由化に拡大した。1984年の外資導入法改正とともに部分的に進められた為替と資本の自由化政策が、1993年からOECDへの加入に向けて本格的に進められたのである。韓国政府は、1995年から1999年に3段階にわたって、資本の自由化を進めた。通貨危機以降は、全面的な開放を通じてグローバルな開放体制への編入が加速化した。1998年のIMF管理体制後、経済全分野にわたって開放が迅速に進められ、市場開放と資本の自由化が先進国並みに実現した。開放の過程での試行錯誤にも拘わらず、グローバルな開放体制への編入は、競争力の向上に貢献したと評価される。韓国は、開放の速度を調整するうえで失敗を経験し、「通貨危機」という成長の痛みを強いられたものの、競争力の向上を通じて世界11位の経済大国に成長した。

Ⅲ　韓国経済の産業と産業構造の変化

2008年時点での国内総生産は世界11位であったが、2014年には世界14位に後退した。主要な産業は情報技術、造船、鉄鋼、自動車などである。主要な企業としては、サムスン電子や、現代自動車、LG電子、ポスコ、現代重工業などがある（表8-1参照）。2007年度の統計によると、韓国の総貿易収支は146億ドルの黒字だが、核心技術や素材、部品産業を日本に依存しているために、日本との貿易収支は298億ドルの赤字である。近年は先行する日本と、大量生産により追い上げる中国の存在に悩まされており（サンドイッチ現象）、この現象の解消が韓国の経済分野での課題となっている。

韓国のGDPは、サムスン（三星）財閥に依存する割合が高く、現在韓国のGDPの18％、輸出の21％を占めている。1990年代、韓国のメーカーは、将来の生産計画をハイテク産業へシフトさせることを計画した。1989年6月、政府関係者、研究者、ビジネスリーダーは、新素材生産、メカトロニクス関連産業、ロボット・生物工学、マイクロエレクトロニクス、精密化学、航空宇宙産業などの発展を目指した会議を開催した。しかしながら、この重点化は1980年代に経済を支配していた自動車や船の生産など、重工業の即時の低下

表 8-1 韓国の主要財閥

財閥(グループ)名	総資産(兆ウォン) 2014年4月	特徴
サムスン	331	三星財閥とも呼ばれる。グループ企業64社。韓国最大の財閥グループ。李氏一族の同族企業。中核企業にサムスン電子、サムスン電機、サムスン重工業、サムスン物産など。製糖、繊維から出発し、電子、航空、機械、化学、造船、金融など多角的事業を展開。
現代自動車	181	韓国最大手の自動車メーカー現代自動車(HYUNDAI)と、その傘下にある起亜自動車(KIA)のグループ。2000年に現代財閥から分離。トラック、バスなどを総計した世界規模の生産台数は、トヨタ、GM、フォルクスワーゲンに次いで世界第4位。
SK	145	旧「鮮京」。紡績・繊維業から出発。その後、石油精製、化学、通信、建設などに進出。
LG	102	旧「ラッキー金星グループ」。2005年にLGグループとして分離。エレクトロニクス(LG電子)、化学、ハウジング、通信など。
ロッテ	92	1965年の日韓国交正常化を期に、在日韓国人の重光武雄氏が韓国ロッテグループを設立。百貨店、ホテル、製菓、ホームショッピングなどのほか、石油化学などの分野にも進出している。
現代重工業	58	2002年に現代財閥から分離。造船、産業ロボット製造、プラント設備製造、太陽光・風力発電、発電設備製造、重機械・建設機械製造、トランスミッション・エンジン製造などを手がけている。造船事業は世界一位。
GS	58	2005年にLGグループから分離独立。グループ持ち株会社のGSホールディングス、GS建設、GSショッピング(通信販売業など)。
韓進	40	1945年に趙重勲氏が韓進商事を設立。トラック運送業から出発し、ベトナム戦争時にはアメリカ陸海空軍の物資輸送を請け負い成長。大韓航空、韓進海運、韓進交通などの企業を抱える。物流が中心。
ハンファ	37	火薬製造企業である「韓火」から出発。軍需産業に強い。現在は、ハンファ生命保険(旧・大韓生命)、ハンファ損害保険、ハンファ証券、ハンファケミカル、ハンファ建設などを擁する。
斗山	30	1896年に朴承稷氏が設立。韓国の財閥の中で一番歴史が長い。繊維品の貿易から出発し、現在は重工業中心。斗山重工業(発電所設備など)、斗山インフラコア(建設機械、重機械など)、斗山建設＆エンジニアリング(ゼネコン)などが中心。

出所：田口、金 [2017], p.12。

を意味しなかった。韓国は、造船、繊維、エレクトロニクス、自動車、鉄鋼の成長と輸出に大きく依存し、それらの産業も温存された。

1 韓国の主な産業

(1) 建築・土木・プラント

韓国の建築・土木企業は1990年代頃まで、「不実工事」(手抜き工事) による三豊百貨店や聖水大橋、KBブリッジの崩落事故等により多数の死者を出したことから信頼性に疑問符を持たれることもあったが、近年は韓国建設業界の発展は目覚しく、世界への進出を加速させている。2000年以降、韓国建設業界は単純な土木工事から脱却し石油化学などのプラント受注等に力を入れていて、中東地域やアジアからの受注が多い。また、リゾートやニュータウンの建設にも力を入れており、サムスン建設がドバイで完成時点で世界一の高さになったブルジュ・ハリファを建設した。

韓国の建築企業は、発電所や淡水・発電プラント等の大型プロジェクトを一括(ターンキー方式)受注するだけでなく、高度な技術が必要とされる基本設計市場も開拓しており、海洋構造物市場では、韓国の造船企業が、FPSO(浮体式原油生産貯蔵設備)やドリルシップ(深海原油・ガス試錘設備)などの高価格の海洋試錘設備市場で大きなシェアを得た。主な企業は、斗山重工業、現代重工業、サムスンエンジニアリング、サムスン物産、現代建設、サムスン建設、SK建設、SKエンジニアリング、GS建設、大宇インターナショナル、韓電KPS、ハンソルEMEである。

(2) 造船

現代重工業の鄭周永会長が、創建期に研修生を1年間日本の造船会社に派遣して、コンテナ2台分の設計図などの各種資料を不法に盗み出させたことを告白しているように、韓国の造船業は日本からの技術移転や不法なスパイ行為による技術流出により発展してきた。その後、プラザ合意以降の日本の円高による競争力低下とアジア通貨危機を受けての空前のウォン安が韓国造船業界に追い風になり、2000年に建造量と受注残(いずれも標準貨物船換算トン数)で日本を抜き世界1位の造船大国になった。それと共に造船技術も発展し、2002年から2006年までに世界で発注されたLNG船の78.3%、ドリルシップの68%、油田開発用洋上石油生産設備(FPSO)の53.8%を韓国メーカーが受

注し、高付加価値船舶市場でも高いシェアを得た。

　しかし2008年に世界金融危機をうけて世界経済の収縮が始まると、造船業界の景気も急激に悪化し韓国造船業界の成長も急速に落ち込んでいる。2009年までの韓国大手造船メーカーの受注額は年初計画の3%から10%に留まり、年間建造量こそ世界1位を維持したが年間受注量と受注残（いずれも標準貨物船換算トン数）は2012年に初めて中国に抜かれ世界2位になった。

(3) 工作機械・金型／製造装置

　2000年代初頭より中小企業庁は富川市の金型産業を地域特化品目に認定するなど金型産業にも力を入れている。これを受け富川市は金型産業支援条例を制定し、世界で初めての金型集積化団地を造成し今では世界的な金型都市になりつつある。

　事務用機器、医療用機器、自動車用ギアボックス、携帯電話、PDA・半導体用金型部品、プレス用金型部品、自動車用プレス金型部品、エンジニアリングプラスチック金型、二重射出金型、ダイキャスティング金型、ブロー金型、マシニングセンタ、放電加工機、NCフライス盤、研削盤等のさまざま金型メーカーが存在している。長らく金型・工作機械産業は輸入超過の赤字であり韓国の産業界では問題児とされていたが2005年以降黒字に好転し、外貨獲得率80〜90%の優秀な産業に変貌している。

　アメリカの最先端ブロンコ・スタジアムの骨組みとなる数十トンの鉄骨用高強度ボルト・ナットの輸出や独BMWの部品供給メーカー、カイザー社への工作機械供給など世界各国に輸出している。韓国にはKPF、ファチョン機械、牙城精密、貨泉機工、ドラゴン電気などの中小企業から斗山インフラコアのような大企業まで1000社以上が存在している。

(4) 製鉄

　ポスコ（POSCO＝旧浦項製鉄）などの製鉄会社がある。ポスコは新日本製鐵から技術を導入した。近年、中国で粗鉄の需要が急速に伸び中国国内の調達だけでは間に合わないため、韓国から輸入するケースが出ている。ポスコは日本市場進出を計画している。

　また2007年、ポスコが次世代製鉄新技術「ファイネックス（FINEX）」を開発した。他の世界的な鉄鋼メーカー各社も、1970年代ごろから環境汚染がひどく原料加工費が高い溶鉱炉工法に取って代わる新技術を開発してきたが、

本格的な商用化に成功したのはポスコが初めてである。大韓民国の鉄鋼生産量は 2014 年には 73,709 千トンが予想されている。

(5) 自動車

　自動車は日本企業との提携が多く、現代自動車は三菱自動車、現代自動車の傘下に入った起亜自動車はマツダ、GM 大宇はトヨタ、ルノーサムスン自動車は日産自動車と提携していた。韓国国内では 1988 年に自動車の輸入が自由化されたが、「輸入先多辺化（多角化）制度」と呼ばれる事実上の対日輸入禁止品目において自動車が指定されていたために、日本車の輸入・販売は 1998 年 7 月に至るまで禁止されていた。

　韓国車はデザイン的には日本車の影響が強いが、日本以外の世界市場ですでに一定の低価格帯の車種のシェアを獲得していて、さらに高価格帯への参入を企図している。現代自動車は 2008 年にヒュンダイ・ジェネシスを販売し、海外高級車市場へ初めて製品を投入した。近年、韓国車の品質の向上が著しく、世界金融危機以降の円高ウォン安の影響もあり、特に米国市場で販売シェアを伸ばしている。

　また、韓国企業によるリチウムイオン 2 次電池シェアが日本企業のシェアを奪う形で拡大し、欧米の自動車メーカーへの自動車用電池の供給が行われる予定であることから、次世代自動車の電気自動車の販売競争で韓国自動車メーカーがどのような位置を占めるかが注目されている。2013 年の現代 - 起亜自動車グループの年間販売台数は 452 万台で世界 5 位であった。

(6) 半導体・電子部品

　DRAM では世界シェアの約半数近くを占める。半導体技術力が向上し、大規模な投資を行って高収益を上げ、その大半を再投資に振り向けて政府の後押しにより最先端生産ラインを増強した結果である。半導体技術力向上の一環として、世界中から人材を集めるのが特徴で、日本の技術者も高額の給料で雇われ、土日のアルバイトで働く者もいた。その結果、1990 年代まで日本が優位にあった DRAM 業界のシェアを韓国が塗り替えることになった。これに対し日本や他国の企業は技術流出の対抗策として、自社技術者の監視、生産技術の内製化を進めている。

　一方で韓国企業でも同様に他国への技術流出対策を積極的に行っている。しかし、実態は生産装置の 80％以上が日本製という現実もあり、対日貿易赤字

の増加と、半導体産業の発展が諸刃の剣になっている。フラッシュメモリーは日本や米国にも輸出する反面で部品を輸入し、水平分業が盛んである。パソコンや携帯電話等で使われる汎用品の液晶パネルでもDRAMと同じ産業構造であり、韓国が世界トップのシェアを占めている。

(7) 家電・情報通信製品

　韓国の家電・情報通信製品は世界有数の販売シェアを得ており、液晶テレビ等のAV機器や携帯電話等の情報通信機器の分野ではサムスン電子が様々な製品で世界トップシェアであり、冷蔵庫、洗濯機、エアコン等の白物家電の分野ではLG電子が世界的に有名である。

　特にサムスン電子の製品は、新興国のみならず欧米でも価格や品質やデザインが高く評価されており、世界トップレベルのブランド価値を得ている。この分野での日本企業の凋落と入れ替わる形で韓国企業が世界的に躍進しており、近年ではウォン安の影響もあり、様々な製品の販売シェアで日本企業を完全に追い抜き国際的な認知を得ている。デジタルカメラやプリンターなど日本企業が健闘していた製品領域での伸びも著しい。携帯電話の分野では国際マーケットでノキアやモトローラなどと熾烈な競争を続けている。基幹部品のフラッシュメモリーや液晶パネルのシェアで世界トップであることが強みであり、第3世代携帯電話を中心に韓国製のシェアが伸びている。この分野についてはOEM（相手先ブランドによる生産）やEMSなどが広範におこなわれており、いわゆるブランドシェアと実際の国際マーケットにおける貢献の詳細については不明な点も多い。

　様々な製品で直接日本製品と競合するため、特許侵害を巡って日本企業と互いに提訴を繰り返しており、特に液晶テレビで顕著である。また日本企業と同じくアメリカ企業の「パテント・トロル」にも苦しめられている。クレジットカード照会機、PCPOSシステムと周辺機器、複合クレジットカード照会機をはじめとした各種の電子機器の海外輸出も行われている。

(8) 情報通信インフラ

　韓国ではブロードバンドが普及しており、インターネット放送や通信型ゲーム、サイワールド（Cyworld）などのソーシャル・ネットワーキング・サービス（SNS）やオーマイニュース（OhmyNews）などの市民参加型インターネット新聞サイトなど多様なサービスを展開している。部分的には、IPマスカレー

ドが法律で禁止されているため、ルーターをあまり使用せず、IPアドレスが不足するといった問題もある。

　全世界のスパム発信元ランキングではワースト6位であり、全体としてのセキュリティ対策は十分とは言い難い現状である（日本は33位）が、セキュリティに対する関心は高まっている。また、韓国国内ではネット上のマナーや倫理問題から、韓国内サイトでの発言は、匿名性を廃止し、個人名や国民番号を記載させる傾向にある。

　無線通信技術の分野では、CDMA技術など米国の会社に対する基本技術への特許使用料が増加しており、新規技術開発が急がれていた。こうした中、韓国電子通信研究院（ETRI）が2007年に「WiMAX」規格の派生規格である「WiBro」の開発に成功し、「モバイルWiMAX wave1」規格はWiBroに準拠して策定された。しかし世界的に導入が進み事実上の国際標準になっているのは「モバイルWiMAX wave2」規格であり、期待通りの成果を収めたとはいえない。

(9) 医療・生命科学

　再生医療は世界的に将来有望な市場とみなされており、近年、韓国でも再生医学などの医療・生命科学技術（バイオテクノロジー）を振興している。2004年から2005年にかけてのソウル大学の黄禹錫教授のヒト胚性幹細胞（ES細胞）に関する一連の世界初の成果により、韓国は再生医学分野における世界の先頭走者に躍り出ると見られていた。しかし、実験に用いる卵子採取に際して倫理的な問題が浮上し、黄禹錫教授が米科学雑誌「Science」で発表した、世界初の「ヒトクローン胚からのES細胞作製に関する論文」についての捏造疑惑が浮上した。捜査と再検証によりイヌクローンの論文以外の一連の世界初の成果は全て捏造だということが判明し、この分野での韓国の信頼と経済的可能性は失墜した。これにより黄禹錫はソウル大学を免職処分になり、さらには詐欺と横領罪により起訴されるに至っている。その後2007年に、日米の独立したグループがほぼ同時期にヒトの皮膚から人工多能性幹細胞（Induced Pluripotent Stem Cell）の生成に成功したことにより、再生医療分野の経済的可能性は新しい段階に突入した。

2　韓国の産業構造の変化

韓国の産業構造は6回にわたった経済開発5ヵ年計画を経て、高度化を成し遂げ、2000年代に入っては第2次および第3次産業である製造業やサービス業は、国内総付加価値の90%以上を占め、韓国経済の成長を主導するようになった（表8-2参照）。成長貢献度では、製造業、サービス業が全体の成長を主導しているが、成長性はその後徐々に下落する状況である。

サービス業の成長寄与度は、1970年代に3.8%で、1980年代に4.3%に上昇した後、成長寄与度が下落傾向に入り、現在1%台半ばを維持している。製造業の成長寄与度は、1970年代に3.6%で下落傾向に入り、現在1%台前半である。また、製造業、サービス業を除いた農林漁業、建設業などの成長寄与度は現在0%台の微々たる水準である。製造業、サービス業部門は国内総付加価値の90%以上を占めており、製造業が総付加価値の中で占める割合は2014年基準で約30.3%、サービス業の割合は約59.4%だ。このほか、農林漁業が2.3%、建設業が4.9%、鉱業が0.2%、電気・ガス・水道業が2.8%を占めている。

表8-2　韓国の産業構造（1965-2010）

単位：%

	1965	1970	1975	1980	1985	1990	1995	2000	2005	2010
第1次産業	58.5	50.4	45.7	34.0	24.9	17.9	11.8	10.6	7.9	6.4
第2次産業	10.4	14.3	19.1	22.5	24.4	27.6	23.7	20.4	18.6	16.9
第3次産業	31.2	35.3	35.2	43.5	50.6	54.5	64.5	69.0	73.5	76.7

出所：韓国統計庁データ。

おわりに

韓国経済は産業化に成功し、1980-90年代に高度成長を遂げたが、1997年にアジア通貨危機を迎え、非常に険しい過程を経験することになった。1997年11月21日、韓国政府は「為替市場での困難を解消し金融の安定化を図るため」として、国際通貨基金（IMF）に200億ドルの緊急支援を要請した。外貨決済に行き詰まった政府が経済の破産宣言をしてIMFに救済を申請し、その管理下に入ったのである。その後、韓国では公共部門、企業部門、金融部門お

およ び労働部門で、政府の強力な構造改革が成功裏に推進されて、2001年8月、IMF管理体制からの脱却に成功した。

韓国経済はまた、2007年のリーマン・ショックで発生したグローバル金融危機の影響で対外の経済環境が大きく悪化し、経済見通しに対する不確実性が増幅した。このような不透明な対外環境によって、その当時の韓国の潜在成長率は5％前後であると評価された。これは、通貨危機以降、実質経済成長率が4％台にとどまっていることを踏まえると、最適な成長の軌道から離脱していることを示しているといえる。2013年以降、韓国経済の景気指標は尋常でない。2014年の鉱工業生産は2.7％減少した。経済成長率は2010年の6.5％でピークとなった後3％前後に大きく落ち込んで最近まで続いている。

韓国経済はいま低成長のトンネルに深く入り込んでいるようだ。今年に入り世界経済が回復の兆しを見せ韓国経済も少しは改善するように思われたが、内需が鈍化している。さらに大きな問題は、これが一時的はことでなく今後悪化する可能性が大きいというところにある。20年間の成長率推移を見よう。アジア通貨危機前の1990～97年の年平均成長率は7.5％だった。韓国が「経済奇跡」を謳歌していた時期である。しかし通貨危機後にIMFのプログラムを受け入れ構造調整過程を経た1998～2007年には、成長率が年平均4.7％と大きく鈍化した。世界金融危機後の2008～2013年には平均2.9％でさらに大きく下がった。

経済成長率だけで見ると、韓国はすでに先進国水準だ。しかし1人当たり国民所得は中進国水準を抜け出せずにいる。早老現象だ。先進国になる前に成長率鈍化があまりに早く現れた。「東アジアの経済奇跡」を先導した国がなぜこのようになったのか。アジア通貨危機後、「IMF救済金融史上で最も構造調整に成功した」という韓国政府やIMF側の騒々しい宣伝と比較すると実状はとてもみすぼらしい。

それでは、何が低成長をもたらしたのか。1次的原因は明白だ。投資と貯蓄が振るわなかったためだ。韓国が「経済奇跡」の街道を走った1990～97年には、投資が年平均14.4％増加した。しかし、通貨危機後の1998～2007年には投資増加率が年平均5.0％に急落した。2008～2013年には平均4.1だ。あまり大きく落ち込んでいないように見えるがここ数年間の指標は暗鬱だ。2011年に2.5％で、2012年にはマイナス0.1％だった。2013年には4.1％とやや回復したが、3年間の平均投資増加率は2.2％にすぎなかった。貯蓄率も暗鬱だ。韓国の貯蓄率が20～30％に達した時期には、多くの専門家が米国の過消費を批

判した。当時、米国の貯蓄率は3〜4％にすぎず、時にはマイナスだった。しかし、現在の韓国の貯蓄率は3〜4％で推移する。米国より低い水準に落ちた。投資もせず貯蓄もしない経済がまともに成長することを期待することはできない。

「東アジアの経済奇跡」のカギも投資と貯蓄だった。1960初めには東アジアと中南米の投資率は同水準だった。しかし東アジアは投資率を中南米の2倍近くに引き上げ経済奇跡を作り上げた。いまでは昔話だ。韓国はいま低投資・低貯蓄国になった。経済奇跡のカギを失ったのだ。

なぜこのようになったのだろうか。さまざまな原因があるだろう。企業が過去のように積極的に投資できる環境が国内に作られなかったともいえる。国民が財布のひもをきつく締めるよりは、金を借りてでも使いたいところに使ってみたらそうなったということもできる。少子化と高齢化が急速に進み、経済が活力を失うことになったともいえるだろう。

どれも一理ある話だ。しかし、さらに根本的原因は韓国が現在維持している経済システムにあるようだ。1997年の通貨危機を経た後、韓国は英米の先進国モデルを「グローバルスタンダード」として受け入れた。先進国モデルを適用して「構造調整」をしてこそ先進国入りできるというおかしなコンセンサスが形成された。しかし、先進国モデルは低成長モデルだ。先進国と同じ経済構造を作れば低成長体制になるのはあまりにも当然の結果だ。この当然の道理を見過ごしたまま、これまで韓国は先進国をまねるのにとても多くの努力を傾けた。その結果先進国入りに失敗した。

最も克明な例は、企業負債比率政策だ。韓国が通貨危機に見舞われた後、韓国政府とIMFは過剰投資が危機の主犯だと規定し、400％水準だった大企業の負債比率を1年半で200％以下に引き下げる政策を使った。この部門で韓国は刮目すべき成果を上げた。負債比率200％を超短期間に達成しただけでなく韓国の上場企業の負債比率はその後下がり続け、いまでは米国よりも低い水準に下がっている。

しかし、代替エンジンは作られなかった。むしろ副作用だけがあった。消費を振興させるといいながら個人向け融資を増やした結果、個人負債が成長の足を引っ張っている。投資の主体は企業だ。企業が投資をしてこそ低成長のくびきを抜け出すことができる。企業投資を増やすシステム改革においては、企業をただ督励すだけでは投資は増えない。システム自体を投資促進型に再構築しなければならない。経済がまともに成長できなければ分配対立や他の社会問題

を解決する能力が大きく下がるのだ。韓国は今まで「経済奇跡」の街道を走ってきたが、現在の韓国経済は、まさにここに苦悩を持っているのだ。

[演習]
1. 韓国が1960年代以降急速な成長を遂げた要因をまとめよ。
2. 韓国の経済開発計画の変遷を整理し、経済構造の変化の過程をまとめよ。
3. 韓国の財閥の特徴をまとめ、財閥の役割と問題点について議論せよ。
4. 韓国の主要な産業とその変化についてまとめよ。

【参考文献】
〔1〕安倍誠[2017].『低成長時代を迎えた韓国（アジ研選書）』アジア経済研究所。
〔2〕田口雅弘、金美徳編著[2017].『キャンパスアジア共通教科書 東アジア教養人のための日中韓経済論』ふくろう出版。
〔3〕李允福、西垣鳴人[2013].『入門テキスト 現代韓国経済』柘植書房新社。

第9章　韓国経済の現状と課題

金　美徳（多摩大学経営情報学部教授）

はじめに

　本章では、①韓国経済の経済成長率、構造的問題点、課題、経済外交、通商戦略、将来予測、②険悪な日韓関係と密接な日韓経済の実態、③韓国企業と日本企業の経営比較、④韓国企業のグローバル戦略の特徴、⑤韓国企業の弱み、⑥経営革新の課題などを解説する。特に日韓の経営比較は、経営スタイル、技術開発、海外戦略、投資戦略、リーダーシップ、人事戦略の6つの側面から分析する。

　狙いの1つは、韓国経済や韓国企業の考察を通じてアジア経済やアジアビジネスの理解の一助とすること。2つ目は、日韓企業の経営比較を通じて日本企業やアジア企業の経営課題を検討すること。3つ目は、日韓の企業・経済連携のみならず、日中韓の企業・経済連携の可能性を模索することである。

I　韓国経済の現状と課題

　韓国経済は、2009年経済成長率で、当初マイナス成長と予想されていたが、下半期に景気が急回復し、前年比0.7％増のプラス成長となった。OECD諸国（平均マイナス3.3％）の中で最も早く景気回復し、V字回復した。2010年経済成長率は、6.5％でG20のうち5位となった。因みに1位中国（10.5％）、2位インド（9.4％）、3位ブラジル（7.1％）であった。2011年経済成長率は、3.7％と下落した。2012年経済成長率は、2.3％とさらに下落したが、先進国と同水準であった。因みに米国2.2％、日本2％、欧州マイナス0.4％。2013年経済成長率は、2.9％に回復した。回復要因は、韓国政府が減税（自動車買い替え減税）や公共投資の拡大など景気浮揚策を迅速に行ったことが奏功し、民間消費が増加したこと。また、ウォン安効果により輸出が増加し、特に中国の景気浮

揚策により対中輸出が急回復したこと。さらに、新興国市場の開拓など韓国企業の経営努力である。2014年経済成長率は、ウォン高による輸出産業への大打撃やサムスンの不調など懸念材料があったものの3.3%に達した。2015年は、輸出不振の影響で2.6%と2012年（2.3%）以来3年ぶりの最低水準であった。2016年は、世界景気の停滞などで企業の設備投資が低迷し、輸出や消費も低水準にとどまったため2.8%であった。2017年は、消費の増加ペースは依然不十分であるが、輸出と投資が持ち直したことで成長の勢いが強まったと判断し、2.8%と予測されている。

　韓国経済の構造的問題点は、大きく4つを挙げることができる。1つ目は、財閥・貿易偏重の経済構造である。4大財閥の合計売上高（2011年622兆ウォン）が韓国GDP（2011年1,237兆ウォン）に占める割合は、55.2%に達しており、韓国経済の過半数にも及ぶ。とりわけサムスン財閥（271兆ウォン）は、その割合が21.9%にも達し、韓国経済の2割強を占める。韓国貿易（2015年9,633億ドル）が韓国GDP（2015年1兆4,104億ドル）に占める割合は、68.2%にも達する。これは、日本（2015年28.1%）の2倍強となる。2つ目は、日中との熾烈な競争環境である。韓国は、中国技術の追い上げと日本技術との格差拡大という、いわゆる「サンドイッチ危機」に見舞われている。3つ目は、北朝鮮リスクとチャンスの狭間で揺れていることである。韓国は、北朝鮮と休戦状態にあり、軍事的緊張にさらされている。一方、南北交流の拡大や朝鮮半島の統一による北朝鮮特需が期待されている。4つ目は韓国の経済発展と企業躍進の裏で多くの国民が犠牲になるという社会構造問題である。企業が生産拠点を海外に移しているため、国内の雇用は少ない。また、熾烈な競争をくぐり抜けて一流企業に入社しても、失敗すればすぐに解雇される。社内競争に敗れた人も次々と退社し、定年も事実上50歳代前半となっている。中途退職した人の大半は、飲食店などの自営業で生計を立てているが、これらの個人商店も乱立していることから、食べて行けないのが現状である。このような競争社会を子供に勝ち抜かせるための教育熱が度を超しており、教育費もかさむため、夫婦は産む子供の数まで減らさざるを得ず、出生率は世界最低水準となっている。2010年出生率は、韓国1.22、日本1.39である。したがって韓国経済と韓国財閥の躍進は、国民の血で支えられているといっても過言でない。今後、さらなる躍進を図るためには、国民の犠牲と経済格差をどれだけ解消できるかが重要な課題となる。

　韓国経済の課題は、①「財閥改革」（世襲・経営権承継、系列会社支援・出資

構造への規制強化、中小企業の保護・育成)、②「低成長からの脱皮」(ウォン高と輸出競争力の低下、長期不況とデフレ、企業投資と家計消費の減少、家計負債の増加、住宅価格の下落、雇用不振・青年失業) などである。これらの課題を解決するため GDP 至上主義から生活の質重視に転換させる経済政策である「クネノミクス」(朴槿恵：パク・クネ大統領のクネとエコノミクスを合わせた造語) を打ち出した。その方法論としては、「創造経済」と「経済民主化」の 2 つの翼を通じて「経済復興」を成し遂げ、「国民幸福時代」を切り開くというもの。「創造経済」とは、果敢なパラダイム転換で創意性を経済の核心価値に置き、科学技術と情報通信技術 (ICT) の融合を通じて産業と産業が融合し、産業と文化が融合して新しい付加価値を創り出し、新しい雇用を作り出すこと。「経済民主化」とは、格差是正、雇用の拡大と質、少子高齢化、福祉問題、社会保険問題の解決である。具体的な対策としては、2013 年 4 月に過去 2 番目の規模となる 20 兆 3,000 億ウォンの追加補正予算が組まれた。また、2013 年韓国企業上位 600 社が前年比 13.9％ 増の計 129 兆 7,000 億ウォンを投資した。

　2017 年 5 月には、「共に民主党」の文在寅 (ムン・ジェイン) 氏が大統領に就任し、9 年ぶりの革新政権が誕生した。大統領の名前の頭文字を詰った「Jノミクス」では、公共部門での雇用創出や原発政策の見直しなどリベラル色の濃い内容となり、成長の追求よりも格差の是正や、大企業よりも中小企業を重視した政策がとられるようになった。文在寅政権の主な経済政策は、①雇用は、公共部門 81 万人と民間 50 万人の雇用創出、雇用創出のための専門組織の新設など。②財閥改革は、10 大財閥、特に 4 大財閥の改革に集中、労働者の経営参画の推進など。③税制は、高所得者を対象にした所得税と相続税引き上げなど。④その他にも原発政策の全面的な再検討などが挙げられている。

　さらに、韓国政府は、積極的な経済外交や通商戦略を展開している。経済外交は、オバマ大統領の 4 回の韓国訪問や 1 年間に 5 回の中韓首脳会談など米国や中国との蜜月ぶりが伺える。2014 年 7 月には習近平主席が韓国を訪問したが、中国が友好国である北朝鮮に先立って韓国を訪れるのは異例である。この中韓首脳会談では、中韓の幅広い連携強化を確認するほか北朝鮮核問題などを協議し、共同声明を発表した。また、環境や金融など 12 の分野で協力文書に署名した。さらに、中韓の経済人 400 人が参加する経済協力フォーラムも開催された。

　文政権の誕生後は、2017 年 11 月に文在寅大統領とインドネシアのジョコ・ウィドド大統領が、ジャカルタのボゴール大統領宮で首脳会談を行って両国関係を「特別戦略的パートナー関係」に引き上げる内容の共同ビジョン声明を採

択した。東南アジア国家と共同ビジョン声明を採択したのは初めてである。両国間で 2006 年に策定された「戦略的パートナー関係」を引き上げ、「両国の協力を具体化して地域および全世界に対する寄与を強化しよう」と合意した。両首脳は、産業・交通・保健分野の政府間協力了解覚書（MOU）をはじめ 11 件の MOU も採決した。

　中韓関係は、「中韓戦略的同伴者関係」を締結しており、これは最上の関係を意味する。また、韓国にとって中国は最大の貿易・投資相手国である。中韓貿易（2016 年 2,114 億ドル）は、日韓貿易（2016 年 718 億ドル）の 3 倍弱に達しており、韓国の対中貿易黒字 374 億ドルに対して対日貿易赤字 231 億ドルである。また、中韓貿易は、韓国貿易全体（2016 年 9,016 億ドル）の 23.4% を占めている。さらに、韓国の対中貿易黒字は、韓国の貿易黒字全体（2016 年 892 億ドル）の 41.9% を占めている。日韓は国交正常化（1965 年）後 52 年経っているが、中韓は国交正常化（1992 年）後 25 年しか経っていないことから、経済関係が急拡大しているといえる。しかしながら中韓関係は、「表層的密着性」がある半面、「深層的距離感」がある。「深層的距離感」とは、「朝鮮半島の再統一」に対する考え方の違いである。中国は、北朝鮮の金正恩（キム・ジョンウン）政権の危機・崩壊を望んでいない。一方は、韓国は、北朝鮮の現状維持について肯定的に考えていない。朴槿恵大統領が、「統一は、大当たり（特需）論」を展開しており、積極的に統一追求戦略を打ち出している。

　通商戦略は、FTA 締結の積極推進による海外市場開拓であり、45 ヵ国と発効、28 ヵ国と交渉中である。韓国は、欧州〜アジア〜米国をつなぐ「東アジアの FTA ハブ」として浮上しており、すでに 26 億人のフリーマーケットを得ている。例えば韓米 FTA は、2012 年 3 月 15 日に発効。工業製品や消費財の 95% 以上の関税が、5 年以内に撤廃される。韓国 EU FTA は、2011 年 7 月 1 日発効。即時関税撤廃の品目数は、韓国側が 9,195 品目、EU 側が 9,252 品目に達する。韓国インド包括的経済連携協定（CEPA）は、2010 年 1 月 1 日付で発効。この CEPA の発効により、韓国側は自動車部品・鉄鋼・機械など主要 10 品目の恩恵が大きく、対インド輸出が今後 10 年間で年平均 1 億 4,000 万ドル増えると予測されている。

　韓国経済の将来予測には、以下のようなものがある。ゴールドマン・サックスレポートは、韓国と北朝鮮が統一した場合、2050 年には日本、ドイツ、フランスなど先進 7 ヵ国をしのぐ世界 8 位の経済大国（朝鮮半島 GDP は 6 兆 560 億ドル）になると予測。これは、2011 年韓国 GDP（1 兆 1,162 億ドル）の 5 倍

強に相当する。主な理由は、韓国の技術と資金力、北朝鮮の天然資源と労働力の結合によるシナジー効果を挙げている。また、南北統一に関係なしに1人当たりGDPが、2038年に韓国が日本を抜くと予測。『英国エコノミスト』の2050年予測では、1人当たりGDP（購買力平価）は日本が韓国の半分程度となり、もはや先進国とはいえないレベルに落ちる。経団連21世紀政策研究所は、2050年に1人当たりGDPが、日本は韓国に抜かれて世界18位になると予測。シティグループは、1人当たりGDPが、韓国が2020年に世界10位圏に入った後、2030年に5位、2040～50年には4位に上昇すると予測している。

II　険悪な日韓関係と密接な日韓経済

1　険悪な日韓関係

　日本と韓国は、政治関係が竹島・独島（領土問題）、従軍慰安婦、安重根（アン・ジュングン）の評価、歴史教科書、靖国参拝、日本海・東海呼称、元徴用工の個人補償などの問題により険悪で戦後最悪である。一方、日韓の経済関係は、貿易、投資、企業連携、観光客の拡大により密接で戦後最高である。
　一般的に問題というのは、至極当然の如く当事者双方に原因があるから発生するものであり、片方だけに問題があるということはあり得ない。したがってこの日韓の政治問題も双方に原因があると考える。ここでは韓国の事情を3点挙げる。1つ目は、「慰安婦問題などでの韓国政府の不作為（あえて積極的な行為をしないこと）は憲法違反」という憲法裁判所の決定（2011年）があったこと。すなわち韓国政府が、慰安婦問題の解決のために行動を取らないと憲法違反になるということである。特に朴槿恵大統領が女性であるが故に、強硬にならざるを得ない事情があると考えられる。2つ目は、朴槿恵大統領の父親である朴正熙（パク・チョンヒ）元大統領（任期1963年～1979年の16年間）が親日派というイメージが強いためその払拭に躍起になっていること。実際、朴正熙元大統領が「親日」であったことで野党陣営から激しい攻撃を受けている。3つ目は、国際的な政治情勢と経済関係が、日韓関係の優先順位を下げたこと。南北関係は、北方限界線での哨戒艦沈没事件（2010年死者46名）と延坪島砲撃事件（2010年死者4名）により軍事的緊張が高潮し、悪化している。そのため南北関係の改善には、中国の協力が必要となる。したがって中韓関係を優

先し、日韓関係の優先順位を下げざるを得ないのである。また、「中国の台頭」や「米国のリバランス（再均衡）」などにより米中の2大大国で世界を仕切るという「米中G2論」を意識せざるを得ないこと。「米国のリバランス」とは、一言でいえば「米国のアジアシフト」を意味し、米国がこれまでの世界戦略を見直して、その重心をアジア・太平洋地域に移そうとする軍事・外交上の政策のこと。韓国は、「米・中・韓戦略対話」も提唱している。さらに、韓国経済において中国経済のプレゼンスが圧倒的に高いことである。

　韓国は、以上のように憲法裁判所の決定、野党や世論対策、世界情勢や時代の変化に対する認識などの事情から、新たな日韓関係のあり方を模索せざるを得ないのである。特に「米中G2論」の是非や有無によって、世界情勢判断や時代認識が全く違ってくるし、外交戦略も大きく変わってくる。したがって日韓の政治問題は、一概に韓国の「反日政策」だけが原因とは言い難い。

　日本と韓国は、世界に誇る素晴らしい文化と伝統を深く共有した2,000年間にわたる文化・技術交流や人の往来の歴史を持つ。例えば日本で最初の大寺院である飛鳥寺（奈良県）がその象徴である。596年に蘇我馬子が朝鮮半島・百済（くだら）から技術者集団を招き、創建したといわれている。また、1607年～1811年（室町時代～江戸時代）の200年間に朝鮮通信使（外交使節団）が、12回にかけて日本に派遣された。しかしながら日本による朝鮮半島統治（1910年～1945年）以降は、日韓関係が悪化している。したがって2,000年間の長いスパンで見れば、良好かつ活発な交流があったが、近現代の150年間だけが日韓関係が悪化しているという見方もできる。日本と韓国は、2010年8月に日韓併合（1910年8月22日署名、29日発効）100周年、そして2015年6月に日韓国交正常化50周年（1965年）を迎えたが、今後いかに未来に向けた新たな日韓関係を築くべきか正念場を迎えるであろう。すでに未来に向けた新たな日韓関係を築くべく文化・経済分野で活発な動きを見せ始めている。文化面では、日本では韓流ブーム、韓国では日流ブームがもはや一過性のものでなくなった。日本では、韓流文化が定着しつつある。また、日韓の人的交流が739万人（2016年訪日韓国人509万人、訪韓日本人230万人）を記録した。日本を訪れた外国人数のランキングでは、韓国人が第2位である。さらに、姉妹都市が151都市、日本の26地点から直行定期便が週689便、羽田・金浦間が1日12便となり、都市間交流が増えるとともに日韓のアクセスもより便利になっている。

　2015年11月には、ソウルで日中韓首脳会談と日韓首脳会談が開催された。主な議題は北朝鮮問題、慰安婦問題、日中韓FTAなどであったが、本質的な

第 9 章　韓国経済の現状と課題

目的は北東アジアの平和と安定に向けた日中韓の関係改善であった。もはや、北東アジアの平和と安定は、この地域だけの問題でなく、世界の平和と安定に大きく貢献するものとなっている。そして日韓政府は、2015 年 12 月日韓国交正常化 50 周年を機に「慰安婦問題を最終的かつ不可逆的に解決する」ことで合意した。安倍首相が「日韓関係が未来志向の新時代に入ることを確信する」、朴大統領が「来年からはより未来志向の関係としたい」と述べ、両首脳もこの合意を歓迎した。戦後 70 年という長い月日を経たが今度こそは、「日韓未来志向」の歯車が回り始めると期待されている。険悪な日韓関係と密接な日韓経済という「日韓・パラドックス」は、解消に向けて大きな一歩を踏み出したといえる。特に「日韓経済の役割」は、日韓のみならず、「北東アジア・パラドックス」の解消であり、その先にはアジアの新秩序を再構築する役割も期待される。

2　密接な日韓経済

　日韓経済では、日本にとって韓国は第 3 位の貿易相手国である一方、韓国にとって日本は第 3 位の貿易相手国である。投資は、過去 6 年間（2011 年〜2016 年）の韓国に投資した国ランキングで 2 位が日本（149 億ドル）である。因みに 1 位の米国は 225 億ドル。日本企業の韓国進出は、本格化・大型化している。日韓企業連携も活発化しており、グローバルビジネスモデルになりつつある。日韓金融連携の事例も増えている。日韓 EPA（経済連携協定）は、早期に本交渉を再開すべきとの気運が日増しに高まりつつある。一方、日中韓 FTA や東アジア地域包括的経済連携（RCEP）の交渉も進んでいる。

　日韓企業連携は、本格的に動き始めている（表 9-1 参照）。もはや、日本企業は、韓国企業を脅威として捉えるのでなく、連携して世界市場を開拓しようという新たなグローバルビジネスモデルとなりつつある。日韓企業連携は、これまでは日本企業が韓国企業をコスト削減目的で利用するような連携が多かったが、今では日韓を代表する大手企業同士が相互の長所を生かしてシナジーを図ろうとするフラットな連携が目立つ。連携目的は、技術協力、販売拡大、共同価格交渉、共同海外進出、買収防衛などとなっている。新日鉄とポスコは、2000 年に戦略的提携関係を結んで以来、アルセロール・ミタルからの買収を共同で防衛しようとしているほか、ブラジル鉄鋼大手ヴァーレに対する鉄鉱石の共同価格交渉（2006 年以降）、新日鉄も出資したベトナム冷延工場（2009 年

表 9-1　日韓企業連携の事例

分野	日本企業名	韓国企業名	提携発表日	目的および戦略
金融	国際協力銀行	韓国輸出入銀行（政府系）	2006.05	日韓企業が新興国で大型プロジェクトを受注できるよう協調融資などで支援する。日本の技術力と韓国の価格競争力を合わせ、欧米企業に対抗する。
	みずほコーポレート銀行	新韓銀行、韓国産業銀行（政府系）	2006.09	資本・業務提携（新韓の持ち株比率1.25%）アジアでシェアを伸ばすサムスン電子やヒュンダイ自動車など韓国優良企業を睨み、投資銀行ビジネスを展開する。
	国際協力銀行	韓国輸出入銀行（政府系）	2006.05	日韓企業が新興国で大型プロジェクトを受注できるよう協調融資などで支援する。日本の技術力と韓国の価格競争力を合わせ、欧米企業に対抗する。
	住友信託銀行	ハナ銀行	2006.12	業務提携。不動産仲介や融資の拡大を狙う。
	りそな銀行	韓国外換銀行	2007.01	業務提携。韓国進出する日本企業へ融資拡大を狙う。
	三菱UFJ証券	大宇証券	2007.01	業務提携。韓国企業の東京市場上場やM&Aを仲介する。
	三井住友銀行	国民銀行	2007.03	業務提携。韓国に進出する日本企業向け金融サービス、日韓の資金管理サービス、貿易金融、国際市場でのプロジェクトファイナンスなど。
エネルギー	新日本石油	SK	2007.01	資本提携（持株比率1%）。中国やインドなどアジア地域で拡大する石油需要を睨み、製油所建設や卸売り事業を行う。また相互融通による輸送コスト削減を図る。
鉄鋼	新日鉄	ポスコ	2006.10	2000年に提携開始。資本提携を強化（持株比率5%）買収防衛の協力、鉱山の共同開発、製品相互供給など相乗効果を強める。
	JFEスチール	東国製鋼	2006.09	資本提携を強化（持株比率15%）。厚板工場の建設技術と高級厚板の製造技術を支援し、原料のスラブを安定供給。
	JFEスチール	現代製鉄	2007.01	資本・業務提携の交渉開始。ヒュンダイ高炉建設へ参画、自動車用高級鋼材技術を供与し、アジアでの供給力を高める。また、新日鉄・ポスコ提携に対抗し、国際戦略を強化する。
物流	JR貨物	韓国鉄道公社	2006.09	業務提携。本年1月から東京～ソウル間を4日で結ぶ企業向け物流事業サービスを始める。リードタイムは、航空貨物に比べ1日に余計にかかるが、物流コストが半額。
電器電子	ソニー	サムスン電子	2004.04	資本提携。合併会社S-LCD（ソニー49%：サムスン51%）を設立。韓国の忠清南道牙山で液晶パネルを共同生産し、安定供給を図る。
	NTTドコモ	LG電子	2005.06	業務提携。携帯電話の共同開発や販売を行い、ニーズの多様化への対応、タイムリーな商品投入、コスト競争力の確保を狙う。
	KDDI	パンテック	2005.12	
	トヨタ	サムスン電子	2012.02	車内でスマートフォンを安全・快適に利用できるシステムを共同開発する。

その他、サントリーとロッテ（2001年業務提携）。サッポロとメイル乳業（2012年2月資本提携）、キリンとハイトジンログループ（2012年1月連携強化）、タカラトミーとソノコン（2011年1月業務提携）、NTTドコモ・ソフトバンクとSKテレコム・KT（2011年12月電子決済協議会）、セガサミー（セガトイズ）と大元メディア（2012年2月アニメ業務提携）、伊藤忠とロッテ（2010年8月中国テレビ通販市場共同参入）

出所：筆者作成

稼働)、製造過程の副産物をリサイクルする韓国での合弁事業(2009年稼働)などを行っている。両社が開いた技術交流会は500回(延べ参加者7,000人)に上るとされ、文化交流も行われており、毎年両国でオーケストラや伝統音楽などの演奏会を催している。新日鉄とポスコの日韓企業連携の強みは、このような人と人との交流といえる。日韓企業連携の大型事例は、以下のようなものがある。2012年トヨタ自動車とサムスン電子が共同で、車内でスマートフォン(高機能携帯電話＝スマホ)を安全・快適に利用できるシステムを開発する。車内でスマホに触れることなく音楽の再生や音声通話、電子メールの送信などが可能になる。2011年三菱商事と韓国ガス公社が、インドネシアの天然ガス開発からLNG製造・販売まで一貫してプロジェクトを共同運営する。本鉱区から生産される天然ガスはインドネシア国内に供給される他、日本および韓国へLNGが輸出される。2011年三菱商事と韓国ガス公社が、共同でカナダ・ブリティッシュ・コロンビア州コルドバ堆積盆地のシェールガスを中心とした天然ガス開発プロジェクトを推進。ロイヤル・ダッチ・シェルや中国石油天然気集団(CNPC)も参画している。2011年5月三井物産と大宇建設が、アフリカ・モロッコ石炭火力発電所建設で提携した。受注金額(1,000億円)と発電能力(出力合計700MW)は、北アフリカ最大規模のプロジェクトとなる。この事業は、アブダビ政府系エネルギー会社TAQA社傘下の発電事業会社ジョルフ・ラスファールエナジーから受注したものである。2011年新日鉄、JFEスチール、石油天然ガス金属鉱物資源機構、双日と韓国ポスコ、韓国国民年金公団の日韓企業連合が、ブラジルの鋼材向けレアメタル鉱山開発会社CBMM社に合計15%出資(出資比率：日本勢10%、韓国勢5%)。総投資額は1,500億円規模。2010年東芝とサムスン電子が、半導体のシステムLSI(大規模集積回路)分野で提携した。巨額な設備投資が必要な先端品について東芝は設計だけを手がけ、生産はサムスンに委託する。

　2013年にはシャープが、サムスン電子から約104億円の出資を受け、サムスン電子の出資比率(議決権)は3.08%、第5位の株主となった。上位の株主は、1位日本生命(4.88%)、2位明治安田生命(4.01%)、3位みずほコーポレート銀行(3.67%)、4位三菱東京UFJ銀行(3.65%)など生命保険会社や銀行であるため、業績拡大に具体的貢献ができるサムスンの方がおのずと影響力が大きくなる。提携の狙いは、シャープがテレビ用液晶パネルを供給し、工場の稼働率を引き上げる一方、サムスンが大型液晶パネルを安定調達し、拡大する大型テレビ市場で攻勢をかけることである。ただ、サムスンの狙いは、もっ

と深いものがあるとの指摘もある。それは、サムスンが、シャープの新型液晶技術 IGZO（低消費電力で高精細化を実現したディスプレイ）やデジタル複写機事業（2012 年売上高 2,900 億円、利益率 7.2％、世界シェア 5 位）を狙っているというものである。メディアや専門家の意見は、シャープの技術や事業が盗まれるとか、乗っ取られるといったような悲観的なものが多く、なかにはシャープの無能無策ぶりやサムスンの傲慢さを辛辣に批判するものもあった。しかしあまりの悲観論は、冷静さと客観性に欠け、本質を見誤る恐れがあるので、ここで楽観論を展開しておく。両社のリーダーは、当面の利害だけで決断したとは考え難く、中長期的なシナリオも秘めていると推察できる。それは、サムスンが、経営破綻の危機に追い込まれたシャープの救済を機に、長年のライバル関係を乗り越えて、新たな日韓企業連携のあり方を創造するというものである。力を合わせて危機を乗り越えたものだけが得られる「絆」と「真の信頼関係」は、日韓企業連携をグローバルビジネスモデルに昇華させるとともに、世界市場でのサバイバルに耐え得るグローバルビジネスパワーとなる可能性がある。サムスンには、常に経営を革新し、普遍的価値を創造しなければ、いつどうなるか分からないという強い危機感があるはずである。また、7 年間に及ぶソニーとの企業連携がそれなりの業績を上げたにも拘わらず、提携を解消したという苦い経験もある。シャープとて、これほどまでのどん底や屈辱感を味わったことから、相当な腹をくくっているはずである。シャープは、これまでに貯めに貯めてきた利益 1 兆 2,000 億円を食いつぶし、債務超過に陥る可能性があり、2,000 億円の社債償還期限も迫っている。また、台湾鴻海精密工業（ホンハイ）との資本提携が失敗に終わり、米国インテルや中国レノボとの提携も模索し、迷走した。シャープは、その後、ホンハイに買収されることとなった。

　日韓金融連携の事例は、以下のようなものがある。2011 年三井住友銀行が、積極的な海外投資を進める韓国企業の旺盛な資金需要を取り込むためソウル支店に「グローバルコリア営業部」を設置。ロンドン、ニューヨーク、シンガポールにも専属の営業職員を派遣し、地域横断的に融資案件の獲得を図っている。2011 年度の韓国企業向け融資残高は 100 億ドル超と、5 年前の 3 倍に達した。三井住友銀行は、2007 年に韓国最大手の国民銀行と業務提携している。2011 年みずほコーポレート銀行は、韓国・中国・台湾などに特化した事業部門「東アジアユニット」を新たに設立し、担当役員も配置。強みを持つ協調融資を通じた韓国企業の海外進出支援のほか、トップセールスによる営業にも注力している。みずほコーポレート銀行は、2006 年に新韓銀行と業務提携

している。2012 年三菱東京 UFJ 銀行は、韓国企業の海外展開支援を目的とした「グローバル韓国営業室」を日本の国際法人部とソウル支店にそれぞれ開設。20 人の職員が情報収集や営業提案を行う。2013 年日本政策金融公庫が、国民銀行と提携し、日本の中小企業の韓国進出を後押しする。日本政策金融公庫が信用情報の提供や信用補完を手掛け、国民銀行が韓国に進出した日本企業に対して低利のウォン建て融資を実行する。国民銀行の貸出金利は 0.5 〜 5% で韓国の一般銀行からの金利よりも低い。

　日本企業の韓国進出が、本格化・大型化している。東レと旭化成が、韓国に世界最大の工場を建設する。狙いは、①韓国の FTA を活用した輸出拠点化、②韓国市場と中国市場、③電気料金と物流費の安さ、④法人税率の低さである。東レは、2011 年韓国慶尚北道亀尾市で 50 億円を投じ、年産 2,200 トンの炭素繊維工場を建設し、韓国に本格的に参入した。東レは現在、韓国に東レ尖端素材、東レケミカル、STEMCO、東レバッテリーセパレータフィルムコリア（TBSK）、東レ BSF コーティングコリア（TBCK）などの系列会社を置いている。2017 年 10 月には、2020 年までに韓国に 1,000 億円を投資し、韓国東レグループの年間売上高を 2016 年 2,800 億円から 2020 年までに 5,000 億円に増やす計画を発表した。大規模投資の狙いは、サムスン電子、現代自動車、SK などグローバルトップ企業の需要に対応するためである。東レは、2016 年〜 2017 年 310 億円の投資に引き続き、2019 〜 2020 年にも 350 億円を投じ、電気自動車（EV）などに使われるリチウムイオン電池部材を増産する。「セパレーター（絶縁材）」と呼ばれる特殊フィルムの生産能力を高め、LG 化学や現代自動車などに電池の安全性を左右する重要部材を供給し、成長市場を取り込む。

　2011 年旭化成は、韓国蔚山市で 200 億円を投じ、年産 25 万トンの樹脂原料工場を建設し、韓国の生産能力を合計 55 万トンに引き上げる。生産するのは、液晶テレビなどのボディーや自動車の内装に使う高品質な ABS 樹脂の主原料「アクリロニトリル（AN）」。同工場が完成すれば、同原料の世界最大（年産 55 万トン）の生産拠点となる。2011 年住友化学は、韓国に 200 億円を投じて、スマートフォンに使うタッチパネル工場を建設。2012 年には数十億円を投じ、工場を増強。製品は全量、サムスンに供給する。液晶よりも高精細な有機 EL（エレクトロ・ルミネッセンス）と組み合わせた、視認性の高いタッチパネルを世界に先駆けて供給する。サムスンは、これまでタッチパネルを内製するほか台湾企業などから調達していた。住友化学から高機能タッチパネルを安定調達し、他のスマートフォンとの差別化を図る。2012 年日本電気硝子は、韓国京

畿道坡州市に400億円を投じ、液晶ディスプレイ用ガラス基板の製造工場を建設。海外に液晶ディスプレイ用ガラス基板の製造工場を設立するのは今回が初めて。ディスプレイ産業の未来を韓国と共に開拓していくと意気込む。2013年トヨタやホンダが、米韓FTAを活用して米国から韓国に輸出し、韓国乗用車（輸入車）市場を開拓している。トヨタは、2012年韓国販売台数が、前年比2.2倍の1万795台に急増した。

今後、日韓企業連携は、グローバルビジネスモデルとなる。例えば1つは、日本企業が、自らの強みである「技術・ブランド力・資金力」に韓国企業の強みである「現地化マーケティング・新興国ビジネスモデル・突破力」を生かす連携により、大きなシナジー効果が得られる。「日韓の中小企業連携」や「日韓台の企業連携による中国進出」なども考えられる。2つ目は、日本企業が、韓国の地政学的な立地を活かし、部品調達拠点として、輸出拠点（韓国FTA活用）として活用することである。3つ目は、日本企業が、対韓貿易、インバウンド（訪日韓国人観光客）、アウトバウンド（訪韓日本人観光客）、対韓投資、韓国企業との連携など韓国との取引を少し加えるだけで、発想転換ができ、化学反応を起こし得る。また、新しいアイデアや戦略・戦術の源となり得る。さらに、韓国を通じてだけ見えるアジア新興国市場やグローバル市場の情報や視点を入手できる。日韓企業連携は、新たなグローバル戦略策定力やビジネスモデル構築力をかきたてる。

Ⅲ　韓国企業と日本企業の経営比較

アジアの経済発展を牽引しているのは、韓国企業、中国企業、台湾企業、香港企業、シンガポール企業、インド企業などアジア企業である。とりわけ韓国企業は、家電・携帯電話・半導体・自動車などの分野でアジア市場のみならず、世界市場を席巻している。

韓国企業の業績は、日本企業を上回り始めている。サムスン電子は、2012年度売上高が前年比21.9％増の17兆7,600億円、純利益が前年比73.3％増の2兆1,146億円に上り、過去最高を記録した。また、世界薄型テレビ市場（2012年）では、韓国メーカー（サムスン電子とLGエレクトロニクスの2社）がシェア42.7％を占め、日本メーカー（パナソニック、ソニー、シャープの3社）の19.2％を大きく上回った。世界携帯電話・スマートフォン市場（2012年）では、

サムスン電子がシェア25.1%を占め、2位フィンランドのノキア（20.%）や3位米国のアップル（11.3%）を大きく引き離した。シャープ（0.5%）とパナソニック（0.2%）は、シェアを落とす一方である。

一方、日本企業の業績はというとパナソニックは2011年度と2012年度2年連続8,000億円の赤字、ソニーは2012年3月期まで4期連続の赤字で累計赤字額は9,193億円に上る。また、シャープはこれまでに貯めに貯めてきた利益1兆2,000億円を食いつぶした上に、サムスン電子から2013年に約104億円（議決権3.08%、第5位株主）の出資を受け、辛うじて経営破綻を免れている現状である。さらに、大手半導体メーカー（世界3位DRAMメーカー）のエルピーダメモリに至っては、2012年に経営破綻（更生法申請、負債総額4,500億円）した。パナソニック、ソニー、シャープ、エルピーダメモリの業績不振の理由は、韓国企業に負けたからといっても過言でない。

なぜ日本企業は、世界最高の技術やものづくり文化を持っていながら稼げないのか、また韓国企業に負けてしまうのであろうか。その理由について考える。

1つは、韓国企業の躍進を過小評価していることである。過大評価をする必要はないが、過小評価するというのもシビアさに欠ける。日本の企業や経済の利益を最優先に考えていれば、韓国企業が好きとか嫌いとかという呑気なことはいっておられないはずである。また、韓国企業を過小評価するということは、他のアジア企業も過小評価する可能性が高い。アジアの企業や消費者を過小評価や軽視して、支持や信頼を得られるはずがない。

2つ目は、過去の成功体験に安住して怠慢があったのではなかろうか。「韓国企業が勝ったのでなく、日本企業に怠慢があった」「韓国企業は誰よりも成功したのでなく、誰よりも失敗した企業」という見方もできる。韓国企業は、誰よりも失敗したからこそ常にのたうち回りながら指先分の一歩でも前に進もうとしているのである。

3つ目は、日本がアジア新興国市場の台頭など世界潮流を見極められなかったことである。日本企業は、BRICs（ブラジル・ロシア・インド・中国）などアジア新興国市場の台頭を疑心暗鬼の目で様子を伺うような傾向があった。BRICsという用語・概念は、米国ゴールドマン・サックスのエコノミストであるジム・オニール（現在は同社会長）氏が2001年11月に作成・発表した投資家向けレポート『Building Better Global Economic BRICs』を通じて生み出されて世界に広まった。BRICsが発表された当初は、日本の金融業界では話題になったが、日本の商社や製造業界は「ただの金融商品を売るための造

語」「これらの国の経済発展はまだまだ」であるといって振り向こうとしなった。しかし韓国企業はというと何の迷いもなく、いち早く乗り出した。この意思決定の速さが、BRICs市場での明暗を分けた。

　4つ目は、日本の技術神話を妄信して殿様商売に甘んじていたことである。日本のものづくりは、世界が認める世界最高の技術であるが、技術力が高いからといって必ず売れるという経営法則はない。すなわち技術力と販売力は、必ずしも比例しないのである。この点を錯覚している日本企業やビジネスパーソンが少なくない。そのため技術に過剰に依存して、売る努力を疎かにした。例えば売る努力もせずに、売れない原因をアジア新興国の消費者に責任転嫁する。責任転嫁の理由は、高い技術水準について来られない現地消費者の低いレベルに問題があると考えている。この現地消費者は、文化や所得水準が上がってくれば、ほっておいても買うようになる。それまでは、マイナーチェンジの製品を売っておけば良いという考え方である。

　5つ目は、内需依存から抜け出せなかったことである。日本経済は戦後、常に内需か、外需かという議論を繰り返し、結論が出せないまま何とか内需で食べてきた。しかし安倍政権は、成長戦略「海外展開：オープン」で、外需で食べて行く方向に大きく舵を切った。ものづくりだけでなく、食文化、医療システム、教育制度、交通・エネルギーインフラなどの分野で海外市場に打って出る。その突破口しての経済外交が、ロシアと中東（サウジアラビア、アラブ首長国連邦、トルコ）である。2013年に安倍首相が訪ロし、日ロ共同声明を採択した。経済協力の特徴は、都市インフラ整備・エネルギー、医療・先端技術、農業・食品の3分野を軸に協力を図ることと、ロシア極東シベリアを共同で開発することである。

　6つ目は、日本にはアジア新興国市場で稼げるグローバル人材の不足である。これまでの日本企業では、欧米での海外勤務者が花形出世コースであり、アジア新興国での勤務者は出世コースから離れた存在のような空気感があった。また、社員もアジア新興国への派遣を嫌がり、派遣されたとしても期間が3年間程度と短いため本腰を入れて仕事をする気分になれない。さらには、これといった仕事がなく、暇をもてあそぶ傾向にあった。このような中途半端なアジア・新興国戦略の中で現地に派遣された社員の多くは、屈折した気持ちにならざるを得なかったのではなかろうか。一部の社員は、現地スタッフを教育するという名目のもとで、必要以上に日本語の指導をしたがる。日本語の指導もエスカレートすれば、ただの粗さがしになる。果たして仕事をしているのか、自

らのコンプレックスとストレスを解消しているのか疑いたくなる。日本語の能力は、現地スタッフに到底、抜かされることがないため安心して指導できるし、心地よい優越感も感じられる。これは、日本語を指導すべきでないということでなく、日本語を教えるには、まず教える側が日本語に精通していなければならない。日本人だからといって誰しもが高い日本語の能力を持ち合わせているとは限らない。この暇つぶしのような無責任な日本語の粗さがしによって、どれほどの多くの優秀な現地スタッフが退職し、外国人社員が泣く泣く帰国したことであろうか。胸が締めつけられる思いである。これは、日本にとっても相手国にとっても大きな損失である。これでは、日本企業の日本人社員も外国人社員もグローバル人材として育たないし、グローバル人材が不足するのは当然である。

　グローバル人材不足のもう 1 つの原因は、現地スタッフや外国人社員のキャリアパス、すなわち出世や報酬アップの道筋が明確に示されていないことである。日本企業の多くは、グローバル人材の採用・育成・登用の制度が充分に整備されていない。一方、最近では、海外店の支社長を派遣する際に、「現地スタッフを現地法人の社長に育てるまで帰って来るな」などのミッションを出す企業もある。しかし残念ながらあれほどの大企業で、これほどのスマートな幹部社員でもこのミッションがなかなか実現されない。その理由は、何であろうか。海外店の支社長曰く、現地スタッフに様々な仕事を体験させて、大きな期待をかけているものの、まだまだ能力不足だという。本当に現地スタッフの能力不足なのか。某現地スタッフは、採用時に TOEIC が 990 点満点中、900 点であった。しかし某大手企業の幹部は、このような優秀過ぎる現地スタッフに対して大変、困ったような表情をした。なぜなら日本の本社で採用する社員よりも優秀であるからである。このような国際的に見ても高い語学力や現地のトップクラスの高学歴をもった現地スタッフであるのにも拘わらず、何の能力が足らないのであろうか。また、某支社長は、「あと 10 年だけ時間をくれれば必ず現地法人の社長に育て上げる」という。しかし某支社長が 3～4 年後に交代し、新しい支社長に会うと、また「あと 10 年待ってくれ」という。これでは、現地スタッフを現地法人の社長に育てるミッションは到底、果たせない。このミッションを果たせないということは、支社長は全く仕事をしなかった。また、現地スタッフの能力不足ではなく、日本人支社長の能力不足ということになる。すなわち支社長は、自らがグローバル人材としての能力と器を兼ね備えていないのみならず、グローバル人材像も持ち合わせていないというこ

とである。これでは、日本企業では外国人社員であれ、日本人社員であれ、グローバル人材が育つわけがない。グローバル人材が育たなければ、相変わらず日本企業は、アジア・新興国市場で稼げないし、日本経済の足を引っ張ることとなる。

　しかしながらここへきて重い腰を上げるが如く日本政府が、教育政策や大学教育においてグローバル人材の育成に注力し始めている。また、日本企業が、日本人や留学生に関係なく、グローバル人材を積極的に採用している。当面は、日本人のグローバル人材が不足していることから、外国人留学生を採用している。採用の次は、外国人社員や現地スタッフをいかに育成し、幹部に登用するかが課題となる。育成とは、その独創的な発想、潜在的能力、奇抜なアイデア、多様な価値観を活かすことである。このような外国人社員や現地スタッフの能力や価値観を活かすことができれば、日本人社員も自ずとグローバル人材としての能力が育まれ、感性も磨かれる。そして外国人社員・現地スタッフと日本人社員の双方が触発されながらシナジーを発揮することができれば、日本企業はグローバル企業として大きな一歩を踏み出せるであろう。

1　日韓企業の強み

　韓国企業と日本企業の強みを比較する。その目的の1つは、日韓企業のそれぞれの強みを知ることであり、それらを活かすことである。もう1つは、韓国企業を鏡にして、日本企業の等身大の姿や身の丈を映し出し、日本企業の経営課題を考察することである。日本は、米国一極支配の時代には米国を鏡にして、自らの姿を映し出し、日米同盟を基軸に立ち位置や方向性を考えた。しかし、無極化の時代であり、アジア・新興国市場が中心となった世界経済の時代には、アジアを鏡にして、自らを冷静に見つめ、主体的に戦略的立ち位置や進むべき方向性を探るべきではなかろうか。

　日韓企業の強みは、経営スタイル、技術開発、海外戦略、投資戦略、リーダーシップ、人事戦略の6つの側面から分析する。1つ目の経営スタイルは、韓国企業が市場を重視する「マーケティング指向経営」であるのに対して、日本企業は技術を重視する「ものづくり指向経営」といえる。この違いを2010年バンクーバー五輪フィギュアスケート競技での韓国のキム・ヨナ選手と日本の浅田真央選手の事例をもって説明する。キム・ヨナ選手は、実はあまり器用でないことから、トリプルアクセルが飛べない。よって早い段階からトリプ

ルアクセル、すなわちものづくりを諦めた。そしてカナダに移住し、いわゆる現地化し、そこでオリンピック審査委員の好みや審査癖を徹底してリサーチし、それに合わせて演目を練り、演技を磨いた。すなわち見せ方、売り方、マーケティングにこだわったのである。一方、浅田真央選手は、最後の最後までトリプルアクセルにこだわった。すなわち芸術性、ものづくりを追求したのである。キム・ヨナ選手と浅田真央選手は、良きライバルであり、良きパートナーであったからこそ、世界のフィギュアスケートの演技力と技術力の向上に大きな貢献を果たすとともに、世界の人々に勝敗や国境を超えた大きな感動と興奮を与えた。また、日韓の競い合いと切磋琢磨する姿は、アジアのポテンシャルを改めて世界に強く印象付けたことであろう。

　バンクーバー五輪では、キム・ヨナ選手が勝利したが、だからといって「マーケティング指向経営」が、「ものづくり指向経営」より優れているということをいいたい訳でない。韓国企業は、日本のものづくりを真似たくても真似られないどころか、憧れるほどなのだ。ここから示唆されることは、日本企業がこれまでの単なる「ものづくり指向経営」だけでは、経営が成り立たなくなったということである。そこで、ものづくりに対する考え方を変える必要がある。

　1つは、ものづくりは大事であるが、過信や依存しないようにすることである。ものづくりに胡坐をかき、頼っている企業やビジネスパーソンは、欲しければ売ってやるというような横柄な傾向がある。この横柄さは、自分自身の営業スマイルからは見破られないと思っているかもしれないが、お客からは透けて見える。特に先進国の営業マンや店員ほど、アジア・新興国市場では、見破られないと思っているきらいがある。結果はその逆でアジア・新興国市場の消費者ほど、そのような横柄さに対して敏感なのである。これに気づかないということは、それほどアジア・新興国市場を分かっていないという証である。繰り返すが、先進国市場を理解しているということは、即、アジア・新興国市場を理解していることにならない。また、アジア・新興国市場で長年働いたからといって、現地消費者の心を簡単に掴めるものではない。

　もう1つは、アジア・新興国市場の消費者ニーズを充足させるためにものづくりの強みを発揮させることである。アジア・新興国における経済成長による所得の向上に伴い、従来の低所得層（BOP層）から中間層へと移行する「新中間所得層」は、これまでにない新たなニーズを生んでいる。BOPとは、「Base of the Pyramid」、または「Bottom of the Pyramid」の略で、所得別人

口構成のピラミッドの底辺層（年間所得3,000ドル未満の所得者層）を指し、約40億人がここに該当する。「新中間所得層」とは、世帯の年間所得5,000ドルから3万5,000ドルまでの所得層である。この「新中間所得層」の新たなニーズは、当然、過去になかったものであるため先進国企業であろうと、新興国企業であろうと、知り得るものでない。また、「新中間所得層」の消費者自身も自らのニーズを分かっているようで分かっていない。

　したがってこの新たなニーズは、先進国および新興国企業と「新中間所得層」の消費者がともに、切磋琢磨して掘り起こして行くものと考える。この新たなニーズを充足させるための技術革新や製品開発にこそ、ものづくりを活かすことができれば、日本は技術立国として復活できるのではなかろうか。これは、単なるアジア・新興国市場を開拓するという次元のものでなく、新たなグローバル市場を創造し、世界経済を牽引することになるであろう。

　2つ目は海外戦略である。韓国企業の強みは、現地ニーズにしたがって韓国モデルをどんどん修正する「現地化」である。一方、日本企業はというと、日本モデルをそのまま輸出する「日本化」である。韓国企業の現地化は、事例を挙げながら詳しく紹介する。現地化は、分野別に行われており、①製品開発、②経営・人材、③マーケティングのそれぞれの側面から独特な現地化を図っている。「製品開発の現地化」の事例は、以下のものがある。LGエレクトロニクスは、インドで文化的特性を考慮して製品を開発している。例えばテレビは、大音量を嗜好するインド人に合わせて2,000Wに増強、地域ごとに言語が違うので10言語を字幕対応、インド人が熱狂するクリケットゲーム機能を追加。携帯電話は、道路の騒音を考慮し、呼び出し音を高く設定。洗濯機は、インド人が好きなデザインにするため花模様や21色のバリエーションを提供。電子レンジは、101という数字を好むインド人（下一桁に1を加えると吉祥数になるという慣習）に合わせて101種類のレシピ機能を追加。また、中東では、携帯電話にイスラム教に特化した機能を搭載。同機能は、巡礼地やメッカの方向を示す方位表示、音声と文字でコーラン全文の提供、1日5回の礼拝時間を知らせるアラーム、礼拝中の受信拒否、イスラム暦の内蔵などである。

　サムスン電子は、インドでテレビに視聴者が良く見る番組を簡単に操作できるイージービュー機能を追加。洗濯機は、頻繁に起きる停電に対応して動作が止まる前の状態を記憶する機能、伝統衣装のサリーを傷つけないようにする特殊機能、洗濯物が見えるように透明の蓋を追加。冷蔵庫は、盗難防止用の鍵。携帯電話は、電力事情を考慮して本体裏側に太陽光パネルを設置。家電は、頻

繁に起きる電圧変動に対応するため全てに電圧安定器を付けた。ヒュンダイ自動車は、インドで気候・生活環境と現地人の嗜好に合わせて開発している。例えば高温多湿な気候や未舗装・浸水など劣悪な道路事情を考慮し、エンジン冷却機能およびエアコン性能の強化、ブレーキ機能の強化、サスペンションの補強、車体防水などの性能改善。また、ターバンを使う一部の人種のために車体の天井を高くしたり、頻繁にクラクションを鳴らす運転手が多いことからハンドルに装着しているクラクションのスイッチを増やした。このように現地ニーズを徹底して汲みとって製品を開発するとともに、そのデザインにも注力した。韓国製品は、先進国から見れば決して格好良いデザインとはいえないが、新興国市場の消費者には人気があり、よく売れる。例えば韓国製品の色は、日本製品のように洗練されたものでなく、けばけばしかったり、派手であったりする。真っ赤な大型冷蔵庫が大ヒットした。次に「経営・人材の現地化」の事例を挙げる。LGエレクトロニクスは、インドで販売や人事など経営をインド人が、生産と財務を韓国人が、担当している。また、中国で19ヵ所の現地生産法人に中国人約4万人を雇用し、労働組合の設立支援や現地採用人材の幹部登用を行うなど労使関係が良好である。さらに、ヒュンダイ自動車は、インド現地法人の社長に同国財務部次官出身者を迎え、その人脈を生かしたマーケティングや対現地政府への対応を強化した。現地のニーズに細かく応えるマーケティング優先の製品開発は、こうした人的ネットワークによって支えられている部分が大きい。インド工場には、あえて高度な生産システムを導入して労働者の負荷をできるだけ下げることにより、労使問題の発生を極力抑えた。最後に「マーケティングの現地化」の事例である。サムスン電子は、インドでテレビ普及率（30％）が低いことを考慮し、「サムスン・ドリームホーム・ワークショップ」という商品展示やイベントを135地域で開催した。また、空港広告、スポーツマーケティング、文化マーケティング（社会問題解決）を通じてブランドを浸透させている。例えばブラジルで低所得者層にファンが多いサッカーチームの「コリンチャンス」と高所得者層にファンが多い「パルメイラス」のスポンサーに、インドで国民的スポーツのクリケット大会のスポンサーになっている。韓国企業の現地化の成功の秘訣は、1つは現地消費者の琴線に触れるマーケティングを展開したことである。もう1つは、会社組織の論理やメーカーの都合を最大限排除したことであり、新興国市場を決して軽視しなかったことである。このように現地消費者の本質的な価値観に積極的に接近するとともに共感する一方、自尊心を傷つけないよう細心の配慮をした。その結果、最

も重いメッセージが、相手の心にガンガンと伝わったようである。したがって成功の秘訣は、ある意味でシンプルなもので、腹を据えること、リスクを覚悟すること、本気になることである。逆にいえば、手離れの良いもの、リスク回避を意識したものは駄目だということである。今後、日本企業は、製品の品質の改善だけに目を奪われずに、アジア・新興国市場のマーケティングの改善が急がれる。

　3つ目は技術開発である。韓国企業は、技術を買ってきて管理するものと考える「技術マネジメント（購入技術と自社開発技術の組み合わせ）」が多い。「技術マネジメント」のメリットは、技術をどんどん買ってくることから、古い技術を簡単に捨てられることである。逆にいえば新しい技術を素早く取り入れやすいともいえる。ただ、デメリットは、技術使用料であるロイヤリティーがかさみ、コスト負担が大きいことである。これに対して日本企業は、技術の改善を積み重ねて開発するものと考える「技術イノベーション（技術改善とすり合わせ）」が主流である。日本の技術は、世界一といっても過言でない。しかし技術者や研究者が、自己開発した技術や研究成果にこだわり過ぎたり、執着する傾向が強いことから、新しいニーズや変化への対応がどうしても遅くなる。すなわち製品よりも技術の論理が優先されているということである。したがって日韓の違いは、一言でいえば韓国企業は製品開発が、日本企業は技術開発が重視されるということになる。果たして消費者は、製品と技術のどちらを選ぶであろうか。先進国市場は、技術かもしれないが、新興国市場は製品ではなかろうか。

　4つ目は、投資戦略である。韓国企業が「韓国内で稼いだ利益を海外につぎ込む投資パターン」に対して、日本企業はその逆で「海外で稼いだ利益を日本国内に再投資するパターン」である。この背景には、それぞれのお国事情がある。韓国は、人口が5,000万人と日本の約4割。国内市場が大きくもなく小さくもない中途半端な規模であるため海外市場に頼らざるを得ない。そのため海外への投資資金は、国内の販売製品を海外の販売製品よりも高い価格で売ることによって、国内で稼いでいるのである。これは、韓国内で企業の整理統合が進み、プレーヤー数が少ないために可能たらしめているともいえる。例えばヒュンダイ自動車は、エアバック（1台当たり4～6個）を海外では標準装備にしているが、韓国内では高価なオプションにしている。一方、日本は、同業他社の乱立など国内競争が激しく、財務体力が消耗しているため、国内での投資資金を海外で稼がざるを得ないという厳しさがある。

5つ目は、リーダーシップである。韓国企業が「オーナー経営者のトップダウンによるスピード経営とリスク・テイキング」に対して、日本企業は「サラリーマン経営者の優れたバランス感覚とリスク回避力」といえる。韓国企業は、10大財閥のうち8財閥がオーナーであり、オーナー経営が多い。オーナー経営者は、非民主的・独裁的な経営であると批判される短所があるが、トップダウンにより意思決定や経営行動がスピーディーであるという長所もある。何よりもオーナー経営者の一番の強みは、リスク・テイキングではなかろうか。リスクの中にしか利益がないことを誰よりも自覚し、常にリスクを探し回り、このリスク・テイキングこそが一番の仕事になっているように伺える。このようなチャレンジングな経営や勇気ある姿勢は、世界の企業や経営者たちから魅力的に映るであろうし、共感を持たれるであろう。ただ、リスクを冒すということは、どの企業よりも失敗が多いことには間違いない。一方、日本企業のサラリーマン経営者は、経営専門能力が高く、現場経験が豊富である。また、ボトムアップや高い管理力・調整力によって民主的経営を行っており、経営のバランスという高い価値を創造している。ただ、リスクを避け過ぎて、利益を後回しにするきらいがある。

6つ目は、人事戦略である。韓国企業は「過酷な徴兵経験や熾烈な学歴・就職競争を経て入社した社員に対するエリート教育」「徹底した成果主義（成果には高額報酬、失敗時には解雇）により業績達成に対する責任感が強い」「50代前半で実質的に定年となるため人件費削減によるコスト競争力が高い」。これに対して日本企業は「熟練人材を育成するため組織能力が高い」「経営責任が部署など組織的に追求されるためチームワーク力が強い」、「定年が引き上げ傾向にあるため愛社精神が強い」といえる。

以上のように韓国企業と日本企業の強みは、どちらも優れており、決して優劣や勝敗がつけられるものでない。また、市場の特性、時代のニーズ、タイミングによって一時的に優劣や勝敗に表れるのはやむを得ないことである。ただ、現時点のアジア・新興国市場では、韓国企業の経営スタイル「マーケティング指向経営」をはじめとする強みや戦略が、その業績から見て経営効果が高いといわざるを得ない。

以上のように日韓企業の強み・戦略を6つの側面から比較分析した。改めて日韓企業の戦略の違いを一目で分かるように一覧表にすると表9-2のようになる。

表 9-2　韓国企業と日本企業の強み

	韓国企業	日本企業
経営スタイル	マーケティング指向経営	ものづくり指向経営
技術開発	技術マネジメント (購入技術と自社開発技術の組み合わせ)	技術イノベーション (技術改善とすり合わせ)
海外戦略	現地化（韓国モデルの修正）	日本化（日本モデルの輸出）
投資戦略	国内寡占市場で稼いだ利益を海外につぎ込む	海外市場で稼いだ利益を国内市場に再投資
リーダーシップ	トップダウンによるスピード経営とリスクテイキング	優れたバランス感覚とリスク回避力
人事戦略	・エリート人材育成や徹底した成果主義（高額報酬と解雇）により業績達成に対する責任感が強い。 ・50代前半で実質的に定年になるため、人件費のコスト競争力が高い。	・熟練人材を育成するため組織能力が高い。 ・経営責任は部署など組織的に追求されるためチームワーク力が高い。 ・定年が引き上げ傾向にあるため、愛社精神が強い。

出所：筆者作成。

　この一覧表をもとにさらに分析を付け加える。学部と大学院の学生約100名を対象に「日韓企業の6つの戦略を比較して、今後の日本企業にとってどちらの戦略が重要か、もしくは優先されるべきか」というアンケート調査を毎年実施している。この結果は、6つの戦略のうち3つが韓国企業の戦略の方が重要、もしくは優先されるべきだという回答があった。この調査は、毎年実施しているが、ほぼ同じ結果が出ており、それも9割を占める圧倒的な意見となっている。この重要、もしくは優先されるべき韓国企業の戦略とは、①経営スタイルの「マーケティング指向経営」、②海外戦略の「現地化」、③リーダーシップの「オーナー経営者のトップダウンによるスピード経営とリスク・テイキング」である。これは、逆にいえば日本企業の戦略、すなわち①経営スタイルの「ものづくり指向経営」、②海外戦略の「日本化（日本モデルをそのまま輸出する）」、③リーダーシップの「サラリーマン経営者の優れたバランス感覚とリスク回避力」は、経営効果が落ちており、改善の余地があるということとなる。
学生は、ビジネスに関して当然の如く全く経験がなく、素人である。しかし学生なりに日本企業の問題点や日本経済の課題について何か気づき始めているようである。果たして日本の学生や若者は、どのように考えているのであろうか。学生や若者と多くの議論を重ねる中で分かってきたことは、ものづくりに対し

て、過剰な期待をしていないことである。言い換えればものづくりを肩の力を抜いて冷静に評価しているともいえる。そしてものづくりよりも徹底してマーケティングを強化すべきだ、またそのためにも現地化が必要と考えている。さらに、スピードがあり、リスクに強いリーダーシップを求めているということが分かる。これは、ある意味、至極当然なことで、驚くほどのことではないのかもしれない。議論の中で分かったことのもう1つは、「失われた20年」、世界的不況、東日本大震災、就職氷河期など厳しい環境の中で学ぶ学生や必死に自立しようとする若者は、その思考方法においてフラット（平坦）であり、行動においてはスマート（賢明）だということである。外見の大人しさや優しさから一見、頼りなく見られがちであるが、内面の柔軟な思考や無駄なプライドを捨て去った行動力は秘めた力強さといえる。このフラットさとスマートさは、アジア企業の経営を学び、日本企業の経営を変革するには、最も必要な経営能力であり、経営センスである。今、日本企業には、若手社員のこのような強みをアジア・新興国ビジネスに活かせる企業文化が求められている。学生や若者との議論では、他にも日韓企業の戦略の融合方法や日本のサービス業がアジア・新興国市場に進出するためのビジネスアイデアなどひっきりなしに意見が飛び交った。

　韓国企業の特徴的な経営スタイルであり、強みは、「マーケティング指向経営」である。この最も端的な手法は、韓流マーケティングである。韓流マーケティングとは、まずは映画・ドラマ・音楽・オンラインゲームなどのソフトを売って韓流ファンを作り、その後携帯電話や家電などのハードを売るというもの。サムスン経済研究所は、これを4段階に分けて説明している。第1段階は、音楽やドラマに触れてスターを好きになる。第2段階は、DVDやグッズなどを購入する。第3段階は、家電や生活用品など韓国製品を選び始める。第4段階は、韓国そのもののファンになるという。世界の韓流ファン数は、韓国文化体育観光部・海外文化広報院によると、17ヵ国の韓流ファンクラブ数182団体、会員数330万人（日本除く）と推算されている。地域別には、アジアが中国・ベトナム・インドネシアなどに231万人（84団体）と最も多い。米州は米国・アルゼンチンなどに50万人（25団体）、欧州・中東はロシア・英国・フランス・トルコなどに46万人（70団体）である。日本は、ファンクラブの公式サイトだけで約200あるが、ほとんど非公開会員制で運営されているため把握されていない。ただ、一般的に50～60万人はいると推測される。韓流マーケティングは、特にアジアや中南米など新興国市場で高い効果を発揮して

いる。アジア市場では、台湾・ベトナム・タイ・フィリピン・中国などで韓流ブームの勢いがとどまることを知らず、第４段階の手前の水準にまで達している。また、中南米市場では、ブラジル・アルゼンチン・チリ・ペルーのテレビ市場でサムスン電子がトップシェアとなっている。繰り返すが韓流マーケティングとは、官民一体となって映画・ドラマ・音楽などの文化コンテンツを輸出し、それを活用して韓流ファンを創り、韓国製品を販売するというものである。そしてその突破口となったのが、アジア市場である。しかし中南米市場は、アジア市場とは少し様相が違っており、韓流が自然発生的に広まっている。人気ドラマやK-POPに関心を持っている10代や20代の韓流ファンたちがツイッター、フェイスブック、ユーチューブなどオンライン媒体を通じて情報を得て共有し、さらに独自の媒体を作って広めている。また、現地ファンたちは、韓国歌手の歌、パフォーマンス、衣装などを真似たカバーダンス動画をネットに流したり、自主的に競演大会を主催している。このように韓流は、韓国が官民一体となって人工的に作り上げるものから、ソーシャルネットワークを通じて自然発生するものへと進化している。もはや、韓流は、ブームという一過性のものでなく、韓流文化として世界に根付きつつある。また、韓流マーケティングは、普遍的なマーケティング手法・理論として世界で認められ始めている。果たして日本企業は、韓流マーケティングを超える日流マーケティングを再構築できるであろうか。この答えは、簡単には出せない。ただ日本企業の中には、韓流マーケティングと日流マーケティングを対立させるのではなく、韓流マーケティングを逆利用する知恵や事例が出始めている。事例の１つ目は、日本の飲料メーカーや日用品メーカーが、日本のテレビ番組で放映されている韓国ドラマのスポンサーになり、日本の韓流ファンに対して高い広告効果をもたらしている。しかし韓国ドラマの放映や日本のテレビ番組に出演する韓流スターが増えたため日本の芸能人の一部が、仕事が減るなどの理由で反韓流発言をしたのをきっかけに、ネチズンによる批判や反韓流デモが起きた。日本の飲料メーカーや日用品メーカーの商品は、ネット上で汚らしいとか、不潔などと書き叩かれ、不買運動も仕掛けられた。結果的には、不買運動に繋がらなかったどころか、これらの日本メーカーは過去最高の売上高を記録した。事例の２つ目は、日本の大手小売店・コンビニや食品・飲料・コスメ・化粧品・アパレルメーカーが、韓流フード、韓流ヘア、韓流ファッション、韓流音楽（K-POP）などの韓流アイテムを取り入れて、イベントや販売促進を行っている。３つ目は、韓国現地で本場の韓流マーケティングを活用していることである。ホンダ

の韓国子会社ホンダコリアは、韓国のケーブルテレビチャンネルで放送されたドラマ「ビッグヒット」に協賛し、大型高級車「レジェンド」と小型ハイブリッドカー「インサイト」を提供した。韓国ドラマの中に日本製品を食い込ませて、韓流を逆利用した。さらに韓流マーケティングの逆利用を考えるならば、アジア・新興国市場を開拓する時に韓国のマーケティング会社を使うという発想もできる。韓国のマーケティング会社は、サムスンやLGなどのアジア・新興国市場の開拓を請け負ってきたことから相当鍛えられており、豊富な実績とノウハウをもっている。特に現地消費者の心理や本質に深く入り込み、潜在的な欲求や無意識のニーズまでも掘り起こす能力に長けている。例えば消費者調査の際、その消費者の口から出てくる意見を鵜呑みにせず、疑問視し、しつこく質問や対話を繰り返す。それでも納得できなければ、消費者の意見を否定することもある。これに対して消費者は、当然反発し、喧嘩腰になったり、お互い気まずくなって相当、不愉快な思いもする。しかし消費者の中には、一瞬驚き、当惑するが、その後自らの潜在的欲求や無意識のニーズに気づく人もいる。このように消費者と真正面から向き合って必死に議論し、消費者の自己矛盾と企業の怠慢・都合を徹底的に洗い出した時に、これまで誰もが気づかなかった潜在的欲求や無意識のニーズが発見できるのである。韓国のマーケティング会社は、このようにして眠っている欲求やニーズを掘り起こし、即座にこれらを製品開発や販売促進に反映しているのである。

2　韓国企業のグローバル戦略

　韓国企業のグローバル戦略から日本企業の課題を考える。サムスン電子とLGエレクトロニクス（以下、略称：LG）のロシア戦略を分析する。サムスン電子は、ロシア市場での携帯電話販売台数と売上高、スマートフォンの販売台数と売上高が2011年11月にトップシェアとなった。これまでも携帯電話とスマートフォンの販売台数は首位であったが、売上高を合わせた4部門でトップとなったのはロシアに進出した1999年以降初めてである。携帯電話市場シェア（販売台数ベース）は42％、スマートフォン市場シェアは41％で、2位のノキアとはそれぞれ10ポイント前後の差を付けた。

　この成功要因は、現地に密着したマーケティング力にある。例えばモスクワ最大の繁華街に販売店を設け、顧客に最新のスマートフォンを体験させている。「女性の日」には、女性顧客をターゲットにした製品を投入している。また、

ロシアの広報大使に女性テニス選手のマリア・シャラポワ氏を起用し、様々なメディアを通じて、サムスン製品をPRしている。この他にもジュニア・テニス選手国家代表の後援、幼少年テニスの普及支援、国際青少年水泳大会の公式スポンサーなど様々なスポーツ後援活動を行っており、スポーツマーケティングに強みをもっている。さらに、社会貢献活動も積極的である。ボリショイサーカス、エルミタージュ美術館、トルストイ文学賞の制定などの後援を行っている。この結果、スマートフォンの「ギャラクシー」シリーズや独自の基本ソフト（OS）「BADA（パダ：海の意味）」を搭載したスマートフォン「Wave（ウェーブ）」シリーズが好調である。

　ロシア家電市場を席巻しているLGについては、詳しく見て行く。LGがロシアに初めて足を踏み入れたのは、ソ連崩壊の前年で韓国とロシアが国交正常化した1990年であり、同年10月に初めてモスクワ支社を設立した。その後、ロシアの開放政策の進展や韓ロ関係の拡大に伴いLGは、1997年にロシアを中国とインドと並ぶ3大主要市場として位置づけ、市場開拓を本格化させた。しかし1998年に起きたロシアのモラトリアム（対外債務に対する支払猶予措置：事実上の破綻）によって、LGの経営は大きな困難に直面した。この時、LGは、このリスクに怯むことなく、逆にチャンスに変えるが如く一大決心した。無限の可能性を秘めた巨大ロシア市場の混乱と変化は、新しいブランドを根付かせる絶好の機会だと確信し、のるかそるかの大勝負に打って出た。これは、1980年代中盤から約10年間、欧州市場でのブランド戦略で培った経験と自信が、LGを突き動かしたといえる。

　LGがまず最初に始めたことは、一からの市場分析である。徹底してロシア市場の特性把握とロシア消費者の心理分析に努めた。ロシア市場は、成熟した欧州市場とは全く異なるだけでなく、社会主義・共産主義大国から資本主義への過渡期にあり、経済構造の大転換期にあったため、その市場特性は世界の誰もが予測・予想困難であった。もちろん前例もないことであるため手探りの研究を重ね、またロシアの人々の心理をリサーチするために数多くの人と会ってインタビューを実施した。このような苦労の結果、一筋の光を見出すことができた。それは、地方の都市では強力な「Brand Pull 戦略」を展開して安定的な売上基盤を構築し、モスクワを中心とする大都市では差別化と多様化を根幹とした「Pan Russia 戦略」を繰り広げることであった。「Brand Pull 戦略」とは、消費者に直接訴えかけ、消費者を自社製品に引き込むためのメーカー戦略のこと。大量消費広告によって消費者に自社製品の魅力を訴え、最終的に消

費者が自社製品を指名買いするよう仕向けるものである。「Pan Russia 戦略」は、モノを売る前にロシア国民を愛し（我々の心を売り）、真心を持ってロシア国民の中に深く浸透し、ロシア国民もまた LG を愛するようにしていこうという戦略である。

　この時に打ち立てられたこれらの戦略は、以降 3 年にわたって展開され、LG をロシアの代表ブランドへと作り上げて行くことに成功した。CIS 地域は、特に社会主義の負の遺産が根強く残っていたり、経済停滞に陥っていたため、外国企業の進出に対して大変、警戒心が強かったが、外国資本の必要性を粘り強く説いて回った。CIS（独立国家共同体）の加盟国は、ロシア、カザフスタン、タジキスタン、ウズベキスタン、キルギス、ベラルーシ、アルメニア、アゼルバイジャンである。

　LG のロシア戦略事例から得られる示唆は、ソ連崩壊、社会主義・共産主義から資本主義への過渡期、ロシアの財政破綻という国家と時代の大きな転換期に怯むどころか、より腹を括って乗り越えようとする気概と覚悟の大切さである。果たしてこのような一生に一度あるかないかの困難な状況に直面した時、どのような対処ができるであろうか。その多くは、撤退を余儀なくされるであろう。体力のある大手企業であってもとりあえずは「様子を伺う」といったところではなかろうか。したがって全く前例がなく、先の見えない状況の中で前へ突き進むという経営判断は、誰もが真似ることのできない優れた経営能力といわざるを得ない。

　LG のロシア戦略をさらに詳細に分析する。LG は、1990 年代の初期資本主義段階からロシアで、地を這いつくばるが如く地域に密着したアプローチや文化的なアプローチにより現地消費者の心を掴んできた。5 つの具体的事例を挙げる。1 つ目は、世界一国土面積が広いロシアで LG ブランドを効果的に宣伝するため、拠点都市を定めて多彩な文化イベントを開催し、ブランド・イメージと市場競争力を高めた。例えばロシアの中西部にあるエカテリンブルク市（ウラル連邦管区スヴェルドロフスク州、人口 130 万人）では、「LG フェスティバル」、特に LG のカラオケを使った「のど自慢大会」や「ミス LG 選抜大会」などが現地住民から大変な好評を得た。「のど自慢大会」は、お酒と歌を好むロシア人の嗜好に見事に合致し、LG のカラオケ機器が市場シェアほぼ 100% となり、独占した。この手法をネイミングするならば「カラオケ中心のオーディオ・マーケティング」といえる。また、「ミス LG 選抜大会」では、世界的に定評があるロシア女性の美貌を誇示し、イベントの終盤にはエカテリンブ

ルク市と孤児院にLG製品を寄贈したほか、抽選会では参加した市民に数多くの景品をプレゼントした。このイベントは、州知事や市長などをはじめ約10万人に上る市民が参加し、市レベルでの祝祭にまで発展した。

2つ目は、「奨学クイズ番組」のスポンサーとなり、LGブランドの認知度を一挙にロシア全土に広めた。2000年に始まった高校生対象の「奨学クイズ番組」は、ロシアの全国放送である「TV6」チャンネルで初放送されて以来、1年目にして30%を超える高視聴率を上げるロシアを代表する教養番組である。ロシア教育庁が主宰し、モスクワ国際関係大学（以下、略称：MGIMO・ムギモ国立大学）の教授が問題を出題する。優勝者には、ムギモ国立大学の入学資格や海外留学の機会が与えられる。この番組に逸早く目を付け、スポンサーとなったLGは、LGロゴや司会者のLGブランドに関するコメントを見事なまでに演出する番組に作り上げて行った。因みにこの番組のロシア語出題委員長をプーチン大統領夫人のリュドミラ・プーチナ氏が受け持っていたことから、これが一層の話題を呼んだ。

3つ目は、LGが主宰したクッキング・スクール（料理学校）が人気を博した。電子レンジの顧客を対象に、この機器を使った無料の料理教室を開き、製品がいかに優秀であるかを体験させ、その口コミ効果を狙った。これが期待以上の効果をもたらした。料理教室の会場では、LG製品の展示コーナおよび体験スペースを設け、参加した主婦たちが電子レンジだけでなく、冷蔵庫・洗濯機・掃除機・オーディオ機器などにも触れられるようにし、他製品の広報や販促も行った。

4つ目は、ロシア囲碁協会と共同で「LG囲碁大会」を開催した。「LG囲碁大会」は、韓国企業が中心となってロシアに囲碁を広める初の試みであった。世界的には日本の囲碁の名称である「GO（ゴ）」が使用されているが、ロシアだけはLGの囲碁大会開催などの影響により韓国の名称である「BADUKU（バドゥク）」を標準用語として使うまでになっている。

5つ目は、ロシア人の趣向を徹底して洗い出し、そのニーズにきめ細かく対応した製品を開発している。例えばドラム式洗濯機は、当初は製品の奥行きが長すぎるというクレームがあった。なぜならロシアの家屋の大半が古く、トイレと台所が狭いケースが多かったためである。そこで、奥行きを大幅に狭めた新製品を出すことで、ヒット商品を生み出した。エアコンは、7～8月には35度を記録する猛暑となる一方、真冬には零下30度を超すロシアの特殊な気候を勘案し、オールシーズン対応の冷・暖房兼用の製品を開発・販売した。1年

のうち半分以上が冬であるため冷房機能に対する需要が高くないことからロシアのエアコン市場規模は、15万台程度にとどまっていた。しかし、このようなジンクスを崩し、ロシア家庭の大半がLGエアコンを使用するほどの大ヒット商品となった。これは、エスキモーに冷蔵庫を売ったようなものと評されている。その他にも、電子レンジはロシア人が好む料理に適応した調理機能を大幅に補強、携帯電話は毎月新製品を発表するなど製品開発に一切の妥協を許さないというのが開発姿勢である。

　この5つの事例の根底で共通していることは、何よりも他の企業がやらないこと、もしくはできないことをやる。さらに、他の企業が行かない場所に出向いてイベントを行うということである。LGは、このように地を這いつくばり、のたうちまわるような努力の結果、エアコン、掃除機、オーディオ、電子レンジの4つの製品が、ロシア国民が選ぶ「国民ブランド」となった。また、ロシア家電市場シェアの30％を占めており、このうち9つの家電製品がトップシェアとなった。さらに、ロシア全域に「LGブランドショップ」250店舗を出店するまでに至っている。しかしLGは、これに満足することなく、すべての製品でトップシェアを目標としており、覚悟を新たにしている。そのためロシアの人々を感嘆させる未来型デジタル製品と技術を発表し、ロシアの人々の生涯の友として添い遂げる未来戦略も併せ持っている。2014年に開幕したソチ冬季五輪では、LGの底力を嫌というほど見せつけられた。日本企業は、ロシア市場でLGと何らかの企業連携を図れないものであろうか。これは、日本企業にとって新たな新興国ビジネスモデルの構築を図る絶好のチャンスである。

　2014年は、ロシアが、ソチ冬季五輪の開催や世界の政治経済におけるプレゼンスの向上により、日本企業にとっても、韓国企業にとっても重要なキーワードとなった。サムスンとLGのロシア戦略を詳細に分析したが、さらに韓国のロシア戦略を深く掘り下げる。ロシア市場での韓国企業の躍進の背景には、韓ロ両国のそれぞれの思惑の一致があると考えられる。李明博・前大統領は、2008年の就任後、ロシアを3度訪問し、メドベージェフ・元大統領と6回にわたり韓ロ首脳会談を行った。李前大統領の対ロシア戦略は、一言でいえば「エネルギー・鉄・緑の3分野の新シルクロード戦略」であった。「エネルギーのシルクロード」とは、韓国の技術力とロシアのエネルギー資源を結び付けること。「鉄のシルクロード」とは、朝鮮半島鉄道とシベリア鉄道の連結により鉄道の大動脈を築くこと。「緑のシルクロード」とは、ロシア沿海地方の農地で韓国の営農技術や効率的な経営システムを導入することである。「エ

ネルギーのシルクロード」戦略では、ロシアの天然ガス導入や西カムチャツカ海上鉱区開発などを共同で行うことで合意している。ロシアの天然ガス導入は、韓国ガス公社がガスプロム社から天然ガスを購入するMOU（覚書）を締結し、韓国ガス公社が年間750万トンの天然ガスを30年間にわたり購入する。750万トンの天然ガスは、韓国総需要（3,350万トン）の22%に達し、総購入額は900億ドルに上る。韓国は、天然ガスを中東（カタール、オマーン）や東南アジア（マレーシア）に90%以上を依存していることから、調達先の多角化を図る。一方、ロシアは、同事業協力を足がかりに東シベリア極東ガス田を開発し、アジア太平洋地域への輸出拡大を狙うと見られる。また、韓国とロシアとの間で「ウラジオストク～北朝鮮～韓国ガスパイプライン」の共同建設（総投資額30億ドル）が合意されている。このガスパイプライン計画は、ロシアのメドベージェフ大統領（当時）と北朝鮮の金正日総書記（2011年12月死去）の間でも2011年の口朝首脳会談（東シベリア・ブリヤート共和国首都ウランウデ）で合意されている。このパイプラインが完成すれば、韓国は手頃な価格でガスを、ロシアは安定した供給先を、北朝鮮は通過料収入（1億ドル）をそれぞれ確保できるため、3ヵ国間の利害は見事に一致する。さらに、西カムチャッカの油田およびガス田の開発が再開することとなった。この案件は、韓国石油公社など韓国企業連合（7社）が2004年からロスネフチ社と共同開発し、探査費用2,500億ウォンを投資していたが、2008年にロシア政府からボーリング作業の遅れなどを理由に契約解除通告を受け、白紙状態となっていた。「鉄のシルクロード」戦略は、朝鮮半島鉄道とシベリア鉄道の連結事業である。同連結事業は、「韓国・ロシア・北朝鮮の三角経済協力」が韓ロの関係増進と北東アジア平和安定に重要な役割を担うと位置づけ、北朝鮮の羅津港～ロシアのハサン鉄道補修を共同で行う。韓国は、コンテナを釜山港から羅津港に海上輸送し、羅津港～ハサン鉄道経由でシベリア鉄道に繋げる。将来的には、朝鮮半島縦断鉄道を近代化し、シベリア鉄道との連結を目指している。因みにロシアと北朝鮮は、羅津港～ハサン鉄道補修（全長54km）および羅津港埠頭建設工事を2008年に着工した。鉄道補修事業は、ロシア鉄道と羅先市が設立した合弁会社（出資比率：ロシア70%、北朝鮮30%）が推進している。同鉄道コンテナ処理能力は年間40万TEU（1TEUは20フィートの長さのコンテナ1個分に相当）で、将来的に70万TEUを計画している。羅津港～ハサン鉄道補修は、2011年に1期工事が完了し、試験運行が行われた。「緑のシルクロード」戦略は、韓国がロシア沿海地方で農業を展開し、北東アジアの食料基地を作る構想

である。韓国企業は現在、ロシア沿海州に51万ヘクタールの農地と50ヵ所の農場を運営しており、現代重工業は2009年に1万ヘクタール規模の農場を確保した。同社は、ロシア沿海州のホロルゼルノ営農法人の持ち分67.6％を、持ち主だったニュージーランド人から買い入れた。現代重工業は、2012年までに営農規模を5万ヘクタールにまで拡大し、年間6万トンのトウモロコシと大豆を生産する計画である。ロシア沿海地方（総面積16.6万平方km、人口200万人）は、利用可能な農地が257万ヘクタールに上り、コメの年間生産量20万トン、トウモロコシ200万トン、牧草80万トンの収穫が見込める営農潜在力がある。韓国がロシア沿海地方を食料基地として狙う理由は、1つに韓国と距離が近いため輸送費負担が少ないこと。2つ目は、4万人の高麗人（韓国系移民）が居住しており、文化的親密度が高いこと。高麗人は、1860年頃から移住し、20万人が居住していたが、1937年、当時のソ連がこれらすべての高麗人を中央アジアに強制移住させた歴史的経緯がある。3つ目は、沿海州と北朝鮮が隣接しているため、北朝鮮労働者の活用や現地から北朝鮮への直接食料支援などの構想もある。

　このような良好な韓ロ関係は、2012年に就任したプーチン大統領（1952年生）と2013年に就任した朴槿恵大統領（1952年生）にも引き継がれている。2013年にプーチン大統領が8年ぶりに韓国を訪問して朴槿恵大統領と韓ロ首脳会談を行った。これは、同年サンクトペテルブルクのG20での首脳会議に次ぐ2回目の韓ロ首脳会談となった。この会談では、政治・外交安保・経済通商・科学技術・文化など幅広い分野で対話をし、34項目に及ぶ「ソウル共同声明」を発表した。また、2件の協定署名と15件の了解覚書締結も行った。さらに、朴槿恵政権の3大外交政策である「韓半島信頼プロセス」「北東アジア平和協力構想」「ユーラシアイニシアチブ」についてロシア側の理解と支持を得た。韓国は、自らの商用化能力や経験と、ロシアの優秀な基盤技術や資源を結びつけて、ロシアとの貿易・投資拡大の相乗効果を飛躍的に高めようとしている。一方、ロシアは、経済の近代化や経済発展の遅れた極東シベリア地域の開発に、日中韓を競わせながら技術導入を図ろうとしている。このような韓国とロシアの思惑は、思う通りに行くかどうかは分からない。ただ、両国の強いリーダーシップ、グランドデザイン力、地政学的戦略力は、参考になる。これらは、アジア・ユーラシアダイナミズムのエネルギーを取り込むために最も大切な能力ではなかろうか。

3　韓国企業の弱み

韓国企業の弱みの1つは、「世襲経営によるコーポレートガバナンス（企業統治）の不透明さ」である。韓国企業は、オーナー経営が強みである半面、弱みでもある。韓国では、財閥経営が三代目に移る過渡期に入りつつあり、経営者の若返りを図るべく世代交代を加速させている。しかし創業者一族による世代交代は、その目的が若返りというよりも経営の世襲に過ぎないためコーポレートガバナンスの不透明さに対する批判が後を絶たない。また、権限の一極集中によるリスクや専門経営者の役割不足なども指摘されている。「サムスン経営権世襲問題」「大韓航空ナッツ・リターン事件」「ロッテのお家騒動」などのコーポレートガバナンス問題を解説する。

韓国財閥トップのサムスン財閥は、2代目会長である李健熙（イ・ゴンヒ、1942年生）氏の長男である李在鎔（イ・ジェヨン）氏が、2012年サムスン電子の社長から副会長に昇格した。韓国では、副会長は実質的な権限を持つ重要ポストである。今後は、サムスン電子を中核とするグループ各社の経営を継承するための基盤を固め、サムスン財閥3代目を就任するのは時間の問題となった。因みに財閥とは「家族または同族によって出資された親会社（持ち株会社）が中核となり、それが支配している子会社に多種の産業を経営させている企業集団である」と定義されていることから、サムスングループなども財閥と表記する。李在鎔副会長は、1968年6月23日生まれで、3人の妹（1人死去）がいる。経歴は、1987年ソウル景福高校卒業、1991年サムスン電子入社、1992年ソウル大学東洋史学科卒業、1995年慶應大学大学院経営学修士修了、2001年ハーバード大学経営大学院博士課程修了、同年サムスン電子経営企画チーム常務補、2003年同常務、2007年同専務、2009年同副社長、2010年同社長を経て、現在に至っている。李副会長は、高校1年生から体系的な帝王学を受けた。夏休みなど長期休暇毎に財閥傘下の会社や工場を訪問し、沿革・生産システム・労務管理など1から10まで徹底したブリーフィングを受けた。10代の青年が、来る日も来る日も経営現場について数時間にも及ぶブリーフィングを受けるというのは、簡単なことではなかったが、何の不平不満を漏らさずじっと我慢して聞いていたとのことである。語学は、英語と日本語が堪能である。趣味は、シングルの腕前のゴルフと映画鑑賞。お酒は、たしなむ程度で、現場の社員たちと飲む時でも自ら盛り上げるタイプでない。ただ時には韓国特有の爆弾酒（ビールとウイスキーを混ぜたもの）を作ったり、飲んだりして雰囲気を

壊さないように気遣う一面もあるという。李副会長の仕事ぶりは、サムスン特有の会議を重視する企業文化に合わせ、経営企画部の戦略会議をはじめ、半導体部門、情報通信部門、デジタルメディア部門などの各事業部の総括会議などほとんどすべての会議に出席する。各部門の経営内容をよく把握するためであろう。また、「自分の考えを言う前に、相手の話を先に聞け」という祖父と父の教えを守り座右の銘を「傾聴」とし、役員や社員のみならず、取引先などの話しにもよく耳を傾ける。さらに、丁寧な人柄で物腰も柔らかく、まじめ過ぎるともいわれており、仕事ぶりや人柄に関する評判は抜群である。しかし当然の如く華麗な経歴や抜群の評判だけで、経営結果を出せるほどビジネスは甘くない。

　サムスン財閥は、1938年に李秉喆（イ・ビョンチョル、故人）初代会長が創立し、約50年間にかけて開発経済と財閥経営の教科書的な事業を通じて経営基盤を築き上げた。1987年からは三男である李健熙会長が2代目として、26年間で創造的なマインドを通じて経営基盤を守るとともに奇跡的な急成長を成し遂げた。創業者と2代目の共通点は、それぞれの経済環境と時代に合わせてうまくリーダーシップを発揮したことである。そこで今後は、3代目の李在鎔副会長のリーダーシップが世界から注目される。李副会長は、2001年33歳から本格的に経営実務に着手し、16年になるが今のところ世間から注目を集めるような実績は見られない。それどころか、李健熙会長が長男への経営権世襲に絡む不正資金問題の決着に12年間も費やしたことから、その実力や手腕を見極める前に李副会長の否定的なイメージの方が韓国社会で先行してしまった。この事件は、1996年サムスン財閥傘下のエバーランド（韓国最大の野外テーマパーク）が転換社債を安値で発行し、これを李在鎔氏に売却して李健熙会長父子の経営権を継承するとともに同財閥の支配構造を固めたもので、いわゆる「エバーランド転換社債贈与事件」といわれている。李健熙会長は、2008年に脱税の罪で執行猶予付きの有罪判決（いわゆる「エバーランド事件」に関しては無罪判決）を受け、約116億円の罰金を科せられた。また、責任をとる形で会長職も辞任した。ただ2008年4月の辞任表明から23ヵ月ぶりの2010年3月に会長職に復帰している。さらに、財閥特有の遺産相続問題も露わになった。2012年に李健熙会長が、兄と姉から遺産相続で訴えられた。兄の李孟熙（イ・メンヒ）CJ財閥（食品最大手）前会長や姉の李淑熙（イ・スクヒ、LG財閥創業者の次男の妻）から総額4兆849億ウォンの株式譲渡を求められた。この2年間に及んだ相続争いの結果は、李健熙会長の勝訴に終わったものの、血を分

けた兄弟同士が争いをする姿をもって韓国民を失望させただけでなく、国際社会にサムスンや韓国のイメージダウンを招いたことは間違いない。

　したがって李在鎔副会長が3代目として成功裏に経営を継承するには、10年後や30年後の新しいビジョンの提示や、2代目の李健熙会長以上のリーダーシップや実績が求められる。今後は、これまでの「傾聴」姿勢だけでは、かえって経営から一歩引き下がった消極的なイメージを与えかねないため何らかの強いメッセージの発信や歴代のサムスンの実力派トップのようなインパクトのある経営成果が求められる。そのプレッシャーと苦悩は、計り知れないぐらい大きなものであろう。ここで教訓にすべきことは、世襲経営や遺産相続問題など同族企業の弊害を再認識し、ファミリービジネスや同族経営の在り方を抜本的に考え直すことである。

　「大韓航空ナッツ・リターン事件」は、米国ジョン・F・ケネディ空港から仁川空港に向かう大韓航空が滑走路での離陸準備に入ろうとした時、乗客として乗っていた同社副社長の趙顕娥（チョ・ヒョナ、女性）氏が乗務員に対してクレームをつけて、飛行機を搭乗ゲートに引き返させて機内サービスの責任者を降ろして、運行を遅延させたというもの。ナッツの出し方に怒って引き返し（ランプリターン）をしたため、「ナッツ・リターン」と呼ばれている。韓進財閥3代目である趙副社長は、航空機安全運航阻害暴行罪により逮捕状請求されただけに止まらず、国土交通省を巻き込んだ証拠隠滅疑惑にまで発展し、韓国社会や国際社会に大きな衝撃を与えた。大韓航空は、韓進（ハンジン）財閥の中核企業。147機を保有し、国内線は13都市、国際線は44ヵ国113都市に就航。社員数は2万人。韓国10位の韓進財閥は、物流を中心としたコングロマリットで総売上高は2兆7,000億円に上る。

　「ロッテのお家騒動」は、ロッテ財閥の2代目である長男と次男が主導権・後継者争いから対立し、骨肉の争いが表面化した。兄弟間の経営権争いに端を発したロッテ財閥の泥沼内紛は、創業一族の主要メンバー4人が刑事責任を問われる異例の事態へと発展した。血を分けた兄弟同士が争いをする姿は、韓国民を失望させただけでなく、日本社会にも暗い影を落とした。また、国際社会にもロッテや韓国のイメージダウンを招いたことは間違いない。

　このような財閥問題を機に韓国世論では、財閥の同族経営や世襲への批判が巻き起こり、特に財閥3代目にその批判の矛先が集中するようになった。ハンギョレ新聞によれば韓国15大財閥の役員の中に3代目が28人いるが、平均28.1歳で入社し、31.2歳で役員になっている。すなわち入社から役員に昇進

するまでの期間は、僅か3.1年ということである。これに対して一般の新入社員が役員に昇進するまでの期間は、韓国経営者総協会によると22.1年である。したがって3代目は、道徳・倫理性、経営能力、経営経験が十分に検証されないまま、一般社員よりも7倍のスピードで昇進することになる。韓国財閥が韓国経済に占める割合の大きさを考えると3代目の人格や能力などの欠如により誤った経営判断や行動をするようなことがあれば、その企業への損失のみならず、社会への悪影響も甚大である。したがってこの「財閥3代目のリスク」は、コーポレートガバナンス問題だけに止まらず、ソーシャル・ガバナンス（社会統治）問題にまで発展する恐れがある。

　韓国企業の弱みの2つ目は、労使紛争問題である。韓国進出を検討している日本企業がまず最初に心配するのが、労使紛争問題である。確かに韓国は、労使協調の水準が、他の国に比べるとかなり低い水準にある。スイス国際経営開発研究所（IMD）の2013年「労使関係競争力」の指数は、調査対象国60ヵ国のうち韓国は56位。また、世界経済フォーラム（WEF）の2013年「労使協調」の指数は、調査対象国148ヵ国のうち132位。さらに、World Economic Forum 2012年報告書の「労使関係の協力性（Corporation in labor-employer relations）」は、144ヵ国のうち129位と極めて低い評価を受けている。しかし、この労使紛争問題も量・質ともに改善の兆しが見られる。韓国雇用労働部によると2013年「労使紛争件数」が前年比42件減の63件、「勤労損失日数」が前年比47万3,500日減の45万9,767日とそれぞれ大幅に減った。また、紛争の中身も賃上げ要求や大規模紛争が減少している。さらに、注目したいのが、インド企業が韓国自動車メーカーを買収して設立されたタタ大宇商用車（以下：タタ大宇）の事例である。タタ大宇は、その成功の秘訣の1つに労使問題の解決が挙げられる。皮肉なことに韓国企業が解決できない労使問題をインド企業が解決したのである。韓国の自動車産業は、労使協力の基盤が最も脆弱といわれているのにも拘わらず、同社は労働組合専任数を11名から法定限度の3名（フルタイム基準）にまで減らすことで合意している。また、10年間で非正規社員455名を正規社員に転換し、残りの非正規社員149名の転換が終われば全社員が正規社員となる。これは韓国の自動車業界で初めての取り組みである。労使関係を円満にさせた背景には、現地法人への権限移譲がある。本社工場（全羅北道郡山市）では、キム・ガァンギュ社長（当時）、韓国人社員約1,300名、インド人社員7名（うち役員は財務担当副社長とマーケティング担当副社長の2名）が働いている。キム社長には、大幅な権限が委譲されており、組織改編や

人事などほとんどの決定事項は事後報告となっている。また、技術開発はタタ大宇とタタ・モーターズが共同で開発するのみならず、技術所有権も共有している。因みに GM 大宇は、すべての技術所有権を GM 本社が持っている。このようにほぼ完全な独立経営を可能せしめた秘訣は、インド特有の企業文化にあると考えられる。韓国人社員は、インド企業の収益性と経営倫理を重んじる欧米企業のような社風を肯定的に受け止めている。一方、インド人社員は、大きな気候環境や生活様式の違いにも拘わらず、韓国に見事に溶け込んでいる。亜熱帯の温暖な気候が体に馴染んでいるインド人にとって、零下15度にもなる韓国の厳冬期は寒さが身に染みるはずである。また、韓国のカレーライスの味は、到底、インド人の口に合うはずがない。まさしくこのような韓国人社員から受け入れやすい経営倫理や、現地に自然に溶け込むビジネス姿勢を育む企業文化は、インド企業特有のものではなかろうか。これは、一見、至極当然のことであり、他国企業も同じようなことを実践しているように思われるが、どこか何かが違うようである。

　このタタ大宇の成功に後押しされたのが、インドのマヒンドラ財閥である。同財閥傘下で、インド自動車メーカー4位のマヒンドラ・アンド・マヒンドラ（M&M）が、2010年に経営破綻して再建中の韓国5位の双竜（サンヨン）自動車を 518 億円（持ち株 70％）で買収した。ただ、双竜自動車は、「労使問題のデパート」といわれるほど根深い労使問題を抱えており、中国の上海汽車による再建も図られたが、失敗に終わっている。上海汽車は、2004年 600 億円（持ち株 51.3％）で買収したが、2009 年に経営から撤退した。双竜自動車の買収に名乗りを挙げていたのはルノー日産をはじめ6社であったが、最終的に買収案を提示したのは、インドのマヒンドラ財閥とエッサール財閥、韓国の帽子メーカーのヨンアン帽子の3社であった。これほどの労使問題を抱える企業にも拘わらず、なぜ2社ものインド企業がこれほどまでに欲したのか。または、どのような勝算や戦略があったのであろうか。M&M のアナンド・マヒンドラ副会長やゴエンカ社長は、「韓国市場のロングタームプレーヤー（長期参加者）になる」「韓国式経営を尊重する」「双竜の最高経営者（CEO）をはじめとする大半の経営陣を韓国人にする」と述べている。この発言は、M&M がいかにタタ大宇の経営スタイルを意識しているかが伺える。果たして M&M は、中国3大自動車メーカー（第一汽車、東風汽車）でさえできなかった労使問題の解決ができるのであろうか。この経営再建が成功したとすれば、やはりインド企業の企業文化や経営スタイルを注目せざるを得ない。韓国企業と日本企業は、

インド企業の企業文化や経営スタイルのみならず、買収戦略や経営戦略も再考する余地がある。

　韓国企業の弱みの3つ目は、「グローバルマネジメント力」の不足である。韓国企業は、グローバル市場で製造・販売する能力、いわゆる「グローバルセールス力」に長けているが、グローバル市場に対応した経営・労務管理の能力、いわゆる「グローバルマネジメント力」には課題がある。例えばサムスン電子が経営幹部昇進者200人を対象にした研修で「サムスン電子はグローバル企業なのか」というテーマで議論をさせた時、「サムスン電子はグローバル企業である」と答えた昇進者は50％に過ぎなかったとされる。グローバル企業でないとする理由としては、「グローバルな製品を作るだけで、グローバルな経営ができていない」などが挙げられた。また、サムスン経済研究所の某研究員は、「韓国企業は、中国企業やインド企業よりもグローバル化が遅れている」と指摘している。さらに、外国人社員が、韓国独特の厳しい社内競争システムの中で能力を発揮できるか、疑問である。2010年にショッキングな事件が韓国の新聞で報じられた。サムスン電子で、一時は最年少で副社長（メモリー研究所長、当時51歳）を務めていた人物が、自宅マンションから転落して死亡したというもの。紙面には「自殺」の文字が躍っていた。この人物は、研究開発の担当で実績をあげて華々しく昇進したものの、いったん出世街道のレールから外れると今度は下向きのエスカレーターに乗ってしまったらしい。亡くなった時には、受託生産部門のチーム長でしかなかったという。研究開発部門からも外された彼が悲観的になったのではという推測も報じられた。これまではこのような韓国独特の厳しい社内競争システムが、サムスン電子の成長を支えたことは紛れもない事実である。しかし、このシステムは外国人社員にもうまく機能するであろうか。今後、サムスン、ヒュンダイ自動車、LG、SK財閥などは、真の意味でのグローバル企業を目指し、「グローバルマネジメント」に注力せざるを得ない。その1つが、海外企業の買収や本社の中核的事業本部の海外移転である。ただ買収した海外企業の経営では、先進国企業と新興国企業の狭間で中進国企業である韓国企業なりの大きなジレンマを抱えている。なぜなら買収した新興国企業の経営はうまくいっているが、買収した先進国企業の経営には手こずっているからである。例えば某韓国企業では、数年前に先進国の企業を買収したが、そこの幹部たちが自尊心を傷ついたなどの理由から会社を辞めたがったり、社員がやる気を出さなかったりなどの問題が起きている。その結果、その買収先の経営がしっくりいっていない。一方、韓国の電線メー

カー最大手LS財閥は、中国の紅旗電気を買収したが、買収後も現地役員が1人も辞めず、組織統合に見事に成功している。その成功の秘訣は、国別に発行していた社内報を統合するなど両社の文化を融和する「LSファミリー」キャンペーンの実施や、本社の経営首脳陣の中国語学習などが奏功したからである。2つ目は、韓国本社の外国人役員や社員の採用目標を決めるなどのハイブリッド企業作りである。例えばサムスン電子は、外国人役員が16人であり、2020年までには本社勤務の外国人社員数を現在の800人から2000人に増やす計画である。LGエレクトロニクスは、外国人役員が8人であり、外国人社員数は全社員数8万2000人のうち5万2000人で65％を占める。3つ目は、グローバル・リーディング・カンパニーとしての経験を積むことである。これまで韓国企業は、キャッチアップ経営により日本企業や米国企業を追いつけ追いこせとがむしゃらに突っ走ってきた。しかし今後は、キャッチアップ経営から脱し、先頭を走る覚悟が求められる。1970年代の日本と韓国との技術力や生活水準の差は、歴然としていた。当時、日本国民はソニーのカラーテレビとウォークマンで生活する一方、韓国の国民はLGの17インチの小さな白黒テレビ（1969年韓国初の国産）とサムスンの枕のような大きなカセットテープレコーダーを使っていた。このように目に見える世界、情報量、ライフスタイルには、大きな格差があったに違いない。しかしいまや、サムスンやLGは、日本の家電メーカーを相次いで追い越している。これは、韓国国民にとって一大事であり、誇らしいことである。ただ、いつまでも喜んではおられない。次は、韓国企業が追われる側となったからである。加えて、グローバル・リーディング・カンパニーとしてより普遍的なビジネスモデルが求められる。韓国企業が、インド企業に買収されて立ち直ったケースは前述した。今後は、韓国企業が、外国企業を買収して救済できるのか。それも、またグローバル・リーディング・カンパニーになれば、突きつけられる課題となる。韓国企業は、これまで積み上げてきた成果の数よりも、克服すべき課題の数の方が増えることとなるであろう。日本企業は、「グローバルマネジメント力」が「ある」と判断するのであれば韓国企業との競争優位性を発揮すべきである。逆に「ない」と判断するのであれば韓国企業と連携し、「グローバルマネジメント力」を相互補強するという戦略も考えられる。

　韓国企業の弱みの4つ目は、対日輸入に頼る部品素材である。2015年韓国の対日貿易赤字203億ドル（対日輸出256億ドル、対日輸入459億ドル）で、このうち約35％が部品素材である。韓国は、主力産業である電子・半導体・

自動車で、その部品素材分野での対日依存度が高い。その結果、第3国への完成品輸出が増えるほど対日貿易赤字が拡大するという貿易構造にある。この部品素材の対日依存に伴う対日貿易赤字は、韓国のアキレス腱といわれている。日本は、韓国から毎年のように2兆〜3兆円の対日貿易黒字を計上し、稼いでいる。片や、韓国は、対日貿易赤字の拡大を顧みず、日本から部品素材や機械装置を買って組立・加工したものを世界市場に売って、食べている。このような日韓の貿易関係を見て、「韓国は、日本に首根っこを掴まれている」という見方をする専門家が少なくなかった。しかし2011年東日本大震災以降は、「韓国に買ってもらって助けられている」という見方が出始めている。すなわち「日本は韓国に売ってあげるという関係」から「持ちつ持たれつの関係」に変わりつつある。もはや、日本にとって韓国は最大の貿易黒字相手国であり、多くの日本の企業やビジネスパーソンは韓国とのビジネスで食べて行っているといっても過言でない。韓国政府は、部品素材の対日依存からの脱皮と対日貿易赤字の解消を図るべく、官民連携で国内産業の育成策を打ち出している。これまでこのアキレス腱の打開策は、なかなか見出せなかったが、ここへきて成果が見られるようになった。その1つは、日本メーカーが切り開いた電気自動車（EV）の基幹部品であるリチウムイオン電池市場に韓国勢が凄まじい勢いで食い込み始めていること。リチウムイオン電池市場の世界シェアは、2007年には三洋電機とソニーが1位と2位を占め、日本勢が圧倒していた。しかし、2012年小型リチウムイオン電池市場の世界シェアでは、韓国勢が日本勢を抜くどころか圧倒した。メーカー別シェアは、1位サムスンSDI 25％、2位パナソニック21％、3位LG化学16％となっており、韓国勢が世界シェア41％を占めるまでに至った。2つ目は、部品素材の対中国輸出において、日本よりも韓国からの対中輸出の方が伸びていることである。2010年通商白書「アジア内における中間財、最終消費財の主な流れ」によれば、日本から中国・香港への中間財輸出は1998年に比べて2008年が3倍伸びたのに対して、韓国から中国・香港への中間財輸出は11倍に急増している。実額で見ても日本の367億ドルに対して、韓国が294億ドルと迫っている。韓国では最近、高機能メッキや超大型の精密金型など際だった技術を持ち、小さな領域であるが世界市場で大きなシェアを持つ会社、いわゆる「強小企業」が注目を集めている。こうした企業からの部品が中国に流れているということであろう。3つ目は、米国アップルのiPad（iPad）を分解してみると分かる。韓国企業の部品が多用されている半面、日本企業の部品はほとんど採用されていない。主要部品で最

も高額なのは、65ドルする9.7インチのカラー液晶画面であるが、これはLGディスプレイが製造したものである。また、フラッシュメモリーとDRAMは、サムスン電子が供給している。つまり、リーズナブルな技術水準の部品を適正価格で供給するという面では、韓国企業の方が先を歩んでいる。最先端の技術を搭載して高く売るという路線と一線を画し、マーケティング主導で世界を席巻しているiPadにその韓国勢の強みが表れている。ただ、サムスンとアップルは、iPadやスマートフォンの特許技術やデザインが酷似しているなどとして、10ヵ国で50件以上の訴訟が起こされている。アップルが自社の技術をサムスンにコピーされて使われていると訴え、サムスン側が訴え返すという構図である。米国では、2014年アップルとサムスンによるソフトウェアの特許侵害訴訟で、米カリフォルニア州北部連邦地裁の陪審団は、サムスンがアップルの特許2件を侵害したと認定、サムスンに1億1,960万ドルの賠償金支払いを命じる評決を下した。アップルは、これにより訴えた特許5件のうち3件が認められた。しかし、別の2件は、サムスンの特許侵害が認められなかった。また、アップルは今回の訴訟で22億ドルの損害賠償を請求したが、認められた賠償額は請求額の1割にも満たなかった。これは、アップルがこの裁判にかけた費用相当にしか過ぎないともいわれている。したがって米国でのアップルとサムスンとの訴訟戦は、裁判の勝者はアップルであるが、ビジネスの勝者はサムスンだという見方もできる。部品素材の対日依存の解決策としては、引き続き自国の部品素材メーカーを育成するとともに、日本の部品素材メーカーを積極的に誘致することである。特に日本の部品素材メーカーの誘致は、これまで目立った成果がなかった。しかし、ここへきて日本の歴代経団連会長の会社である東レや住友化学などが、相次いで韓国に世界最大級の工場を建設している。また、旭化成や日本電気硝子も大型投資を行っている。これが、大きな突破口になっている。日本企業による本格的な韓国進出は、「アジア進出＝中国進出」や「アジア進出＝東南アジア進出」というこれまでのアジア戦略の考え方を大きく変えようとしている。日本は、FTA戦略で韓国に出遅れている。それならば、日本企業が韓国に生産・販売拠点を設けて韓国のFTA戦略を利用するというのも1つの手である。東レや住友化学などは、すでに発効済みのEU韓国FTAや韓印FTAだけでなく、締結を目指す韓中FTAを睨んで韓国の輸出拠点化を図っている。また、トヨタやホンダは、米韓FTAを利用して自社の米国工場からら韓国に輸出し、韓国輸入車市場を開拓している。今後、韓国現地での中間材メーカーや最終製品メーカーとの共同生産や韓国の輸出拠点化

が、新たなグローバルビジネスモデルとなるであろう。

Ⅳ　経営革新の課題

　今、世界は、人工知能（AI）やビッグデータ技術を媒介とする産業構造革新である第4次産業革命を迎えており、ソフトウェア、創造力、開放的構造、柔軟性などが重要なキーワードとなっている。これらに対応するには、韓国財閥は根本的な経営構造転換や経営革新が求められる。

　そこで経営革新の在り方を示唆する韓国の中堅財閥とその経営者の事例を紹介する。ハンズ・コーポレーションと承鉉蒼（スン・ヒョンチャン、1977年生）会長は、「競争から協走へ」という経営思想と「経営者の社内コミュニケーション力」で経営を革新している。ハンズ・コーポレーションは、自動車のタイヤホィール生産で韓国1位（シェア48％）、世界5位。売上高500億円（国内売上60％）、社員1,800人、生産量1,200万個。株主は、承鉉蒼会長：持ち株比率66.86％、（財）鶴山文化財団（会長の祖父が設立）：同23.29％、車熙善氏（会長の母）：同9.85％、一族で持ち株100％を占めており、まさしく同族企業の典型である。承会長は、高麗大経済学部卒業、徴兵、ワシントン大ビジネススクール修了を経て一般企業に就職後、2004年27歳で同社に入社した。2006年副社長、2009年社長、2012年会長に就任した。このような速い昇進の理由は、創業者であり、父の承建鎬（スン・ゴノ）氏が1989年リビアでの航空機墜落事故により死去したため、後継者の育成が急がれたからである。事故当時、父は45歳というあまりにも早い死であったし、承会長も若干12歳・小学6年生であったことからその悲しみと衝撃は計り知れなかったであろう。

　同社の経営スタイルの特徴は、3つに集約できる。1つ目は、35年間ホィールだけに集中するとともに経営陣の結束と職人魂で堅実に経営していること。その背景には、アジア通貨危機時の経験がある。東和合板株式会社は、故・承建鎬氏が1970年に創立し、材木業を始めた。1970年代の韓国では、輸出ブームと建築ブームであったため、合板が飛ぶように売れ、材木業に成功した。1975年には社名を東和商協に変更し、1980年代に入ってからは二輪車のホィール生産業に転業した。1989年からは自動車のホィール生産を開始した。東和商協は、高価格・高品質製品にこだわったため大量生産できなかったが、利益率は高かった。1998年アジア通貨危機時、ライバルメーカーは倒産していっ

たが、東和商協は社員全員で結束し、一丸となって同社を守り切った。その結果、圧倒的にトップシェアであったホィールメーカーが倒産したこともあり、東和商協がトップシェアとなり、現在に至っている。2012年には、職人魂を象徴する「手作り」という意味でハンズ・コーポレーションに社名を変更した。因みに故・承建鎬氏の従兄の承銀鎬（スン・ウノ）氏は、父である承相培（スン・サンベ、故人）氏がインドネシアで創立したコリンドグループを引き継ぎ、インドネシア20大財閥に伸し上がった。コリンドグループは、材木業で大成功を収め、「インドネシアのサムスン」とも呼ばれている。

　2つ目は、社員のやる気と情熱を掻き立てること。承会長は、「経験が豊富な社員と新しいアイデアで武装した若い社員が自然に調和するのが"小さな巨人"になれた秘訣だ」と述べている。ベテランと若手、保守的な社員と改革派、研究開発と営業の間に壁や対立が生じないように社員とのコミュニケーションを徹底して図った。承会長は、27歳で同社に入社するや否や2ヵ月半の間に当時800人の社員全員と焼酎を飲み交わしたというエピソードがある。現在も常に作業服を着ており、社員達に気軽に声をかけて現場を大切にしている。また、社員の創造力やアイデアを最大限引き出すために「12分の1制度」を実施している。この制度は、アイデアを考えた社員に利益の12分の1（200万円）、他の社員に12分の5（1,000万円）を支給し、12分の6（1,200万円）は会社に再投資するというもの。さらに、「夢の職場」「神の職場」「入りたい会社」「辞めたくない会社」を目指し、社員の福利厚生にも力を入れている。例えば社員の子供達に高校生までの奨学金・学費を支援しており、将来的には大学の学費までも支給したいとしている。奨学金は、鶴山文化財団が支給している。財団の財源は、財団の自社ビルをハンズに賃貸することによってその収益で確保している。そのためハンズ本社の3階に「社員のための子供の家」を開設し、運営している。これには、仁川地域を愛し、地域貢献のために同財団を創設した祖父の志を実現しようとする強い思いがある。この企業の地域貢献と社員の生き甲斐のために社員による地域奉仕活動も積極的に行っている。

　3つ目は、「技術中心経営」「果敢な設備投資」「販路のグローバル化」の3つの重点経営である。技術面では、常に「ヒトと違った考えをし、ヒトと違った行動をとれ」、「新しいことに挑戦しろ」としており、「やりましたか」というスローガンを事務所や工場など至る所に掲示している。承会長が率先した結果、超軽量マグネシウムホィールの開発に成功した。これは、仁荷大学、現代自動車、同社が共同で5億円を投資し、5年間かけて共同開発。既存のマグネ

シウムホィールよりも 30% 軽量でデザイン性も高くなった。また、大量生産の工法開発にも成功したため割安価格で販売できるようになった。インターネットでも購入できるようにする予定である。設備面では、果敢に設備の拡張を図り、大胆に最新の生産設備も導入した。承会長が入社後 10 年間で韓国の仁川と華城、中国の青島などに 4 つの工場を建設した。また、社員数は 2 倍、売上高は 8 倍にも増やした。グローバル面では、米国の GM、日本のスズキ・ダイハツ・日産、ドイツのフォルクスワーゲン、フランスのルノー、イタリアのフィアットなど供給先を急拡大させている。また、販路拡大のために独自にモータースポーツイベントを開催し、モータースポーツ文化のすそ野の拡大も図っている。

　この中でも企業競争力の向上に最も貢献したことは、「経営者の社内コミュニケーション力」である。社内コミュニケーション力は、経営者自身が率先垂範して見本を示しており、経営者と社員とのコミュニケーションが、社員が納得する形で図られている。また、社員間のコミュニケーションが図られるように、逆にいえば社員間の対立が生じないようにするため経営者が重要な役割を果たしている。その秘訣は、経営者の威厳や上下関係を重視するのでなく、現場や社員の目線を大事にしていることといえる。承会長が社員と接する姿は、会長という地位をまったく感じさせない。言い換えれば至って自然な人と人との触れ合いである。まさしく心と心の交流を図ろうとしており、足下からしっかりと信頼関係を築き上げている。このような会長や経営者の仕事ぶりや立ち振る舞いこそが、新時代のリーダーシップであり、会長や経営者の権威というものでなかろうか。韓国の企業や社会で「競争から協走へ」という経営思想や「経営者の社内コミュニケーション力」による経営や社会の革新を図るためには、経営思想・理念の考え方や学校・企業の教育内容・方法などを根本的に改善する必要がある。

おわりに

　本章で見られたように、韓国経済の理解において重要なポイントは、4 つの構造的問題点であり、この特殊な事情を踏まえて考察する必要がある。4 つの構造的問題点とは、①財閥・貿易偏重の経済構造、②日中との熾烈な競争環境、③北朝鮮リスクとチャンスの狭間で揺れていること、④韓国の経済発展と企業躍進の裏で多くの国民が犠牲になるという社会構造問題である。

また、韓国企業と日本企業の経営比較分析は、単に経営スタイルや戦略の違いを明確にすることが目的でない。日韓企業の強み・戦略は、どちらも優れており、優劣や勝敗がつけられるものでない。ただ、市場の特性、時代のニーズ、タイミングによって一時的に優劣や勝敗に表れるだけのことである。大切なことは、日韓企業が相互ベンチマーキングし、強みをブラッシュアップさせられるか、グローバル戦略を磨けるか、弱みを補えるかである。換言すれば日韓企業連携を深化させることによって、グローバルビジネスモデルとして確立することである。

　さらに、「日韓企業連携による中国進出」や日中韓FTA戦略など日中韓経済連携を拡大するには、日中韓がお互いの企業や経済に対する深い理解が必要となる。したがって中国が、日韓の企業や経済を理解する機会を提供するということも強く意識した。

　日中韓は、政治的に対立する反面、日中・日韓・中韓の企業連携が深化し、経済連携が拡大している。日中韓経済は、もはや、深い相互依存関係にあり、経済的な共通利益を実現している。今後、世界経済や新時代をリードするグローバル企業やグローバルビジネスモデルの多くは、日中韓企業連携や日中韓経済連携から生まれると考えている。したがって日中韓の相互理解を深めてそれぞれ知恵を絞り出し、それらの知恵を融合・組み合わせる共同の教育や研究の場がより大切となるであろう。

[演習]

1. 韓国経済の問題点と解決策は何か議論せよ。
2. 韓国企業の強みと弱みは何かまとめよ。
3. 日本企業の強みと弱みは何かまとめよ。
4. 日韓企業の経営比較分析を通じて、アジア企業やアジアビジネスモデルの在り方をいかに考えるか議論せよ。
5. 日本企業は今後、グローバル戦略やアジアビジネスをいかに考えるか議論せよ。
6. 日韓の経済連携や企業連携を通じて、日韓関係の改善やアジア平和の実現にいかに貢献するか議論せよ。

【参考文献】

〔1〕金美徳 [2012a].『なぜ韓国企業は世界で勝てるのか―新興国ビジネス最前線―』PHP 新書（電子書籍 [2015]）。
〔2〕金美徳 [2012b].『한국기업 , 세계에서 왜 잘나가는가 : 韓国企業、世界でなぜうまく行くのか』韓国滄海出版社、韓国語版。
〔3〕金美徳 [2013a].『日本企業没落の真実 – 日本再浮上 27 の核心 – 』角川中経出版（電子書籍 [2014]）。
〔4〕金美徳 [2013b].『図解 韓国四大財閥』台湾大是文化有限公司、台湾語版。
〔5〕金美徳 [2015].『図解 韓国四大財閥』KADOKAWA、（電子書籍版）。

第10章　東アジア政治関係と経済協力の課題
──日中韓経済協力を中心に──

沈　海涛（吉林大学日本研究所／東北亜研究センター教授）

はじめに

　領土問題をめぐる日中関係が緊張していることに象徴されるように、東アジア地域の国際関係には未だに解決されていない懸案がいくつか残っている。もちろん関係諸国は、ポスト冷戦と東アジア地域国際秩序の再編に向けて、経済交流と地域協力の親密化、相互信頼のある政治関係の拡大、地域の安定と発展を目指し大いに尽力していることはいうまでもない。

　このような歴史的流れの中で、東アジア地域に関する研究も脚光を浴びるようになり、特に東アジア共同体の構築、地域の自己認識（アイデンティティー）と絡んだ地域文明の再発見などが提起され、ことに地域の研究がより重視されるようになった。

　中でも、次のような問題が次第に浮上し、東アジア地域協力研究の再検討の手がかりとして提起されている。（1）激動する東アジア国際関係の中での地域協力のあり方の再検討、（2）リージョナリズムの視点からの東アジア地域協力の限界とその見極め、（3）時代の変化に伴う「政経分離」または「政経不可分」という視点の見直し、（4）東アジア地域協力の推進に必要な要素の検討。事例研究として、日中関係ならびに日中経済協力は如何に推進されるべきか、またそれが何を意味するのか、といった考察も進められている。

　たしかに、「東アジア地域諸国は経済発展レベルの接近や、構造的に相互補完性の保つ地域として更なる経済連携を構築できる」、という一般的な見方がある。しかしながら、東アジア地域諸国の経済協力は、未だ強固で安定的な状態ではなく、日中関係も摩擦が生じており、経済協力においても大きな曲がり角に向かいつつあるというのが現状である。本章では、日中関係を中心にこうした問題を整理、分析していく。

I　日中韓関係と経済協力へのアプローチ

1　東アジア国際関係および地域協力の問題点

　東アジア地域全体の視点から日中関係および地域経済協力を考える際に、地域の未来につながる共通の利益から考えなければならない。一国の利益だけではなく地域諸国の利益も視野にいれなければならない。より広い視野で地域協力を実現させ、日中関係そして東アジアのみならず、ユーラシアおよび世界の人と物の交流に役に立つ地域ネットワークを構築することは肝要である。

　主な東アジア地域協力の問題点として取り上げられるのは、政治的分野においては地域安全保障情勢の不透明化、朝鮮半島問題の進退、日中関係と日韓関係の変動、特に領土問題や歴史認識問題などがある。また、法的インフラ整備の格差もしばしば指摘されている。

　経済的リスクとして見られているのは、まず世界的金融不安と経済減速、日本経済回復の遅れなど世界経済先行きへの不安感である。次に「チャイナリスク」論で見られるように、日中韓経済の緊密性問題や、構造変動による経済的競合、さらに関係各国経済情勢と政策選択などがあげられる。

　そして、社会的・文化的な相違性という面で問題視されているのは、世論誘導のリスク、つまり、作り上げた「民意」問題、国民感情変化に表れている相互理解の前提となる相互認知不足の問題、具体的に言えば、相互認識の先入観、相互理解の欠如、歴史記憶のすれ違いなどである。

　二千年以上続いている日中関係においては、国交正常化45周年という節目を迎えようとしている。それが日中関係にとって、なにを意味しているか。「四十にして惑わず」と言われるが、日中関係には成熟の期待が込められてはいないだろうか？　また、日中関係の現状は地域協力に対してどのような影響を与えているかは、やはり視点の転換が必要ではないだろうか。

　また、2011年日本東北大震災からの教訓として、自然災害に乗り越え、社会復興を図るためには国際連携が必要であるという共通認識が強まっている。また地域連携と相互依存の観点から、震災と原子力発電所事故という危機をいかに地域復興、さらに東アジア地域全体の発展につながるチャンスにするには、われわれの知恵が求められる一方、地域共生を求める強い信念が必要となってきた。

　1990年代から、中国の学界や一般社会では日中韓協力に対する関心が時期

ごとに高まってきたが、主な関心点は以下の2点に集中している。まず、経済分野においては、日中、日韓、中韓の経済貿易状況のほかに、日中韓自由貿易協定をめぐる交渉や、エネルギー協力と環境協力問題も焦点となっている。近年、東シナ海における資源開発と利用問題が大いに関心が集まっている。そして、安全保障分野における日中韓協力では、朝鮮核問題をめぐる日中韓3ヵ国の利益や思惑がほぼ一致しているから、安全協力に関する対話が進められている。特に伝統的安全保障問題のほかに、経済面、とりわけ金融分野での安全保障、軍事分野の相互信頼の醸成、核拡散防止に関する協力、自然災害に伴う公共衛生安全や環境保護などに関心が集まっている。

ただし、日中韓の地域協力においては、文化と文明の要素があまりにも重視されず、地域協力における経済、政治および文化などの各要素の相互影響に関しても関心が高くない。日中韓協力はすでに多分野にわたり、全方位的協力関係に進化してきたが、相互信頼関係の醸成、共通利益の重視、そしてデリケートな問題の処理においては、文化などへの理解も重要な要素となってくる。

2 東アジア地域協力の変容に日中韓経済関係は？

今の時代において、時代の流れにそって地域振興戦略を策定することは、単なる視点の転換だけでなく、自己認識とも位置づけることができる。一国の地域経済発展がこれほど近隣諸国との間に緊密な関係を有するのは、時代の背景もあれば、その地域の特別な政治、文化、そして地縁経済学的な理由もある。経済連携の緊密化は、地域の緊張関係を緩和し、地域連携の強靭性を補完する役割がある。経済連携の緊密化は、領土問題や国際関係の解決の糸口となると同時に、民族感情や民族的アイデンティティが高まって政治的阻害要因となることを排除する有効な道でもある。

経済政策の策定や転換は、単に経済的合理主義に基づき決定されるものではない。その判断にはつねに政治、社会的な動きも影響を与えている。地域経済振興の戦略や政策を決定することには、国全体の政策方針が作用するのみならず、その時々の社会状況も深く関与している。

東アジア地域協力においてもっとも大きな変化が見られるは、なによりも「地域内国際分業」、「広域協力のメリット」、「共生意識の受容」に注目し、その間の相互影響と相互作用を重視することである。

新しい地域交流の可能性として注目されているのは、次の点である。

(1) 東アジア共同体、東北アジア経済共同体や、2国間協力より多国間協力という地域共生意識の受容。
(2) 時代の流れに沿った地域協力、たとえば日中韓地域協力の枠組みの模索や日中韓FTA交渉。
(3) 日中経済関係の進展。特に戦略的互恵関係の中身、中央と地方との戦略的連動、限定的地域協力から広域的経済交流への進展、経済協力と政治的要素との絡みなどの問題。
(4) 中韓経済関係が政治外交に大いに影響を受けていることをふまえ、経済協力がいかにして政治的要素の影響から脱出できるのかといった「政経分離」に関する課題解決。

東アジア地域における多国間の協力体制を推進することは、この地域の平和、安定および繁栄を発展させるための絶対必要条件である。また、日中関係、中韓関係の進展および日中韓経済協力は東アジア地域協力の枠組みの中でも重要な基礎となり、逆に多国間の協力体制が進展することで日中、中韓など両国の協力関係を一層発展させることにもなる。冷戦後から国際情勢が変遷を重ねていくにしたがって、東アジア地域における協力関係が待望されるようになり、また、2ヵ国関係においても経済協力が重視されるようになった。

2011年5月22日、四回目の日中韓3ヵ国の首脳会談が日本の東京で開かれた。会談の後に公表された「第四回日中韓首脳会議宣言」では、日中韓協力について3ヵ国のハイレベルの政策対話、未来志向の全面的協力パートナー関係を目指して各分野で協力関係を推進することで一致した。具体的な日中韓協力に関して、災害防止と核安全（同じ年に日本は東北地域に大地震が発生し、福島第一原子力発電所では放射能漏れの大事故が生じた）、経済成長、とりわけ日中韓FTA交渉の研究推進、環境の持続可能な成長および文化・人材交流などが提起されていた。地域問題に関しては、朝鮮核問題の「6者会談」の再開に有利な環境づくりに力を入れること、アメリカの東アジア地域協力に参加要請、「核の不拡散条約」の順守、および朝鮮半島の非核化への努力などがあげられた。

3 「政冷経熱」または「政冷経涼」と言われた日中関係

東アジア地域における日中関係を考察するためには、各分野にわたり繰り広げられている日中間の競争と対立を論じる前に、より広い視野で東アジア地域

そして地球レベルで政治、経済および文化的など多分野の視点から日中両国のことを俯瞰しなければならない。それに歴史的および現実的な分析がよりうまく取り組まれていることが必要であることは言うまでもない。

　第1に、東アジア諸国には、日中両国をはじめ政治制度や社会経済制度が大きく異なった国々が存在し、その存在自体が地域の平和と発展にとって格別な意味を持っていることがあげられる。日中国交正常化以来40年間、日中関係はいくつかの大きな変動と波乱を経験してきた。冷戦後、大国関係の調整に伴い、日中関係も新たな戦略的協力の基盤を構築しなければならない時期に入りつつある。日中関係の変化は東アジア、特に北東アジア地域の平和と安定と繋がっていることは自明である。ここ数年来、マスコミおよび一部の研究者の間では日中関係の現状を「政冷経熱」と表現している。その最大の理由は、「靖国参拝」問題などのいわゆる歴史問題で日中関係がぎくしゃくしていることと対照的に、日中経済関係の分野では相互信頼と相互依存という関係はますます深まっていることにある。政治的分野では、日本の一部政治家と政治勢力は過去のアジア侵略戦争への反省意識が乏しく、たびたび「靖国参拝」などを通じて周辺諸国の神経を刺激している。それと関連して、それぞれの国内ナショナリズムの台頭も表面化してきた。国交回復後45年を経過した今、日中関係は進むどころか後退する傾向が見られるようになっている。「政冷経熱」が「政冷経涼」とも表現されるようになってきている。そして、日中両国の国際社会においての戦略的選択や政治安全保障などに関する立場の相違、経済的競争など諸要因の相互作用により、日中関係はますます「脱友好合作」（友好協力関係の解消）へ傾いているように見られる。しかしながら、これまま日中関係が崩壊の危機に向かっていくというのも事実とかなり離れているといわざるをえない。表面上困難が重なる日中関係ではあるが、背後では日中両国関係の緊密さは高まっている。それと同時に、両国の政府要人や民間人の努力により、日中両国関係は一定の安定を保っていることも無視できないだろう。

　第2に、近年、日中両国の競争と摩擦（対立）は、政治と安全保障分野から経済と社会分野へ発展する傾向が見られるようになっている。周知のように、日本政府が政治と安全保障分野において戦略的修正を試みていることにより、戦後数十年来日本が維持してきた平和主義の「立国方針」が放棄される危惧が内外に蔓延している。もちろん、それは国際的安全保障環境の変動、そして同盟国アメリカからの圧力という背景もあるが、中国の台頭および急速な経済発展に対する不安感も背景にあることは否定できないだろう。このように、国際情

勢に対する認識の相違や日中両国それぞれの対応の違いによって、日中両国関係は従来にない協力と競争の並立時代に突入してきた。とくに経済協力分野では、「チャイナ・プラス・ワン」論に象徴されるような日本海外投資の中国離れという動きは、日中両国経済協力が新しい様相を呈している表れといえるだろう。いうまでもなく、日中両国は国際政治、安全および経済情勢に対する認識も違い、対応もそれぞれ異なる。とくに、冷戦後の東アジア地域統合の流れにそって、互いに競争と対立が生じるのも自然の結果だといえよう。もっとも、東アジアにおいては、日中両国は共に地域の安定と発展に対して共通的利益や戦略的目標もあり、両国間の競合いは東アジア地域全体の枠組みの中で捉えなければならないだろう。

　第3に、日中関係は「理想」から「現実」へと転換しつつあると指摘されている。日中関係の歴史と現実を考察する際、確かにこのような印象を強く受ける。もちろん、その過程でかならず矛盾と競争ないし対立が伴うことはいうまでもない。そして、両国関係はこういう移行期にあたって苦痛や挫折をしばしば味わわざるをえない。そして、日中関係の行方に対して不安感が高まっていることも否定できないだろう。いかに日中関係の「理想」と「現実」を見るのか？　それはまさに日中関係をいかに位置づけ、いかに日中両国の相互関係を処理する原則を打ち立てるかということにある。もちろん、この点には、日中両国はそれぞれ違い立場と認識を持っていることも周知の通りである。確かに、1972年の日中国交回復以来、日中関係はある種の理想から現実に辿りつくような経路を描いていた。しかし、その背後に特定の歴史の経緯や国際政治的と経済的背景があることも無視できない。より長い歴史の流れの中に日中両国の相互関係を考察してみれば、むしろ戦後日中関係においてはその推移過程には理想的「ロマン」がなかなか見えず、いずれも当時の国際政治と経済情勢の変動と連動し、それぞれの国内情勢の変動と連動して発展してきた。安易に理想から現実への「移行論」で戦後日中関係をまとめることは、むしろ中国のこれまでの対日外交への努力、そして日本の日中関係を処理する過程に対して武断的判断だろうといわざるを得ない。

　第4に、日中関係はその発展と変化が常に現実主義的考慮の上に推移していることを指摘できる。ことに経済協力分野には日中両国はそれぞれの努力が日中関係の主流を作り上げ、安定する両国関係および東アジア地域の安定と地域交流に大きく貢献してきた。21世紀初頭以来、日中両国は共に社会移行期と国力が上昇する時期を迎えている。この背景の下で、日中両国は政治、安全、

経済および社会など各分野でそれぞれの挑戦を受ける一方、共通する困難と問題にも直面している。戦略的互恵関係を構築すると同時に、多分野にわたり競争と協力を推進するという局面にある。こういう社会経済移行期に当たって、日中両国は互いに適応する過程も必要となっている。日中関係に対する期待感は、中国側にも日本側にもある。肝心なのはいかに日中関係の主流や方向性を正しく把握し、それに相応しい政策をとり、日中関係をより良い方向に発展させることに対して寄与することであり、われわれが日中関係を考える際の出発点でもある。

要するに、日中両国は経済発展を図る上で政治関係を立て直す重要な時期にさしかかっており、東アジア地域の多国間協力体制というフレームによって日中関係を安定的に発展させることが肝要である。日中経済協力関係が過去にないほどその緊密さをわれわれに示していることを踏まえ、東アジア地域にある日中経済協力を考えるには、さらに経済以外の要素も顧慮しなければならない。

目下、日中関係の現状は一応安定を保っているものの、今後の見通しはなお不透明な点がいくつか残っている。民主党政権時代に「尖閣諸島（釣魚島）国有化」によって日中外交が危機に面したこともあったが、「3.11 東日本大震災」の際には中国が積極的に震災救援外交を行い、日中両国関係を大きく改善したこともあった。戦略的互恵関係の構築は、日中両国にとって長期的な利益と繋がっていることがすでに日中両国政府の共通認識となっているが、その推進過程には多くの挫折や不都合が生じていることは承知の通りである。

II 東アジア地域における日中関係と経済協力

1 2000年以降の日中貿易関係の推移

2000年以来、中国の対外貿易額は年々増え続けている（図10-1）。とくに2001年のWTO加盟後の10年間、中国の対外貿易総額は2001年の5,096.5億ドルから2010年の2,9729.2億ドルに増加し、6倍近くに成長した。その後、2008年の世界的金融危機の影響もあり2009年の対外貿易額は落ち込んだが、翌年に再び34.7％の増加を見せた。

図10-1で示した通り、中国の対外貿易拡大の勢いは確かに強く、市場の潜在力と将来性を見せている。第12「5ヵ年計画」に示された経済発展のモデル

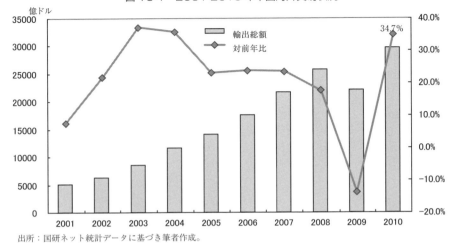

図 10-1　2001-2010 年中国対外貿易状況

出所：国研ネット統計データに基づき筆者作成。

図 10-2　2010 年中国対外貿易額の内訳

出所：国研ネット統計データに基づき筆者作成。

変革案に応じ、中国の対外貿易政策は「輸出安定、輸入拡大、貿易黒字減少」という方針を採用し、輸入の数量と総額の向上に力を入れている。

一方、地域別で見れば、図 10-2 のように、2010 年の中国対外貿易総額におけるアジア諸国の比率は 53％を占めており、アジア地域に占める日本および韓国向け貿易額はそれぞれ 19％、13％で、全体の 3 分の 1 に近くなっている。こういう構図からも、はっきりと日中貿易および中韓貿易は中国の対外貿易にとって重要な意味を持っていることが読み取れる。

改革開放以来、日中貿易は順調に拡大する道程を歩んできた。今日の中国では、日本から輸入している物品はすでに一般庶民の生活に深く浸透してい

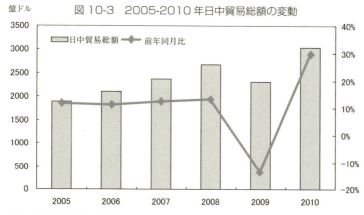

図 10-3　2005-2010 年日中貿易総額の変動

出所：日本国税関統計、国研ネットのデータに基づき筆者作成。

表 10-1　日本の対中輸出入

（単位：億ドル、％）

年	対中輸出	輸出成長率	対中輸入	輸入成長率	貿易差額	差額率
2005	779.7	8.1%	1085.2	14.9%	-285.4	39.6%
2006	927.5	16.0%	1183.4	9.0%	-255.9	-10.3%
2007	1092.8	17.9%	1278.4	7.9%	-185.6	-27.8%
2008	1250.2	14.4%	1437.1	12.3%	-185.9	0.1%
2009	1096.1	-12.3%	1224.8	-14.7%	-128.7	-31.2%
2010	1496.9	36.6%	1533.7	25.2%	-36.8	-71.6%

出所：日本国税関データ、国研ネットデータにより筆者作成。

る。図 10-3 に示されたように、2009 年の金融危機の影響で日中貿易額はある程度で減少したものの、近年の日中貿易額は常に安定成長の曲線を描いている。2009 年には、中国は日本の第 1 貿易相手国、第 1 輸出目的国と最大の輸入品の原産地となった。

2010 年までの 5 年間、日中貿易額は年々増加したが、とりわけ日本の対中輸出の増加幅は大きく対中輸入のそれを上回っていた。日本の対中貿易赤字も、2005 年の 285.4 億ドルから 2009 年の 128.7 億ドルに縮小した。赤字幅は 2010 年にさらに 71.6％減少し、36.8 億ドルになった（表 10-1）。日中貿易赤字の減少は、ある程度日本経済の回復に貢献したことが分かる。

上記のデータからはっきり見えるのは、日中両国の貿易促進は、日中両国の

表 10-2 2010 年日中輸出入主要製品の増大

輸出入方式	商品分類	総額（億ドル）	前年比増加率
対日輸出	電機製品	648.6	40.6%
	紡績品および原料	254.6	3.8%
	家具と玩具	88.3	0.2%
対日輸入	電機製品	657.3	46.1%
	一般金属および製品	172.0	19.1%
	運送設備	153.7	51.2%

出所：日本税関のデータ整理、国研ネットデータにより筆者作成。

経済発展と社会の安定にとって益々重要性が増大する一方、世界経済の回復およびグローバル化にとっても重要性が増しているということである。

日中貿易の構造を見ると、中国の日本向け輸出商品は、主に機械電気製品、紡績品とその原料、そして家具と玩具という品目に集中し、中国の対日輸出品総額の 65.7％を占めている。日本市場においては、中国からの労働力密集型製品は依然大きなウェイトを占め、たとえば紡績品とその原料、靴と傘およびバックケースなどの軽工業製品は、日本の輸入品市場で占有率が 50％以上に上っている。もちろん、近年、東南アジア諸国などからの製品も徐々に輸入市場に参入し、中国製品にとって新しい競争者になっている。

中国の日本からの輸入品は、主に機械電気製品、一般金属製品および運輸設備などである（2010 年）。これらの製品は、中国向けの日本輸入品総額の 64.7％に上っている。うち、機械電気製品の増加は際立っている（表10-2）。一方、日本の中国からの輸入品総額に占める貴金属およびその製品の増加幅は一番大きく、前年比 93.7％の伸びになっていた。

2 日中韓協力枠組みにおける日中環境協力

中国、日本と韓国は共に東アジア地域にある近隣国家であり、東アジア地域協力を促進する主要国家でもある。世界的金融危機の衝撃を受け、日中韓 3 ヵ国の協力を拡大し、共に世界経済の難局に乗り越えることは、日中韓 3 ヵ国にとって「ウィン、ウィン」効果が期待できる戦略的選択となっている。2008年 12 月、ASEAN と日中韓 3 ヵ国首脳会議（10+3）の枠組みの外で第 1 回日中韓首脳会議が開かれた後、2009 年 10 月、北京で第 2 回日中韓首脳会議が実

現し、日中韓3ヵ国の協力関係は10年以上の模索期を経て、新たな発展時期に入った。毎回発表される日中韓3ヵ国首脳会議共同声明などの重要文献から、3ヵ国が東アジア地域安定と地域協力のためにパートナーシップを樹立する決意を持ち、アジアの未来ビジョンを描いていることが読み取れる。また、日中韓3ヵ国の経済協力は、機能的協力から制度的協力体制に向かって発展しつつ、社会経済協力などを通じて政治分野の相互信頼、安全保障分野での対話と協力を促進するための方向性をより明確に世界に提示していたといえよう。

2010年5月29日、第3回日中韓サミットは韓国・済州島で開催された。会議でまとめられた「日中韓三国間協力ビジョン2020」は、今後の東アジア協力の1つの方向性を示した。その政治的基礎は「日中韓3ヵ国協力関係推進宣言」、「日中韓パートナー関係共同声明」、「日中韓協力十周年共同声明」という政治文書に求めることができる。これらは、主に次の協力目標を提示した。すなわち「(1) 3ヵ国パートナー関係の強化とメカニズムの向上を図る、(2) 持続可能な発展と協力を目指し、共同繁栄を実現する、(3) 環境協力を進める、(4) 人的・文化的交流を拡大し友好関係を促進する、(5) 共に地域および国際平和と安定を促進する」ことである。また、この「日中韓三国間協力ビジョン2020」では「環境協力」に関する取り決めをもっとも重要な位置に据えていた。

2010年5月の日中韓三国環境担当大臣会議で「3ヵ国環境協力共同行動計画」が決定された。また、第5回日中韓サミットでは、「投資の促進、円滑化及び保護に関する3ヵ国間の協定」に調印した。協定では、コペンハーゲン会議(COP15/CMP5)の成果を歓迎、「コペンハーゲン協議」を支持すると表明した上で、環境協力を強化し、次の10項目の優先的協力分野を指定した。(1) 環境教育の推進、環境意識の向上および住民参加、(2) 気候変動の監視、(3) 生物の多様性保護、(4) 黄砂防止、(5) 汚染コントロール、(6) 環境友好型社会・減量化、リサイクル、資源循環型社会の実現、(7) 電子廃棄物国境越える移動管理、(8) 化学品の無害化・管理、(9) 東北アジア環境マネジメント、(10) エコ産業振興と環境技術開発協力。

これら一連の東アジア環境協力の新動向に関してとくに次の点をあげておく必要がある。(1) 日中韓自由貿易区交渉の開始合意、地域一体化の促進、(2) 産業と金融分野の協力強化、投資保護協定の調印などを通じた地域経済協力モデル地域建設、(3) 持続可能な発展を目指し、環境分野の10項目優先分野および共同行動計画を実施し、東北アジア環境管理制度を樹立、循環型経済モデル地域建設、新しいエネルギー、防災などの取り組み強化、(4) 人文社会分野

の交流促進、相互理解の促進、キャンパス・アジア計画推進、青少年交流などの促進、人的往来の活性化、など。

事実上、東アジア地域という枠組みにおける日中韓3ヵ国の協力で、一番初めに動き出した協力分野は環境協力であり、成果も多く達成された。たとえば、日中韓3ヵ国環境担当大臣会議においては環境政策に関する対話が進み、地域全体の持続可能な発展をめざすフレームとして、定期的に3ヵ国の間で開かれることになった。こうした環境分野における多国間協力は、経済発展と貿易、そして海外投資などを大いに促進した。たとえば、1999年から2011年にかけて、日中韓3ヵ国の相互貿易額は1,300億ドルから6,900億ドルに躍進した。

2012年3月、日中韓3ヵ国は「中国水利部、日本国土交通省と韓国国土海洋部水資源大臣会議メカニズム形成に関する覚書」に調印した。具体的には、3年ごとに少なくとも1回の担当大臣会議を開き、環境協力分野において政策対話、経験と情報の共有、共同研究、能力の向上および協同立場に関する声明を発表することを定めた。これによって、水資源保護における3ヵ国の協力体制は新たな段階に入った。

日中環境協力事業は、社会経済に影響が大きい分野だけに、これまで注目され進められてきた。酸性雨、黄砂対策、砂漠化防止、植林、河川の水質浄化などがあげられる。環境教育などソフト面での協力と交流はこれまでに多くの実績をあげてきたが、日中両国事情の違いなどの要因によってまだ多くの課題が残っている。とくに青少年の間に環境問題に関する交流が計画されていたが、まだ平行線のまま進められていないケースが多く、お互いに「状況説明」、親善交流の段階に止まり、実質的な協力は少ない現状である。

環境問題の先進国である日本では、政府海外援助事業（ODAなど）における環境協力に関するものがかなり重要な位置づけをされ、そのうち中国に対する環境協力も多くの成果をあげた。たとえば、鳥取県などによる松花江の水質浄化援助事業は、中国東北地方の主要河川の水質改善に大いに貢献した。

1972年6月、中国と日本はともに国連の人類と環境会議に参加し、環境保護問題で共通認識を示した。その後、日中国交回復を経て、両国は環境保護での協力を推進した。とくに1980年代以後、日本は国際環境保護と協力に力を入れ始めた。当時、日中両国の間の環境問題に関する対話と協力は、主に中国の生活環境状況の改善（動物保護、人工的森作り、砂漠化の防止など）および都市生活施設の建設などに集中していた。環境問題は日中関係においてごく一部に過ぎず、ある種の単純な議題であった。1990年代以後、日中両国は環境

問題に対する認識の向上につれて、より地球レベルで環境問題に取り組むようになり、環境協力分野では日中経済協力における位置づけが益々重要になってきた。無論、日中環境協力の進化は、日中経済協力の一環として日中関係の改善に大いに貢献したことも、その後の実績で証明されたことはいうまでもない。

1994年3月、日中両国政府はさらなる環境保護および環境協力を推進するために、日中科学技術協力協議の元で「日中環境保護協力議定書」に調印した。そして、それをベースにして、日中両国は国際環境保護を積極的推進し、「大気汚染防止など公害に関する研究」、「東アジア酸性雨共同研究」など協力プログラムを実施した。

日本の対中環境協力は、政府開発援助からスタートしたものであり、対中円借款計画では、常に環境分野の内容が重要なウェイトを占めていた。1997年の京都会議以後、日本の対中環境協力はより重視されるようになった。

21世紀初頭、日中関係は調整と変動時期に入った。とくに日本政府開発援助政策の調整によって、環境外交と環境協力は日中関係の悪化に対し、「政冷経熱」の局面を打開するための有効手段としてたびたび重視された。対中政府開発援助の総額は年々減少し、中国「開発途上国卒業論」など世論が高まった。しかしその結果、環境問題と環境協力に対する注目度が逆に上昇し、日中経済協力分野の主役となりつつある。その特徴として、日中環境協力は多くの場合に北東アジア地域多国間の環境協力の枠組みにおいて実施されていたことがあげられる。北東アジア諸国は政治経済制度および社会制度が大きく異なるので、国の主権に関わりの少ない環境分野での経済協力は、関係諸国の間に共通利益を求め地域の求心力を高めるために手をつけやすい分野である。その分野で、日中両国が主役的役割を果たしていることは大いに強調しなければならない。

このほか、日本の対中環境協力の特徴は、次の2点をあげることができる。その1つは、政治経済の一体化ということである。環境協力の技術的特性は、いつも日本政府開発援助の一部として重視されているが、政治レベルでの相互信頼の醸成と協力体制への補足的役割にもしばしば利用された。とくに、日中関係が緊張の時期に入った際に、環境分野での協力は他の経済協力分野のように影響を受けるどころか、かえって大いに重視され、日中関係を調整・改善する道具として活躍していた。もう1つの特徴は、民間協力で環境分野の協力を推進してきたことである。日本政府の対外経済援助の規模は大きく、対象分野も多岐にわたるため、対中経済援助および経済協力においては政府の力だけでは限界がある。環境協力分野では、地方政府および民間レベルの役割分担が大

きな意味を持っている。事実上、地方政府（自治体）と民間団体は日中環境協力に対して大きな役割を果たしている。

　日本政府レベルの対中環境問題協力は、多種多様な形態・方法があると言われているが、大別して言えば、政府開発援助（ODA）、国際協力銀行、および新エネルギー・産業技術総合開発機構による環境関連協力に分けられる。

　日本政府の「政府開発援助大綱」（1992年）、および「政府開発援助に関する中期政策」（1998年）に基づいて、対中国協力においては環境保全に係る援助が重点課題とされた。その具体的な内容は、無償資金協力、技術協力および有償資金協力に区分されている。実際に協力事業を担当し実施するのは、国際協力事業団と国際協力銀行である。

　無償資金協力は、主に中国の環境政策の根幹にあたる施設建設、資材機材の調達、災害復興支援などに向けられている。その具体的な案件としていくつかのプロジェクトという形で実施されているが、中国における環境所管省庁である国家環境保護総局の下部機関として、実質的に中国環境行政実務の重要な一翼を担っている「日中友好環境保全センター」の整備もその1つである。そこでは、環境問題に関する情報の収集、環境教育の指導などが行われている。

　また、技術協力は、日本の技術、技能、知識を移転・普及し、あるいは開発途上国の環境にあった適正な技術への改良や開発を支援するものであるが、中国の環境協力分野においては、研修員の受け入れ、日本の環境専門家の派遣、機材の供与、プロジェクト方式技術協力、開発調査、青年海外協力隊派遣、国際緊急援助などが実施されている。

　地方自治体の国際協力のほとんどは、従来から行われてきた友好交流を土台にして発展していたものである。その形も、主に友好姉妹関係先と連携して交流事業と技術協力プロジェクトを行うというものである。地域同士の相互利益に着目した友好関係を持たない地方政府間の協力関係も生まれている報告があるが、友好交流を目的にしながら、実際の協力活動を通じて相互の利益を模索する地方自治体が多い。そして、その協力分野では、環境保全、公害対策などが年々増えている。その理由は、中国の環境問題は、隣国である日本にとって関心の高い問題であるからである。また、中国にとっても日本の高度経済成長期における公害対策の経験は、中国の環境対策における1つのモデルであり、盛んに研究が行われているところである。

　2000年以後、環境協力はますます日中経済貿易関係における重要な分野として注目されている。まず、日中両国は政府レベルの環境協力においては、ア

ジア太平洋環境会議、図門江地域開発計画、北東アジアサブ地域環境協力計画、北西太平洋行動計画など地域協力分野に関する事例があげられる。政府レベルの環境協力は環境保護の最先端技術および設備だけでなく、政府管理部門の環境保護技術と理念に関する交流と利用も重要な内容となっている。その事例として「日中友好環境保護センター」があげられる。1996年に設立されたこの施設は、日本政府の提供した無償援助資金105億円および中国政府が出資した6,630万元を利用して作られた国家レベルの環境保全施設である。中国環境保護部の直轄下に置かれた当センターは、総合的研究施設の機能を有すると共に、国際環境協力および日中環境協力の管理と業務遂行の機能も有する。この施設は日中環境協力の重要施設として日本側の専門家を146名（うち、長期専門家34名、短期専門家112名）を受け入れ、中国側から102名の研修生を日本に派遣した。また、日本から各種機材支援を2.28億円受け入れた。2008年10月、新しい日中環境協力プログラム―循環型経済の推進が実施された。当該プログラムは5年計画であり、総額5,000万人民元に上った。主に企業の環境保護事業、公民の環境意識の向上などを中心に循環型経済の推進に力を入れた。

　さらに、ハイレベル対話メカニズムの形成は、日中両国政府が経済分野において意見交換と対話を進める重要なフレームである。2007年4月、当該ハイレベル経済対話が東京で正式にスタートした。エネルギー、環境保護、金融分野などが対話の重点に指定されていた。毎回の対話には省エネ環境保護分野における日中協力が重要項目として取り上げられていた。

　また、民間レベルの環境協力も近年になってますます注目されている。2011年4月、北京で第6回日中省エネ環境保護フォーラムが開かれた。日中両国政府や研究機構そして民間企業の関係者が数百名参加していたこのフォーラムでは、日中双方で50個を超える省エネ環境保護プロジェクトが調印された。省エネ基準の制度化、火力発電所の効能アップ、半導体照明の基準化、海水の淡水化、移動式知能都市、泥の無害化などの分野で調印が行われ、契約金総額は20億元を超えた。

　日中関係において、環境協力は益々その重要性が認識され、日中関係のテコの1つとなっている。日本の対中政府開発援助の内容と金額の変化もこの点を証明している。環境協力は、日中経済協力において重点分野として今後も注目されるだろう。そして民間外交の活躍場として、環境分野における日中環境協力は日中関係の改善と進化にとっても重要な役割を果たすであろう。

3 「戦略的互恵」を求める日中経済関係——エネルギー協力の例として

　2010年、日中関係は大きな変化を見せ始めた。戦略的互恵関係の推進を訴える日中両国政府の思惑と逆に、2010年の日中関係において特に注目されたのは、中国のレアアース輸出に関する規制、そして日本（西側諸国を含む）の強い反応であろう。もともと日中間の戦略的互恵関係を推進する上で一番期待されているのは省エネ・環境分野でありながら、まさにそこから先に問題発生するのはなぜだろうか。おおよそエネルギー協力は経済問題でもあれば政治的問題でもあるという視点から見れば分かるかもしれないが、なぜレアアースが問題になったか。日中戦略的互恵関係の視点に立って、日中エネルギー協力それに日中経済関係の本質と将来性について真剣に検討する必要がある。

　まず簡略的に、日中間の戦略的互恵関係を推進するという、日中両国政府の考え方から整理してみたい。冷戦後の日中関係は決して平穏なものではなかったが、かつて「政冷経熱」といわれた時期もあったように、経済関係に限ってみればむしろ相互依存的な緊密関係は深まりつつあった。小泉政権後の日中関係は、双方の努力によって長い冬のトンネルから抜け出して改善の道に辿り着いたばかりでなく、戦略的互恵関係を推進しようという共同認識にまで発展してきた。民主党政権に変わっても、日本は自民党政権時代の対中政策を受け継ぎ、日中関係を重視してきた経緯がある。鳩山内閣時代の東アジア共同体に関する話題は、日中間の戦略的互恵関係の推進にも貢献した。

　しかし、2010年の後半から、日本の外交姿勢の転換に伴い、日中関係にも冷たい風が吹き始めた。いうまでもなく、民主党政権の「尖閣諸島（釣魚島）国有化」は政治的に日中関係のもっとも敏感な所を突いた。それまでの日中両国の相互イメージは大きく変わり、日中関係は戦後最悪の状態に陥ったといえるほど冷え込んだ。そして、戦略的互恵関係はもちろん、日中関係自体も疑問視されるようになり、日中関係を見直そうとする動きさえも見られるようになった。それに火に油を注いだのは、日本をはじめ西側のマスコミで大いに騒がれた中国のレアアース輸出制限問題である。これをきっかけとして、日本経済界などでは「中国依存」を脱却し、資源獲得に限らずもっと広い範囲で対外経済関係を再構築するような動きが出始めた。日中経済関係は大きな岐路にさしかかっているかのように見えた。

　日中戦略的互恵関係の脆弱性が露見した形だが、これを機に日中間の戦略的

互恵関係の中身と本当の狙いに関してもう一度検証する必要があろう。日中関係、ことに経済関係にいたっては、さまざまな分野でそれぞれのレベルにおいて緊密な関係を保っている。レアアースの問題だけで日中戦略的互恵関係を損なうことは避けたいとしても、もう一度日中戦略的互恵関係の意味を確かめる必要があると思われる。

2008年5月、中国の胡錦濤国家主席が訪日した際に、日中両国政府は「『戦略的互恵関係』の包括的推進に関する日中共同声明」を発表した。この政治的取り決めにおいて、過去の3つの政治文書に加え、今後の日中関係の根本的原則を明示した。また、政治的、軍事的そして文化的各分野で戦略的対話や各レベルの交流を通じ相互信頼関係を高めようとする提案とともに、経済交流に関してより互恵的協力関係を構築するよう、ハイレベル経済対話を通じ双方の経済発展の政策決定や協力目標などについて指針が示された。具体的には、資源・省エネ、環境、金融、情報通信、ハイテク技術分野の協力などで戦略的互恵関係を推進するものとなった。中でもエネルギー・環境分野の協力関係はより重要な位置づけとなっている。

日中関係に対して「戦略的互恵関係」と位置づけること自体を疑問視する声は少なかった。とくに、長年にかけて日中友好のために尽力してきた人々にとっては、単なる経済的な計算に基づく考え方で日中友好関係を後退させ、実利計算と相互警戒の国家関係になったことに悔恨の念がある。たしかに、当時のレアアース問題にはその影が密かにあると認めざるを得ないだろう。しかし、戦後日中関係の進展について考察すると、「日中友好関係」から「戦略的互恵関係」への変化は本当に「退一歩進両歩（一歩後退して更なる前進を図る）」というようなものだと思われる。「仮面夫婦」より堂々たる緊密経済関係と共通利益を有する両国関係にしたほうがむしろ両国および地域の発展にとって寄与できると思われる。

相互依存時代を背景に、日中両国にとって「戦略的互恵関係」を選択したことは政治的意味が大きいが、経済的な緊密関係をより深める思惑はむしろ根本的な点といえるだろう。過去の日中関係を見ても分かるように、政治的な混乱が起こっても、日中経済関係には大きな動揺が見られず、これが日中関係の根幹として大きな役割を果たしている。「政治的に冷え込む中で経済関係の維持と強化が「攻めても破らず、細くなっても途絶えず、喧嘩しても別れず」という日中関係の基礎固めとなる。「両国間に問題はあるものの、日本経済の復興には中国という巨大市場が必要であり、中国の発展にとっても日本の技術や資

金が必要」だというものだ。

　さて、戦略的互恵関係を推進しようといっても、どこからすればより効率的に成果をあげることができるだろうか。日中の戦略的互恵関係は単なる経済関係ではないことは自明だが、昨今のような日中関係の波乱が収束に向かうためには、政治的な配慮は必要としても、その基盤となるのはやはり共通利益を求める経済協力関係の進化に集約できる。戦略的には大局的な視点が必要となり、日中関係を2ヵ国関係だけでなく、もっと東アジアないし世界の視点から見る必要がある。また、互恵関係について、互いに利益を与える以上に共通利益または共同利益を追求しなければならない。その場合、決して日中両国の経済協力という狭い視野でものを考えるべきではないことは指摘したい。

　資源・エネルギーの開発とその利用問題は、日中両国の範囲を超え、地域共通の問題として注目すべきである。2009年10月に、第3回日中韓3ヵ国首脳会議における持続可能な発展に関する共同声明で「国際エネルギー協力分野という枠組みにおいて、3ヵ国は努力を重ね、クリーンエネルギーの開発そして高効率の利用を高めて、持続可能な発展を目指そう」と強調されたように、資源・エネルギー協力における国際的協力の枠組みの重要性が益々高まっている。

　一般的に、環境分野の協力から戦略的互恵関係を推進すれば良いという見方がある。しかし、日中戦略的互恵関係をより強固的なものにしようとすればするほど、日中共通の利益を具現する重要性が増している。環境と資源とは持続可能な発展にとってともに不可欠な要素として認知されている時代に、両者のバランスを保ちながら経済社会の発展を図ることが一番望ましい。しかし、視点を両国関係ないし地域協力に移せば、資源・エネルギー協力の重要性がより顕著になることは否定できないだろう。よって、経済協力より戦略的互恵関係の視点から見ればエネルギー協力が大きなポイントとなってくる。そして、一概にエネルギー協力といっても、民間経済に重点を置いて考えるべき点も指摘したい。そこで、最も日中戦略的互恵関係に本質から踏み込めるエネルギー協力を重点的に議論すべきであろう。

　実際、日中両国のエネルギー協力は2国関係を超えるものが多い。資源・エネルギーの獲得から、輸送、製品化などは通常2国間の範囲に留まらず、第3国が関係する事例が多い。レアアースの事例の場合でも、一見すれば比較的単純な供給源と需要国との関係だが、その実態は実際に第3国も関係し、より国際的な場において日中両国間で資源・エネルギーをめぐる協力と競争を繰り広げている。1つの事例をあげて日中エネルギー協力関係の現状と問題点を探っ

第10章　東アジア政治関係と経済協力の課題

てみよう。

　2009年の国連気候変動会議をきっかけに、低炭素経済はより身近なものとなり、そして化石燃料価格の高騰や地球温暖化問題への関心が高まった。こうした状況を背景に、再生可能なエネルギーや次世代自動車（電気自動車）などの省エネ高効率機器の普及、それにそれと関わっている環境・エネルギー先端技術も世界に注目されている。レアアースのような重要なエネルギー資源も、より注目度が上がっている。日中両国の持続可能な経済発展にとって、レアアースのような資源は欠かせない戦略的物質ともいえる。

　レアアースといえば、もともと埋蔵量が多い中国が主要生産輸出国の座を占めてきた。日本など先進国は、埋蔵量はほとんどないので、ほぼ100パーセント輸入に頼っている。しかし、この再生できない資源に関して、中国も国内経済の発展、とくに持続可能な発展という観点に立ち、従来の輸出政策を厳しい国家管理の元に置く大幅な改正をした。このことから、日本など西側諸国は大いに懸念を示し、中国に対して圧力をかけその安定的供給を求めてきた。

　もともと2008年5月、日中両国政府が発表した「日中戦略的互恵関係を推進する共同声明」には、「日中レアアース交流会議」という従来日中双方に存在していた協力機関があり、都合の良い時期に再開することで合意していた。しかし、実際は単純な輸出入関係のみの協議で、時代の変動や両国関係に大きく左右されている貿易交渉の域にとどまっているのが現状である。レアアース開発における日中協力の可能性が検討され始めるのは、ごく最近のことである。

　また、この日中間の生産輸出と輸入製品化との単純な構図のほかに、海外におけるレアアースなどの資源開発に関しても、日中両国間はすでにいろいろな関わりがあった。世界的に見ればレアアースの埋蔵量は均衡的なものでなく、中国には埋蔵量が多いが、立地関係で採掘が困難な場所が多い。アメリカや特に南アメリカ地域では採掘はそれほど難しくないことから、世界各国の注目を集めている。

　しかし、国際協力によるこの資源の共同開発に関しては、日中両国はまだ協力体制を整えることができず、競争を演じた場面がしばしばあった。2009年10月、ボリビア国際リチウムイオンフォーラムにおいて、ボリビア山地のリチウム開発権をめぐり、日中間で激しい争いがあった。韓国やフランスなども参入し大混乱となった。日中両国の競争は次世代自動車市場で優位に立とうという思惑によるものであることは明白だが、両者のそれぞれの利点を生かし国際協力体制を組んで共同開発しようという発想も努力もなかったわけだ。

中国と日本は資源開発においてはそれぞれ長所をもっている。中国は自国の資源開発に長期的に携わり、鉱山採掘や第一次加工において長年の経験がある。これに対して、日本は資源の製品化、省エネ高効率機器開発などのハイテク技術を有している。このことから、資源開発における日中協力の潜在的可能性が大きいといえよう。

　ただ、現実には、資源開発をめぐる日中協力はいくつかの障害を取り除かなければならないが、その状況はなかなか改善されていない。要するに、日本側の心配は、中国のエネルギー協力の目的は日本の技術獲得であり、そしてそれを自身の国力増強に回し、結果的に日本の強力な競争者になるであろうということであり、それが対中協力に消極、ないしは躊躇する原因となっている。中国のレアアースの輸出削減問題に対しても、中国の真意を疑い、否定的な受け入れ方をとっている。例えば、東京財団の政策提言に見られるように、「日本の競争力の源泉であり先端優位性のある加工技術、応用技術を無計画に供与するのではなく、互恵関係が築ける日中双方の共通課題となる分野——レアアースのリサイクル技術、レアアース開発に伴う環境問題への対応など——について共同研究を行う」という姿勢に止まっている。また、中国以外の他国で独自に開発を行うなど、日中協力への配慮は全く見られていない。

　協力より競争の道を取る日本側は何を求めているのか。このような例から見ても、如何に戦略的互恵関係を構築するかについて、単なる原則論に集中し議論することがどれくらい意味があるか疑問を感じざるをない。次世代自動車開発と市場での優位性を獲得するような経済的事案の背後には、日中両国の戦略的発想の違いが見えてくる。一方で、東アジア地域協力の視点から考えれば、政治的思惑を取り除かない限り戦略的互恵関係は容易に構築することができないばかりか、その推進する体制自体もなかなか組み立てられない状況が当分続くといえるだろう。

　日中は、友好関係にしても、戦略的互恵関係にしても、肝心なのは同じく東アジア地域にある重要な大国であることを自覚しなければならない。時代の変化に伴い、相互依存関係をより実質的に推進し、互いに共通の利益を求め、共同発展を図るべきではないか。狭いナショナリズムに挟まれずに地域共生を目指して相互関係を考えなければならない。

　日中両国には、ともに地域大国である以上、相互関係を考える際に、自国の利益追求や両国の共通利益の共有などは勿論、地域全体の視点に立ち、より戦略的な発想が求められるはずである。経済互恵に力点を置くより、戦略的・相

互的な日中関係が必要であり、そして地域的、世界的な日中関係をめざしてこそ戦略的互恵関係なのだ。

　資源・エネルギー協力に関して、長期的な視点がどうしても必要となってくる。というのは、持続可能な経済発展をはかる時代において、エネルギー開発と利用は環境保護、技術の進歩と普及、社会民生の向上、国際関係改善への寄与などと合わせて総合的に考えなければならないからである。短絡的ナショナリズムの発想は、目先の利益を獲得するが、同時に、より長期的戦略的な利益は失う可能性も十分ありうるだろう。

　日中間の戦略的互恵関係を推進しようという認識は、日中両政府および有識者の間に定着しつつあるようにみえる。しかしながら、日中両国の数千年の歴史から、また、これからの世界の展望からみれば、「戦略的互恵」という言葉に違和感がある。国境を越える共通利益の追求はまさに時代の変動に応じ、「互恵」から「共益」へと、地域社会の一員としてともに発展していく上に必要なものだと思われる。

　再生可能資源の開発および代替不能の資源・エネルギーの開発と利用に関する議論は、東アジアに地域協力の枠組みにおいて長年にわたり注目されていた。また、資源開発と環境そして社会問題との関係を総合的に検討した成果も少なくない。しかし、これらの検討は日中戦略的互恵関係の展望に寄与できれば良いかといえば、現状はそうでもないようだ。今後、いかに具体的な分野での日中協力を通じて日中関係全体の改善に寄与できるかについて研究を重ねるのは重要な課題だろう。

Ⅲ　日中韓協力枠組みにおける中韓関係の緊密化

　2000年以降、中韓貿易は安定傾向を示していた。そして、特に2010年を境に成長が促進された。中国は韓国の最大の貿易対象国であり、韓国の輸出国、輸入国の第1位は中国である。一方、中韓貿易は日中貿易と比べ、韓国が長期的に対中貿易黒字を維持して拡大することが特徴的と見られた。2005-2009年に中国の対韓国貿易赤字は380-500億ドルを維持するものの、2010年にアジア金融危機の影響が減少するとともに、一気に696.3億ドルに増加し、増加幅が42.5％に達した（表10-3、図10-4）。

　2008年に、中韓両国は各分野にわたる交流と協力を推進し、戦略的協力パー

表10-3　2005-2010年中国の対韓国輸出入　　(単位：億ドル、%)

年	対韓国輸出		対韓国輸入		貿易収支	
	輸出総額	成長率	輸入総額	成長率	総額	増加率
2005	351.1	26.2%	768.2	23.4%	-417.0	21.1%
2006	445.3	26.8%	897.8	16.9%	-392.5	-5.9%
2007	561.4	26.1%	1037.6	15.6%	-476.2	21.3%
2008	739.5	31.0%	1121.6	8.1%	-382.1	-19.8%
2009	536.8	-27.4%	1025.5	-8.5%	-488.7	27.9%
2010	687.7	28.1%	1384.0	35.0%	-696.3	42.5%

出所：国研ネットデータなどに基づき筆者作成。

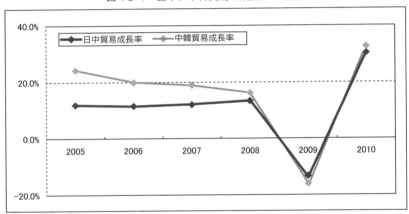

図10-4　日中、中韓貿易の成長率の比較

出所：国研ネットデータに基づき筆者作成。

トナー関係を維持することで一致した。中韓両国政府は、主に政治的相互信頼、経済貿易協力の推進、人的・文化的交流の拡大、国際および地域問題における協力などに関する認識を共有することを確認した。

　2015年、中韓関係はさらに大きく進展した。北京で行われた戦後70周年記念行事で、韓国の朴僅恵大統領が中国政府から最高の礼遇を受けたことが、世界に中韓関係の「蜜月」を印象づけた。中韓関係は、政治のみならず経済分野においても大いに進展が見られた。2015年10月、中国の李克強首相の韓国訪問と日中韓サミット開催を前に、北京で「対話疎通、協力共栄」をテーマに日中韓シンポジウムが開かれた。3年ぶりの日中韓サミット開催に関係諸国は日

中韓3ヵ国の関係強化と協力の拡大に強い期待感を示した。このシンポジウムには、中国の王毅外交部長、日本の宮本雄二元中国駐在大使、韓国の李揆亨元中国駐在大使、そして楊厚蘭日中韓3ヵ国協力事務局長など政府高官が出席したほか、日中韓3ヵ国の専門家やマスコミの代表が出席した。会議のテーマに「日中韓協力に基づき、北東アジアの繁栄を促進」、「心の通じ合う交流」などがあげられ、活発に議論されたことは内外に強い印象を与えた。王毅外交部長は挨拶で「日中韓3ヵ国は障害を除き、手を組んで協力し、隣邦相互信頼、全面的協力、互恵共益、共同発展を通じ、2020年東アジア経済共同体の実現を目指していく」ことを表明し、日中韓3ヵ国は未来志向の協力強化が大きな目標であるというメッセージを強く発信した。

「平和と発展」という時代の流れの中で、友好と協力は日中韓3ヵ国関係の主流であることが改めて確認されたことは大いに意味がある。この時期、歴史認識問題、領土問題そして地域安全保障問題などにより日中韓3ヵ国の間に大きな政治的溝が生じ、相互信頼が大きく損なわれ、経済協力も影響を受けていた。2015年の日中韓シンポジウムでは、安定的持続可能な日中韓3ヵ国関係を維持し、協力を推進することが関係諸国に共通的利益であることが再認識された。

従来の貿易、経済協力を引き続き推進するとともに、新しい分野で協力を拡大することは、日中韓3ヵ国の政府のみならず民間レベルの交流にとっても不可欠である。ともに経済構造改革の課題に直面している日中韓3ヵ国にとって、全面的協力を推進することはそれぞれの経済発展の効果を引き出す役割も果たしている。

中韓経済協力を進めるにあたっては、韓国の国際認識と韓国自身の地域経済協力における位置づけに対する認識が揺れている。当時、アメリカ主導のTPP参加問題で韓国は苦しい選択を迫られていたことは象徴的な出来事である。もともとTPP交渉メンバーである多くの国が韓国の自由貿易対象国であり、TPP参加は国際貿易に依存する韓国にとって大きなチャンスであることは言うまでもないが、韓国の慎重な姿勢が最後まで崩れていないことは、経済以外の要素が存在することを物語っている。

自動車や農業など一部の産業分野を除き、韓国にとってTPPに参加することは、メリットが大きい。それにも拘わらず韓国が迷っていたのは、中国とアメリカ両大国の間に挟まれている韓国にとって、広範囲にアジア太平洋地域に経済協力を推進している国として、アメリカが主導する環アジア太平洋地域の

結束を軸としたTPP交渉の政治的意図に賛同し難い面もあるが、政治的葛藤が解けない日韓関係も参加を躊躇する大きな要因である。したがって、韓国は中国の提唱する「一帯一路」やAIIBに積極的に参加する意思を表明し、中韓FTA交渉を推進するのとは対照的に、日韓経済協力や日中韓FTA交渉には消極的姿勢を示している。

2017年12月13～16日、韓国の文在寅大統領が中国を訪問した。韓国駐在アメリカ軍の高高度地域防御システム（THAAD）配備問題をめぐって急速に冷たくなった中韓関係を打開するための「破氷の旅」であった。この訪問では、政治的議題よりも経済交流と協力が主要内容となっていた。経済交流の拡大、中韓FTAの推進と拡大、経済、社会、文化および政治あらゆる分野で交流と協力を推進し、中韓関係改善につなげることが韓国政府の狙いであった。文大統領の訪中に同行する代表団のメンバーは、大半が経済界の面々であり、300人余りという経済界代表の規模が、中韓経済交流と協力の拡大を期待する韓国側の意欲を示していた。

中韓経済交流に関して韓国が3つの原則と8つの協力分野を提示した。すなわち、中韓FTAに基づく投資とサービス協力の覚書に調印し、制度的協力の基盤強化、両国の経済戦略に基づく未来志向の協力、「人本重視」の協力推進という3つの原則、安定する経済協力の制度づくり、貿易分野の多様化とデジタル貿易、第四回産業革命に向け未来の新産業協力、新しい創業分野の協力、エネルギー協力、環境協力、第3国インフラ建設の共同参加、人を中心に据えた民間交流、などである。

中国政府として中韓関係改善に姿勢を転じるとすれば、北朝鮮核開発問題をめぐる日米韓の政治軍事的協力体制の強化に対する対応に迫られるからであろう。また、「一帯一路」構想における韓国の役割に期待する一方、日本の積極的参加を促す狙いもある。韓国としても、もともと民間に強く存在する中国との経済貿易拡大する期待に応えると同時に、北朝鮮核問題解決に中国の役割が不可欠だという認識が韓国政府に広く存在している。また、中国との関係改善により、アメリカの武力による北朝鮮核問題解決や日米主導の「自由開放的インド太平洋戦略」をけん制する狙いもある。

Ⅳ　日中韓関係および地域経済協力の課題

1　「チャイナ・プラス・ワン」と日中経済関係の競合

　「チャイナ・プラス・ワン」とは、日本人学者が最初に提起した経済学の仮説であった。即ち、経済貿易および投資に関する理論として、対外経済貿易関係（ことに対中経済関係をさす）を推進する際に、単純な中国依存を避け、その代替地や並行するパートナーを求める必要がある、それによって対中経済貿易のリスクを最小限に収めることができるという説である。

　1972年の日中関係正常化以来、日中経済協力が目覚しい発展を遂げて、相互補完的産業構造が形成された。こうした経済協力、貿易関係の順調な推移はアジア地域ないし世界経済全体に大きな影響を与えてきた。

　2001年の中国のWTO加盟以来、日系企業の中国進出は顕著となり、日中経済関係の緊密さが一段と高まった。これとは対照的に、2004年から2005年にかけて中国において頻発した「反日行動」は日本企業の利益を脅かすようになった。一部の日系企業は、リスク回避のためにベトナムなど東南アジアに移転する、いわば「チャイナ・プラス・ワン」戦略をとり始めた。

　一般的に、企業が対外投資リスクを回避し、利益の最大化を求めるためには、ある国に集中的に投資することは禁物であると認識されている。しかし、そうした対象となる地域はだいたい政治動乱や社会の不安定などによるリスクの高い地域であり、中国のように国内政治や対外外交関係の安定している国もそのリスク回避の対象国になるということは、近年の日中関係の変動がいかに日本企業の海外進出に対して影響を与えたかを物語っている。

　対外投資戦略に関しては、経済的視点に基づいて「チャイナ・プラス・ワン」を理解したほうがより分かりやすいだろう。利益を求めて対外投資を行うのは、日本企業だけでなくどの国の企業も同じである。中国のWTO加盟後、安い労働力のメリットを求めて多くの日本企業が中国に投資し工場を設けるようになった。日系企業が対中投資リスクを回避するために、投資先を1つにせず、複数の選択肢を選ぶのは自然である。2010年、中国にある日系企業では、賃金上げを求めるストライキが発生したことに加え、レアアース輸出規制の問題など、日本企業の間に「チャイナリスク」に対する警戒感がいきなり高まった。2003年から2011年にかけて、中国の都市就職者の賃金総額から見ても、確かに中国の労働力のコスト上昇が著しくなったことが分かる（表10-4）。

表 10-4　中国業界別都市就職者賃金総額（2003-2011 年）

(単位：1億元)

年	2003	2004	2005	2006	2007	2008	2009	2010	2011
金額	153.3	176.2	206.3	242.6	284.7	352.9	402.9	472.7	599.5

出所：筆者作成。

表 10-5　アジア主要都市従業員月給金額

(単位：1億元)

都市	大連	ビエンチャン	ヤンゴン	ホーチミン	バンコク	ジャカルタ	プノンペン
賃金	316	118	68	130	286	209	82

出所：筆者作成。

　したがって、日中経済関係に限って分析しても、労働力コストの上昇につれて、近隣諸国に比べて中国の低労働力の優位性が徐々に低下したことは事実である。『日本経済新聞』の記事、そして中国国家統計局の公表したデータによれば、2012年の中国一般都市の住民の平均収入総額は26,959元であり、平均月給は366ドルに相当している。近隣諸国の主要都市にはるかに超えていた（表10-5）。

　単なる労働力のコストを考える場合、中国の経済成長と労働力構造変動など諸要素の相互作用によって、中国では以前の安価な労働力市場の優位性は崩壊した。日本企業、とくに製造分野の中小企業は、生産拠点を分散し、中国以外のアジア諸国に移転せざるをなくなったことは理解できるだろう。

　「チャイナ・プラス・ワン」は、対外投資と経営戦略として、日本経済がアジア地域産業構造における優位性を維持するための選択でもある。この選択の利点は、日本企業が中国依存を減少させ、利益率を向上させると同時に、中国市場における日系企業に対する需給も維持し、日本のアジア市場に対する影響力の拡大を狙うという点である。ある意味で「チャイナ・プラス・ワン」という発想は、21世紀版のアジア経済発展「雁行型モデル」への模索でもあると理解すれば正しいだろう。

　日本銀行の国際収支統計によると、2011年のASEANに対する直接投資は1兆5,000億円であり、3年連続で対中投資（約1兆円）を超え、日本の対外投資の新天地になった。2012年第2四半期には、日本のASEANに対する直接投資額は3,800億円となり、対中国投資の約3,000億円を超えた。

　「チャイナ・プラス・ワン」論の浸透につれて、その経済的効果が見えると

同時に、日中関係全体とくに政治関係に対する影響も徐々に現れてきた。1つは、この戦略的選択の変化は、東アジア地域において日本が政治リスクの回避を求めることを意味する。日中関係における経済的要素の減少は、少なくとも日本が対中関係を処理する際に、経済的要素より他の要素を考慮する余地が増大することを意味し、日中関係の維持には従来にない方式に転換しなければならない局面も出てくるだろう。次に、この戦略的選択は、日本のアジア外交をより主体的にし、さらに日本のグローバル外交を円滑化し、対米依存脱却にも繋がっている。第3に、日本が東アジア地域において中国に対する優位性を形成するためにも相当な効果があるだろう。

2 「四点原則共通認識」後の中日関係の行方

2014年11月10日、2年半ぶりに日中両国の首脳会談が実現した。APECという国際舞台を利用して、低迷中の日中関係改善を模索する糸口をつかんだ格好だ。首脳会談の実現が日中両国の信頼回復にとって格別な意味を持っていることは言うまでもないが、首脳会談実現の土台となった「四点原則共通認識」はむしろ戦後日中関係の歴史と現在を総括し、未来志向の日中関係を示唆する意味が読み取れる重要なステップとなった。

日中両国政府は、両国関係の処理と改善に対して、次の4点で意見の一致をみた。

1　双方は、日中間の四つの基本文書の諸原則と精神を遵守し、日中の戦略的互恵関係を引き続き発展させていくことを確認した。

2　双方は、歴史を直視し、未来に向かうという精神に従い、両国関係に影響する政治的困難を克服することで若干の認識の一致をみた。

3　双方は、尖閣諸島（釣魚島）等東シナ海の海域において近年緊張状態が生じていることについて異なる見解を有していると認識し、対話と協議を通じて、情勢の悪化を防ぐとともに、危機管理メカニズムを構築し、不測の事態の発生を回避することで意見の一致をみた。

4　双方は、様々な多国間・2国間のチャンネルを活用して、政治・外交・安保対話を徐々に再開し、政治的相互信頼関係の構築に努めることにつき意見の一致をみた。

これと同時に、日中両国は政治、安全保障、経済および文化など各分野での交流と協力を再開し、政治的相互信頼を構築することで一致した。この「4点

原則共通認識」から、少なくとも次の意味合いが読み取れる。

　第1に、日中首脳会談実現の先決条件とも読める「4点原則共通認識」は、日中関係における歴史問題や領土問題など政治懸案に対して新たな基準とルールを決めたといえよう。少なくとも立場の相違を乗り越えて問題解決に向けて共に努力することで一致するのは、日中関係の安定と発展にとって重要な意味があるに違いない。

　第2に、日中両国はそれぞれの国家利益に基づき、各国内における産業構造の調整と経済発展モデルの転換などを求める。そのため、日中関係の改善が強く望まれ、結果として首脳会談が実現したという分析があるが、これは政治的要因が作用した結果というより、むしろ長年に蓄積してきた日中経済関係の内面的な需給が働いた結果と言えよう。2014年9月、日本国内閣府の公表した第2上半期GDPの減少幅は7.1％であり、過去5年間最大の減少幅となった。今後の経済の見通しに対する国民の不安感が増える一方、「アベノミクス」の政策も大きな壁に直面した。国内の経済的圧力を受け、日本経済の新たな成長を目指して対中経済協力を重視する意見も台頭し始めている。一方、中国の経済発展も転換期に向け、持続可能な発展モデルが求められており、省エネ循環型経済を推進するには日本の技術や資金が不可欠である。相互に果たす役割への期待も高まっていると言えよう。

3　日中韓協力の再出発

　2015年3月、3年ぶりに第7回日中韓3ヵ国外務担当大臣会議が韓国ソウルで行われた。歴史を正視し、未来志向で問題を処理し、2ヵ国関係および3ヵ国関係の改善に向け、日中韓3ヵ国の協力を強化することが再度確認された。日中韓外相会議の成果から、日中韓3ヵ国の首脳会談の早期実現への努力や、協力体制の強化、歴史正視という原則の順守などが読み取れる。すなわち、第1に、日中韓3ヵ国の協力メカニズムは北東アジア地域に平和と安定に重要な役割を果たす効果があり、これからも引き続き維持する必要がある。第2に、日中韓FTA交渉を加速することで一致している。2014年5月3ヵ国投資協定が発効以来、相互的投資環境が大いに改善されたことが評価される。貿易、投資と経済関係の制度化づくりに積極的力を入れると同時に、3ヵ国自由貿易協定交渉も加速することが重要であることで一致した。第3に、中韓協力は北東アジア地域の平和と繁栄に重要な基盤であると同時に、日中韓3ヵ国における

2ヵ国関係が3ヵ国協力の重要な基礎でもある。歴史を正視し、未来志向で問題解決をすることが重要な原則として確認された。第4に、日中韓3ヵ国の定期的対話と協商メカニズムを復活することで一致した。テロ対策、アメリカ政策対話、インターネット政策、環境大臣会議の下に大気汚染防止対話、東アジア文化都市事業、キャンパス・アジア、人文交流論壇、マスコミ交流などの交流事業があげられている。また、若者サミット、高齢化社会対応などの新分野の協力テーマも議題にあげられた。

2017年11月14日、第18回ASEAN+3（日中韓）首脳会議がフイリピンで開かれた。このサミットは、2017年に発足20周年を迎えるが、18年間におよぶ日中韓3ヵ国協力も、アジア地域全体の経済発展、地域安定に大いに貢献している。

近年、日中韓3ヵ国の関係が厳しい挑戦が受けながら、総体として改善する環境条件が徐々に成熟してきた。東アジア地域における政治、安全保障問題が複雑化し、また北朝鮮の核問題の深刻化などにより、日中韓3ヵ国が関係改善を図り地域安定に貢献しなければならないという機運が高まってきた。また、中国とアメリカとの関係改善や、中国の提唱する「一帯一路」への国際的賛同などの外部環境の変化も、関係改善の要素である。最も重要なのは、積極的に「一帯一路」に参加し、地域経済協力を通じてその経済的メリットを享受しようとする日韓両国の民間企業の熱望が、日韓両国政府に中国との関係改善を求める圧力となっていることである。中国政府も、地域平和と安定を維持する立場から、東アジア地域に共通利益と地域運命共同体を創成することを目指し、日韓両国との関係改善に乗り出した。日中韓3ヵ国の関係改善が実現すれば、北東アジア地域協力で大きな成果が期待できる。

おわりに

冷戦後、日中韓3ヵ国は戦略的な転換期に向かいつつも、各種の利益衝突と地域問題が表面化し、常に国際政治と国際関係の変動に揺り動かされてきた。とりわけ、グローバル時代の到来にしたがって、東アジア地域にも日中韓3ヵ国にも新たな変化が見られつつある。新しい時代における東アジア地域の政治的安定と経済的発展を展望するにあたって、日中韓3ヵ国は牽引車としての役割を大いに期待されている。冷戦後、日中韓3ヵ国の発展は従来にない複雑な局面を迎え、時代の課題に応えるのは大変困難であると思われるが、経済協力

分野でその答えを探すのは 1 つの近道だろう。

> [演習]
> 1. 東アジアにおける経済協力の進展は、この地域の諸国の政治的な関係にどのような影響を与えると考えるか議論せよ。
> 2. 日中関係の現状は「政冷経熱」と表現されるが、これを具体的に説明せよ。
> 3. 近年、日中、中韓の政治・経済関係はどのように変化してきたかまとめよ。
> 4. 「日中韓三国間協力ビジョン 2020」の内容を調べ、その基本構想をまとめよ。
> 5. 日中の環境分野での協力は、どのような政治的効果をもたらしているかまとめよ。
> 6. 東アジアの資源・エネルギー分野における対立と協力の構図をまとめよ。
> 7. 「戦略的互恵関係」をキーワードに東アジアにおける政治経済協力がどのようにあるべきか議論せよ。
> 8. 「チャイナ・プラス・ワン」戦略が提起された背景について議論せよ。
> 9. 中韓関係が急激に変化した背景について議論せよ。

【参考文献】
〔1〕東京財団 [2009].『日本の資源・エネルギー外交の優先課題』。
〔2〕国家統计局人口和就业统计司、人力资源和社会保障部规划财务司编 [2013]. 中国劳动统计年鉴 2012[R] (『中国労働統計年鑑　2012 年版』)、中国统计出版社.

おわりに

　本書は、岡山大学・吉林大学・成均館大学校が採択された「文科省・大学の世界展開力強化事業委員会・キャンパスアジア事業」の5年間に及ぶ研究・教育活動の成果を「キャンパスアジア共通教科書」、換言すれば日中韓経済学教科書という形にしたものである。改めて「文科省・大学の世界展開力強化事業委員会・キャンパスアジア事業」の経緯と目的を説明する。2009年10月北京で開催された第2回日中韓サミットにおいて日本が、今後の人と人の協力や大学間交流の重要性を問題提起したことから、3ヵ国の大学間での単位互換や交流プログラムなどが提案され、中国と韓国が賛同した。2010年4月東京で開催された第1回「日中韓大学間交流・連携推進会議」では、韓国の提案により構想名が「CAMPUS Asia（キャンパスアジア）」と決定された。また、2010年12月北京で開催された第2回会議では単位互換や成績評価など関するガイドラインについて、2011年5月韓国済州で開催された第3回会議ではパイロットプログラムの共同公募の諸条件について合意された。そして日本・韓国・中国政府の肝いりで立ち上げられたこの構想は、2011年11月から始まった。

　「文科省・大学の世界展開力強化事業」の目的は、「アジア及び米国などとの高等教育ネットワークの構築を図ることにより、我が国の大学の世界展開力を強化し、グローバルな社会で活躍できる人材を育成するため国際的な枠組みでの高等教育の質保証を図りながら、外国人学生の戦略的受入れ、日本人学生と日中韓・米国などの外国人学生との協働教育による交流を行う事業に対して重点的に財政支援すること」である。申請件数は、183件であり、その内25組（採択率13.7％）が採択された。内訳は、アジアは「タイプA－Ⅰ：日中韓」（申請件数51件、採択数10組）、「タイプA－Ⅱ：東南アジア」（同52件、同3組）、米国などは「タイプB－Ⅰ：米国」（同49件、同7組）、「タイプB－Ⅱ：欧州」（同31件、同5組）である。「キャンパスアジア事業」は、「タイプA－Ⅰ」を指し、「日中韓の3ヵ国における大学間で1つのコンソーシアムを形成し、単位の相互認定や成績管理、学位授与などを統一的に行う交流プログラムを実施すること」を目的としている。これは、「アジア版エラスムス計画」をイメージしたものである。エラスムス計画とは、1987年から始まったEU

加盟国間の大学間交流協定（1,800校以上）による共同教育プログラムであり、学生交流累計数は200万人以上に上る。

　岡山大学・吉林大学・成均館大学校が採択されたキャンパスアジア事業「東アジアの共通善を実現する深い教養に裏打ちされた中核的人材育成プログラム」（2011年～2016年）は、日中韓の学生が「東アジアの共通善」を実現する「アジアンクラット（アジアの共通善に資する地域行政・民間組織の指導者）」の育成を目的とした。この岡山大学キャンパスアジア事業は、2017年3月に総括評価「A」という高い評価を得て終了した。また、この実績が認められ、後続事業である「東アジア高等教育圏を見据えた中核的高度実践人＝アジアンクラット育成プログラム」（2016年～2021年）も採択された。

　岡山大学キャンパスアジア事業・経済部会の成果は、大きく2つを挙げることができる。1つは、日中韓の教員が、「東アジアの共通善の実現」という共通の目標を持って、共同で研究を行ったこと。このような試みは、初めてのことといっても過言でない。

　2つ目は、日中韓の教員が、「アジアンクラットの育成」という共通の目標を持って、共同で教育を行ったこと。ただ、これまで学んできた知識や価値観が違う日中韓の学生に対する講義・教育には、多くの困難があった。また、日中韓の学生も戸惑いの連続であったといえよう。しかし、学生の「良知」を信じ、それに委ねると既存の知識・固定観念・利害を超えた知恵がうっすらと浮かび上がり、一瞬であっても共通善といえるようなものを共有できる場面があった。「良知」とは、人が生まれながらにもっている是非・善悪を誤らない正しい知恵である。日中韓の学生は、「東アジア問題の解決策」を考えるのにあたり、しなやかな論理で摺合せるだけでなく、アイデアをスパークさせた。それは、日中韓の強みを活かし、弱みを補う見事にバランスがとれたものであった。お互いの先入観、わだかまり、偏見を乗り越え、「東アジア問題の解決策」を模索し、未来を構想する姿は、感動さえ覚えた。

　そこで「東アジアの共通善」を実現する「アジアンクラットの育成」において大切なことは、日中韓の経済や企業経営の違いを真正面から教える、そして真正面から議論させて、あえて違いを鮮明さにさせることである。この違いや対立は、当然、学生にとって怒り・反感・抵抗感・感情的なものとなるであろう。ただ一方で議論が平行線となり、さらには議論が尽きてくると案外、「落としどころ」や「妥協点」を探し出すようになる。この「落としどころ」や「妥協点」の中に共通の正義、所謂、共通善があるのではなかろうか。この

「落としどころ・妥協点＝共通善」は、一見、主観的であり、科学的根拠に欠けるかもしれない。しかし、学生の「良知に基づいた論理」は、一定の真理があり、説得力を持ち合わせるものと考える。したがって日中韓の学生が、「良知に基づいた論理」を持って議論を積み重ねて行くと、必ずや「日中韓の共通善」、さらには「東アジアの共通善」が学生に宿ると信じてやまない。

筆者は、寺島実郎多摩大学長が「文科省・大学の世界展開力強化事業委員会・キャンパスアジア事業」の委員として構想段階から拘わっておられたことから推薦を受け、岡山大学キャンパスアジア事業に当初から推進メンバーおよび経済部会の担当として参画している。寺島実郎多摩大学長は、著書『世界を知る力』（PHP新書、2009年）の中で「世の中には、さまざまなものの見方や考え方があるということを知ってほしい。賛成はできないけれどもあなたのものの見方については大いに評価するという姿勢が国際社会を個人として生き抜く上でも大切だ。……世界を知る力は、自らを相対化し客観視する過程なくして磨かれないのである」と述べている。日中韓の学生や若者が、お互いのモノの見方や考え方の違いを理解・評価することで自らを相対化し、交流することができれば、東アジアをもっと広く深く知ることができる。この「東アジアを知る力」こそが、「東アジアの共通善」を実現する深い教養である。

「キャンパスアジア事業」の役割は、日中韓の不条理に目を向け、行動・解決する当事者リーダーを育成するために、東アジアと向き合うように導く教養教育である。「キャンパスアジア事業」は、試行錯誤の連続であるが、日中韓の問題解決の突破口となり、東アジアの未来を切り開く希望の光であるという確信は増すばかりである。

金　美徳

【編著者略歴】

田口雅弘（たぐち まさひろ・岡山大学大学院社会文化科学研究科教授） 第1章

岡山大学大学院社会文化科学研究科副研究科長・教授。専門は、移行経済論、経済政策論。研究領域は、現代ポーランド経済史、ポーランド経済政策論。ワルシャワ中央計画統計大学（SGPiS）経済学修士学位取得卒業、京都大学大学院経済学研究科博士課程後期単位取得退学（京都大学博士）。ハーバード大学ヨーロッパ研究センター（CES）客員研究員、ポーランド科学アカデミー（PAN）客員教授等を経て現職。
著書に『ポーランド体制転換論 システム崩壊と生成の政治経済学』（御茶の水書房、2005年）、『現代ポーランド経済発展論 成長と危機の政治経済学』（岡山大学経済学部、2013年）、他。

金 美徳（きむ みとく・多摩大学経営情報学部教授） 第2章、第9章

多摩大学経営情報学部教授及び同大学院ビジネススクール（MBA）教授、多摩大学アクティブラーニング支援センター長。㈱三井物産戦略研究所や三井グループ韓国グローバル経営戦略研究委員などを経て現職。専門は、国際経営学と国際関係学。研究領域は、企業戦略、グローバル組織人材、アジア経済、朝鮮半島。早稲田大学大学院アジア太平洋研究科国際経営学修士・国際関係学博士課程修了。
著書に『キャンパス・アジア共通教科書 東アジア教養人のための日中韓経済論』（ふくろう出版、2017年）、『なぜ韓国企業は世界で勝てるのか—新興国ビジネス最前線—』（PHP研究所、2012年）、『日本企業没落の真実—日本再浮上27の核心—』（KADOKAWA、2012年）、『図解 韓国四大財閥』（KADOKAWA、2012年）他。

【執筆者略歴】

具 正謨（KOO, Chung Mo・江原大学教授／韓国経済学会会長） 第8章

専門は東北アジア経済、マクロ経済、財政学。韓国・成均館大学校卒業。ミズーリ大学大学院博士課程修了。1988年より韓国・江原大学経済貿易学部准教授、のちに教授。スタンフフォード大学、ノースダコタ大学客員教授等歴任。2005-2007年、韓国財政学会会長。2017-2018年、韓国経済学会会長。2010年および2015年、Northeast Asia Professors Association 会長。

下井直毅（しもい なおき・多摩大学大学院経営情報学研究科教授） 第5章

東京大学経済学部卒業。その後、東京大学大学院経済学研究科修士課程に入学し、東京大学大学院経済学研究科博士課程単位取得満期退学。2000年4月から2002年3月まで、東京大学大学院経済学研究科附属日本経済国際共同研究センター研究機関研究員。2002年4月から2005年3月まで、日本学術振興会特別研究員。2005年4月 多摩大学経営情報学部助教授。2012年4月から多摩大学経営情報学部教授。他に、ビジネスブレークスルー大学院大学などで講師をつとめる。
専門は、国際経済学、日本経済論。
主な著書に『マクロ経済学パーフェクトマスター（第2版）』（日本評論社、2014年、共著）、『ミクロ経済学パーフェクトマスター』（日本評論社、2007年、共著）、『日本の空を問う』（日本経済新聞出版社、2007年、共著）など。

沈 海涛（SHEN Haitao・吉林大学吉林大学日本研究所／東北亜研究センター教授）　第 10 章
　　中国黒龍江省生まれ。文学博士。新潟大学大学院現代文化研究科博士課程修了。帰国後吉林大学東北亜研究センター国際政治研究所所長を経て同副センター長、教授。日本近現代政治外交史、日中関係、北東アジア地域研究専門。日本財団法人とっとり政策総合研究センター客員研究員等歴任。2008/09、2012/13、2016/17 年、立命館大学、関西学院大学など交換教授。
　　主な著書に『大正期日本外交における中国認識』（雄山閣、2001 年）、『日中関係進化への新しい試み』（日本僑報社、2004 年）、『外交漂流――日本の東亜外交の転換』（中国社会科学文献出版社、2015 年）他。

釣雅雄（つり まさお・岡山大学大学院社会文化科学研究科教授）　第 4 章
　　1972 年北海道小樽市生まれ。1997 年高崎経済大学経済学部卒。2002 年一橋大学大学院博士後期課程単位修得、博士（経済学）。日本学術振興会特別研究員 PD、一橋大学経済研究所助手、岡山大学准教授などを経て、2016 年から現職。専門は日本経済、経済政策、マクロ経済学。
　　著書に『入門日本経済論』、『グラフィック財政学』（いずれも新世社）他。

巴特尓／バートル（バートル・多摩大学経営情報学部准教授）　第 3 章、第 7 章
　　中国・内モンゴル生まれ。東京大学大学院総合文化研究科地域文化研究専攻修士課程修了、同博士課程単位取得満期退学（学術博士）。㈱三井物産戦略研究所を経て多摩大学経営情報学部及び同大学院准教授。専門はモンゴル近現代史、近現代中国政治外交史、中国・大中華圏マクロ経済。
　　著書に三井物産戦略研究所『アジアを見る眼』（共同通信社、2012 年、共著）、「中国辺境経済圏の諸相～「一帯一路」構想と AIIB の動向を踏まえて」『ジェトロ　月刊　中国経済』（2015 年、6 月号）、「胡錦涛・温家宝体制の回顧と今後の中国経済展望」『岡山大学キャンパス・アジア共通教科書　東アジアの経済協力と共通利益』（ふくろう出版、2016 年、共著）、「中国経済の現状と課題」「中国の辺境経済圏の諸相――『一帯一路』戦略と AIIB の動向を踏まえて――」『岡山大学キャンパス・アジア共通教科書　東アジア教養人のための日中韓経済論』（ふくろう出版、2017 年、共著）他。

藤田賀久（ふじた のりひさ・多摩大学グローバルスタディーズ学部非常勤講師）　第 6 章
　　ジョージワシントン大学大学院（東アジア研究学修士）、上智大学大学院グローバルスタディーズ研究科国際関係論専攻博士後期課程満期退学（国際関係論）。日中貿易に従事後、公益財団法人東京財団研究事業部、参議院議員政策担当秘書、一般社団法人日本総合研究所理事長室付研究員等を経て、現在多摩大学グローバルスタディーズ学部、及び文教大学国際学部非常勤講師。一般社団法人寺島文庫客員研究員、慶熙大学校附設国際地域研究院日本学研究所客員研究員。専門は東アジア国際関係論、近現代日中関係史、台湾。

キャンパス・アジア共通教科書
これからの日中韓経済学

2018 年 3 月 31 日 初版第 1 刷発行

- ■編著者　田口雅弘・金美徳
- ■発行者　塚田敬幸
- ■発行所　えにし書房株式会社
　〒 102-0074　東京都千代田区九段南 2-2-7 北の丸ビル 3F
　TEL 03-6261-4369　FAX 03-6261-4379
　ウェブサイト　http://www.enishishobo.co.jp
　E-mail　info@enishishobo.co.jp

- ■印刷／製本　三松堂印刷株式会社
- ■DTP／装丁　板垣由佳

ⓒ 2018 Enishi Shobo Co., Ltd.　ISBN978-4-908073-50-2　C0033

定価はカバーに表示してあります
乱丁・落丁本はお取り替えいたします。
本書の一部あるいは全部を無断で複写・複製（コピー・スキャン・デジタル化等）・転載することは、法律で認められた場合を除き、固く禁じられています。